31143009795874
SP 972.03 Pichardo, M.
Pichardo, Mauricio.
Personajes de la
Independencia
1a. ed.

SO-EAX-686

RICHMOND
CALIFORNIA, 94804
PUBLIC
LIBRARY

Personajes de la

INDEPENDENCIA

RICHMOND
CALIFORNIA, 94804
PUBLIC
LIBRARY

Personajes de la
INDEPENDENCIA

Mauricio Pichardo y Guadalupe Velázquez

Grupo Editorial Tomo, S.A. de C.V.,
Nicolás San Juan 1043,
03100, México, D.F.

1a. edición, noviembre 2009.

©   *Personajes de la Independencia*
    Mauricio Pichardo y Guadalupe Velázquez

©   2009, Grupo Editorial Tomo, S.A. de C.V.
    Nicolás San Juan 1043, Col. Del Valle. 03100, México, D.F.
    Tels. 5575-6615 • 5575-8701 y 5575-0186
    Fax. 5575-6695
    http://www.grupotomo.com.mx
    ISBN: 978-607-415-155-8
    Miembro de la Cámara Nacional
    de la Industria Editorial No. 2961

Diseño de portada: Karla Silva
Diseño tipográfico: Armando Hernández R.
Supervisor de producción: Leonardo Figueroa

Derechos reservados conforme a la ley.
Las características tipográficas y de edición de esta obra
son propiedad del editor. Se prohibe su reproducción
parcial o total sin autorización por escrito de la editorial.

Impreso en México - Printed in Mexico

Contenido

Prólogo

L a enseñanza de la Historia Nacional en nuestro país, se ha caracterizado siempre por hacernos ver a sus protagonistas como frías estatuas de bronce o piedra, seres inexpresivos e inhumanos que nos observan con mirada ausente desde su pedestal. ¿Cómo acercarse a un ente inanimado e imperturbable que mira al vacío de la eternidad? ¿Cómo entablar un diálogo con él, cómo comprender su lucha y sus aspiraciones? Y lo más importante: ¿cómo creer que ese ser –ahora convertido en monumento– llegó alguna vez a ser *de carne y hueso*, capaz de comportarse como lo que era? Es decir, un ser humano con vicios y virtudes, independientemente de su carácter excepcional.

Es por eso que en el presente volumen, he optado por "bajar" a las estatuas de esas pesadas columnas, desde donde soportan los vientos y tempestades de los siglos que pasan. Y he tratado de olvidarme de las monografías, siempre parciales y reducidas, que en las tareas de la educación primaria, nos daban un esbozo esquemático y generalizado de los personajes de la historia patria.

Por esta razón, he decidido pedir a los propios protagonistas de la Independencia, que nos cuenten por sí mismos, vida y obra con aciertos y errores incluidos, desde que nacieron y hasta el momento previo a su muerte.

En otros casos, he elegido otorgar dicha tarea a ciertos personajes allegados a nuestros héroes para que nos relaten estas vidas –siempre extraordinarias– pero siempre humanas, de las que fueron testigos privilegiados: un soldado, una criada, un amigo, una nana, que nos narre de manera ágil y amena, todo lo que vivió y presenció al lado del personaje en cuestión.

Cabe señalar que todos los datos que aquí se presentan han sido recopilados en distintas fuentes (documentales y biblio-gráficas) y se apegan estrictamente a los hechos históricos asentados en ellas. Lo único imaginario –una licencia narrati-va– es el personaje encargado de contarnos la vida del protago-nista en cada caso. Esto con el único propósito de quitarle a la historia patria, esa fría y aburrida solemnidad con la que tam-bién se suelen presentar los acontecimientos, sin que de nin-guna manera se falte al respeto al personaje ni a la verdad de los hechos.

Ya es tiempo de que nuestros héroes se bajen del pedestal, se relajen un poco y nos cuenten sus fabulosas y provechosas vidas, de manera simple y amena.

Guadalupe Velázquez

Ignacio Allende

El 21 de enero de 1769 llegué a este mundo en la villa de San Miguel el Grande, Guanajuato. Mi padre, de origen español, fue don Domingo Narciso Allende y Ayerdi y mi madre doña María Ana de Unzaga, quien provenía de una de las principales familias de esta ciudad. Yo fui el quinto de seis hermanos y me bautizaron con el nombre de José Ignacio María.

Mi familia tenía una buena posición económica, pues mis padres eran prósperos comerciantes y poseían una hacienda. Por esta razón, contábamos con mucha gente a nuestro servicio para atendernos en todo lo que necesitáramos.

Realicé mis estudios en el Colegio de San Francisco de Sales, de mi ciudad, donde estuve bajo la tutela de mi tío materno don José María Unsaga. En este colegio conocí a los hermanos Ignacio y Juan Aldama Rivadeneyra con los que tenía muchas cosas en común.

Desde muy joven me interesaron en gran medida las faenas del campo, el toreo y la charrería, actividades que compartía también con mis hermanos mayores y con algunos de mis amigos.

Pero no todo fue felicidad en mis primeros años de juventud. Cuando contaba yo con 18 años, tuve la terrible desgracia de perder a mi padre, el 24 de febrero de 1787. Él era el encargado principal de su comercio y a su muerte, casi quedamos en quiebra. Gracias a la oportuna ayuda que nos brindó don Domingo Berrio, quien logró que el negocio se liquidara de una manera favorable, tanto mi madre, mis hermanos y yo gozamos de una mediana fortuna que nos permitió vivir cómodamente.

No puedo negar que tuve muchas aventuras amorosas con las señoritas de la región. Mis camaradas me decían que ya era famoso por este hecho. Cuando tenía 23 años, tuve amoríos con la joven Antonia Herrera y meses después tuvimos un hijo, al que pusimos por nombre Indalecio. Nunca llegamos a casarnos y por el pequeño seguimos frecuentándonos. Después ella tuvo otro hijo que afirmó que era mío también. Lo bautizamos con el nombre de Guadalupe.

En el año de 1794, llegó a San Miguel el Grande don Miguel Malo y Hurtado de Mendoza para ocupar el cargo de alguacil mayor. Su primera disposición fue organizar un cuartel militar conocido como *Regimiento Provincial de los Dragones de la Reina*, financiado por algunos miembros de las familias criollas, que ocuparon cargos importantes.

Al siguiente año, don Miguel Malo le envió al virrey Félix Berenguer de Marquina la nómina de oficiales que integraban el regimiento, en la que aparecía mi nombre y el de mis amigos Juan Aldama Rivadeneyra y José Mariano Jiménez. En el cuartel conocimos a Félix María Calleja quien para ese entonces era el coronel de la décima brigada de San Luis Potosí, que comprendía en su jurisdicción la región de San Miguel el Grande.

El mes de enero de 1801 el virrey me nombró teniente del Cuerpo de Granaderos, bajo el mando del coronel Calleja. Una de las principales acciones que realizamos en ese tiempo fue acudir a Texas para atacar a los aventureros estadounidenses comandados por un tal Felipe Nolland, que intentaban invadir esa zona. Después de esa acción, me nombraron teniente de las Milicias de la Reina.

Llegado el momento, tomé la decisión de contraer matrimonio con doña María de la Luz Agustina de las Fuentes, originaria también de San Miguel el Grande, que había quedado viuda de don Benito Manuel Aldama –quien no tenía parentesco con mis amigos del mismo apellido–. La boda se realizó el día 10 de abril de 1802. En ese entonces tenía yo 33 años de edad. Nuestra unión no duró mucho tiempo, porque mi esposa enfermó y murió a los seis meses de casados, el día 20 de octubre.

El coronel Félix María Calleja me envió a diversas comisiones militares que cumplí en distintas poblaciones. En el año de 1806, empezó a formarse el cantón de Jalapa, en Veracruz, para prevenir la invasión de los ingleses. Me enviaron, junto con otros soldados, comisionado a ese lugar. Esta situación me permitió relacionarme con algunos grupos liberales y masones, así como conocer a oficiales del ejército virreinal que sostenían ideales de libertad e independencia.

Regresé a San Miguel el Grande el año de 1808, con el grado de capitán al frente del regimiento de caballería *Dragones de la Reina*. Por esos días, el nuevo virrey Iturrigaray, nuevamente manifestó su temor de una invasión por parte de los ingleses y ordenó otras grandes estrategias militares que se realizaron en la Nueva España. Por esa razón, acudí de nuevo a prestar ayuda por si se presentaba dicha situación y anduve en el sitio de *La Acordada*, en la Ciudad de México.

Para tal efecto, a mí me ordenaron dirigirme primero a la Ciudad de México. Meses después me enviaron a la ciudad de Jalapa, en Veracruz y finalmente me reuní en Sonora, en un lugar llamado El Palmar. Luego de estas encomiendas y con una mayor experiencia en el manejo de las armas, regresé nuevamente a mi ciudad, el año de 1809.

Mis inquietudes políticas me decidieron a participar en la organización de reuniones formadas por conspiradores. En ellas tuve comunicación con personas de tendencias liberales y algunas pertenecientes también a grupos masones, que propagaban ideas independentistas.

Ese mismo año, participé en la conspiración de la ciudad de Valladolid, impulsada por los militares José Mariano Michelena y José María Obeso, que tenía tintes de insurrección. Pronto las autoridades virreinales descubrieron el complot y procedieron a detener a sus dirigentes. Por fortuna yo logré escapar y salvarme del castigo, pero continué organizando reuniones para efectuar nuevos intentos independentistas, así como buscando nuevos simpatizantes.

Tuve relación con un cura del poblado de Dolores, en Guanajuato, llamado **don Miguel Hidalgo y Costilla** y con el capitán Mariano Abasolo, quienes compartían las mismas ideas que yo. Con frecuencia nos escribíamos cartas relacionadas a estos temas. Poco después, los convencí de que se unieran al movimiento. Aunque en un principio el cura dudó porque tenía amistad con personajes españoles muy influyentes, finalmente aceptó.

Mi amigo Juan Aldama Rivadeneyra se convirtió en un lugarteniente en esos asuntos. Muy pronto nos dimos a la tarea de organizar una junta para la Independencia en San Miguel, la cual llegó a tener numerosos integrantes.

Le solicité a mi hermano José Domingo, quien compartía las mismas inquietudes que yo, que me permitiera ocupar su casa para realizar esas reuniones.

También en otras ciudades como Celaya, San Felipe y San Luis Potosí, se extendieron las ideas insurgentes y se organizaron grupos, que ya para el mes de agosto de 1810 se hallaban en plena actividad.

Por ese tiempo, conocí en Querétaro al Corregidor de esa ciudad llamado Miguel Domínguez y a su esposa doña **Josefa Ortiz**. Al principio los visitaba porque estaba interesado en una de sus hijas. Con ellos mantenía largas conversaciones relacionadas a las ideas de independencia y libertad. Pronto formamos reuniones de tipo político en apoyo al movimiento insurgente, disfrazadas de "veladas literarias", que llamaron la *Conspiración de Querétaro*.

Doña Josefa invitó también a estas sesiones, al cura don Miguel Hidalgo y Costilla, al capitán Mariano Abasolo y a mis amigos los hermanos Ignacio y Juan Aldama. En esas "veladas" participaban también abogados, comerciantes, eclesiásticos, burócratas, militares y demás gente del pueblo. Yo hacía frecuentes viajes a la ciudad de Querétaro y al pueblo de Dolores, organizando juntas.

Doña Josefa Ortiz era una de las más activas colaboradoras. Mostraba un gran entusiasmo y una incontenible ansia de libertad, pues como era criolla había padecido como la mayoría de ellos, los desprecios y humillaciones hechas por los españoles que los consideraban ciudadanos de segunda clase, por haber nacido en una colonia y no en la propia España. Igualmente, los esposos Domínguez manifestaban su disgusto ante los abusos que se cometía a los indígenas y a la gente desamparada carentes de conocimientos y de influencia.

Este descontento de clase, además de una serie de irregularidades de las autoridades virreinales, contribuyó a reforzar las ideas de libertad, de igualdad y de justicia que venían de Europa.

Yo también soy criollo y si bien en mi caso no era muy evidente el desprecio por parte de los españoles, debido tal vez a mi buena posición económica, sí me di cuenta que pese a mis esfuerzos en la milicia, me daban grados de menor rango que a los peninsulares. Además, estaba totalmente convencido de la importancia de separarnos del dominio español.

El plan que concebimos luego de varias reuniones, era hacer estallar el movimiento insurgente en el mes de diciembre, en un poblado llamado San Juan de los Lagos y sería dirigida por mí y por Juan Aldama. Después lo adelantamos para el día primero de octubre de este mismo año de 1810. Ninguno de los participantes sabíamos que los acontecimientos iban a precipitarse.

Llegó a nuestros oídos que espías del gobierno español vigilaban con ahínco nuestras actividades. El día 13 de septiembre de ese mismo año, la *Conspiración de Querétaro* fue motivo de cinco distintas denuncias. Una de las más importantes fue la que hizo don Francisco Bueras, quien avisó al Juez Eclesiástico don Rafael Gil de León que se estaba tramando una conspiración en la ciudad de Querétaro, para proclamar la Independencia de México. Asimismo le informó que los conspiradores estaban acumulando armas en las casas de los partidarios del movimiento insurgente.

El juez Rafael Gil, de inmediato le avisó al jefe militar García Rebollo lo sucedido y éste le ordenó al Corregidor don Miguel Domínguez que realizara un cateo en los domicilios de los sospechosos. Aunque don Miguel no participó tanto en las reuniones en su casa, como lo hizo su esposa, conocía muy bien a todos los integrantes de la conspiración.

Por fortuna él logró avisarle a su esposa lo ocurrido y temiendo que le sucediera algo a su familia, la encerró en su habitación para que no se arriesgara a informarnos sobre la denuncia.

Doña Josefa Ortiz había planeado la manera de advertirnos si algo sucedía y mediante una señal convenida con el alcaide don Ignacio Pérez, logró entregarle una carta para hacérmela llegar hasta San Miguel el Grande, para que yo iniciara la revuelta.

En el momento en que el alcaide llegó a buscarme me encontraba en el pueblo de Dolores con don Miguel Hidalgo. Don Ignacio se dirigió hasta allá con la carta de doña Josefa. Supimos después que a ella la habían apresado gracias a una traición.

Al ser descubierta la conspiración, les propuse citar a los integrantes del movimiento para que en cada ciudad se extendiera la voz de Independencia. El cura Hidalgo habló conmigo y me convenció de que no teníamos más opción que lanzarnos a la lucha de inmediato ahí mismo en Dolores.

El cura Hidalgo decidió adelantar el levantamiento las primeras horas del día 16 de septiembre de 1810. Aprovechando su lugar como párroco de la iglesia de Nuestra Señora de Dolores, llamó a sus feligreses y los animó a luchar por conseguir un gobierno más justo. Les habló con tanta pasión que logró su propósito, porque la mayoría de los asistentes eran indios, que se hallaban en una situación de extrema pobreza por las malas condiciones de vida que reinaban en toda la Nueva España.

Una vez proclamada la insurrección con el que llamarían el *Grito de Dolores*, anexé a la causa a mi regimiento de *Dragones de la Reina*, para proporcionar al movimiento una tropa profesional.

Como yo había sido uno de los principales promotores del levantamiento y dada mi preparación militar, era lógico que fuera el jefe de la lucha armada, pero don Miguel Hidalgo tenía una gran influencia y decisión sobre el pueblo por lo que lo elegimos para ese cargo pues podría atraer nuevos adeptos. Los jefes insurgentes nombramos al cura Hidalgo capitán general y yo tendría el cargo de teniente general. Esto sucedió el 22 de septiembre en la ciudad de Celaya.

Puse sumo cuidado en adiestrar militarmente al nuevo ejército insurgente que llegó a contar con más de ochenta mil hombres. La mayoría de ellos eran campesinos, rancheros y artesanos mal armados.

A pesar de que en un principio el ejército estaba desorganizado, algo que a mí me contrariaba bastante, cuando nos enfrentamos al ejército virreinal, muy profesional como era de esperarse, tuvimos una temporada de triunfos al principio, que nos permitieron tomar los poblados de Chamacuero, Celaya, Irapuato, Silao y finalmente Guanajuato.

Cuando las autoridades virreinales se percataron de los logros de nuestro incipiente ejército insurgente, dieron de inmediato la orden de ponerle precio a nuestra cabeza. Tanto por la mía como por la del cura Miguel Hidalgo, el virrey ofreció diez mil pesos a quien nos entregara vivo o muerto.

Casi desde su inicio, fueron evidentes los distintos puntos de vista y de importancia sobre el conflicto insurgente que teníamos don Miguel Hidalgo y yo. Mi intención era conservar el reino para Fernando VII. La de él, sin oponerse a esa línea era que pensaba que el rey ya no existía y debíamos actuar en nombre de la nación.

Yo en general permanecí a favor del orden establecido, en cambio don Miguel Hidalgo pretendía crear un nuevo orden social. Él pensaba que el pueblo era el único dueño del poder y éste debía desempeñarse en representación de su voluntad soberana. Por mi parte, yo pretendía el poder para mí y los militares criollos.

Otro punto de vista distinto era que don Miguel Hidalgo consideró la lucha como un movimiento popular de reivindicación social. Yo intenté organizar el movimiento como un ejército.

Traté a los prisioneros europeos conforme al derecho común y procuré la seguridad de las personas. Además, a los arrestados les juraba por mi vida que no les sucedería nada a ellos ni a sus familias, que únicamente estarían presos pero sus bienes quedarían resguardados. Miguel Hidalgo por su parte, les dio un trato conforme al derecho de guerra y por esa razón permitió ejecuciones y confiscaciones y en ningún momento puso un alto al saqueo que hacían sus soldados.

Mi principal objetivo era la toma militar de la Ciudad de México. Los objetivos del cura eran dar libertad a los esclavos y a las castas, sostener la guerra ideológica, regresarles las tierras a los indios, establecer los poderes del Estado nacional y fomentar la rebelión en todos los territorios ocupados por el enemigo.

Todas y cada una de estas diferencias marcaron desde un principio el rumbo del primer movimiento de Independencia armado.

Las fuerzas insurgentes, bajo nuestras órdenes, continuaron su marcha, a pesar de contar con pocos elementos de guerra y muy poca disciplina militar. Nos apoderamos de la ciudad de Valladolid y de ahí tomamos los poblados de Valle de Santiago, Salvatierra, Zinapécuaro, Indaparapeo, Acámbaro y Toluca. Después de esta ciudad continuamos avanzando para aproximarnos a la Ciudad de México. El virrey Venegas nombró al teniente coronel Torcuato Trujillo para defenderla. Concebí un plan para emprender una batalla en el Monte de las

Cruces, donde logramos el triunfo, antes de que fueran cortados los puentes sobre el río y ciénaga de Lerma. Después de un intenso combate que duró seis horas, las fuerzas españolas perdieron las dos terceras partes de su ejército, aunque nosotros también sufrimos muchas bajas.

Cuando teníamos a la vista la capital de la Nueva España, pensé que el avance de las fuerzas insurgentes hacia la Ciudad de México, provocaría la captura del virrey o tal vez su huida, con lo que efectivamente derrotaríamos al gobierno virreinal, se les impediría a los soldados realistas reorganizarse y la insurgencia gozaría de mayores privilegios por la victoria alcanzada. Esto nos permitiría continuar nuestra lucha en situaciones cada vez mejores.

Pero don Miguel Hidalgo no estuvo de acuerdo con la estrategia que propuse, tal vez porque consideró que el ejército realista no estaba derrotado definitivamente y se necesitaba organizar más y mejores elementos para enfrentar la batalla final. Quizá tuvo el temor de que se repitiera el derramamiento de sangre y el saqueo ocurridos durante la toma de la ciudad de Guanajuato.

Lo que sucedió aquí es que el cura Hidalgo decidió retirarse aun en contra de mi voluntad. Definitivamente este desacuerdo marcó la división definitiva entre ambos. Estoy seguro que eso también propició la derrota del ejército insurgente, pues los soldados se desanimaron y de casi cien mil que lo formaban, se redujo a la mitad.

En estas condiciones nos enfrentamos al comandante Calleja en el poblado de Aculco y como era de esperarse, fuimos presa fácil para que nos derrotara, porque él si tenía a su ejército muy bien disciplinado y pertrechado.

Tomé una seria determinación ante la gravedad de las circunstancias por las que estábamos pasando. Sustituí al capitán general Miguel Hidalgo en el mando militar, por ser el responsable de la derrota que habíamos sufrido. Luego de una ardua discusión, acordamos dividir al ejército insurgente: Hidalgo marcharía a la ciudad de Guadalajara y yo a la de Guanajuato.

Mi primera acción al llegar a esta ciudad fue acumular provisiones para estar preparados en caso de que nos sitiaran. También continué adiestrando a mi ejército en maniobras militares. Los organicé y juntos fundimos cañones e hicimos barrenos en los peñascos para hacerlos explotar cuando pasara el ejército realista. Fabricamos además armas y pólvora.

Cuando llegó el ejército español, pudimos resistir los primeros ataques. Pero después, me vi en la necesidad de enviarle varias cartas al cura Hidalgo pidiéndole ayuda, porque me enteré que se encontraba en la ciudad de Valladolid, muy cerca de nosotros. Igualmente, solicité apoyo a otros jefes insurgentes.

De ninguno de ellos tuve respuesta y antes de sufrir una nueva derrota, informé a mis subalternos que había decidido dejar Guanajuato a las fuerzas del comandante Félix Calleja, sin presentar batalla. Partiríamos de inmediato rumbo a la ciudad de Guadalajara para reunirnos con Miguel Hidalgo. Me acompañaban como siempre Juan Aldama y Mariano Abasolo.

Una vez juntos, supimos que Calleja avanzaba hacia Guadalajara tras de nosotros. De nuevo estábamos en desacuerdo Hidalgo y yo, porque él no quería que diéramos batalla a los soldados realistas en el Puente de Calderón.

En este lugar se efectuó una lucha encarnizada, pero cuando estábamos a punto de alcanzar el triunfo, explotó un vagón de municiones de nuestro ejército, muriendo muchos soldados. Como era de esperarse, este hecho facilitó a las fuerzas españolas su victoria. Esta derrota constituyó un verdadero desastre para nosotros los independentistas.

Huimos con nuestro derrotado ejército para la hacienda de Pabellón, en Zacatecas; me secundaban mis amigos Juan Aldama y Mariano Abasolo. Ante esta terrible situación, los conflictos entre Miguel Hidalgo y yo aumentaron y los oficiales muy molestos, le pidieron al cura su renuncia. En forma verbal, él dimitió a mi favor y me asignaron el mando supremo del movimiento insurgente, cargo que tomé con suma responsabilidad.

El 16 de marzo, ordené al menguado ejército insurgente la retirada hacia la ciudad de Saltillo, que era el único punto que consideraba seguro, para de ahí marchar hacia los Estados Unidos de América, con el propósito de conseguir apoyo y armas necesarios para nuestra campaña. Mi plan era enviar a Juan Aldama a que se adelantara como embajador y el ejército debía seguir en pie para seguir la campaña. Pero todo desgraciadamente cambió. El jueves 21 de marzo de 1811, en un punto llamado Acatita de Baján, en las cercanías del poblado de Monclova, en Coahuila, los jefes insurgentes esperábamos ser recibidos amistosamente por don Ignacio Elizondo. Nunca imaginamos que él nos hubiera traicionado con los realistas, porque estaba resentido conmigo por no haberle dado el nombramiento de teniente general.

Ajenos a la trampa preparada, fuimos víctimas de una emboscada cuando llegamos a un recodo de ese lugar. Los realistas nos tomaron por sorpresa y nos obligaron a rendirnos. Conforme iban avanzando nuestros soldados, los españoles los desarmaban y los iban haciendo prisioneros.

Yo viajaba en el último coche del contingente, junto con mi hijo Indalecio, de apenas 19 años de edad. Cuando nos sorprendieron los realistas y nos intimidaron para que nos entregáramos, yo, en un acto de desesperación, al ver que se encontraba en peligro mi hijo, disparé mi pistola sobre el maldito traidor Elizondo, quien salió ileso y ordenó a la tropa abrir fuego sobre nosotros. Ha sido uno de los peores días de mi vida, porque mi amado Indalecio había muerto.

Tuve que abandonar el cadáver con lágrimas en los ojos, porque de inmediato me hicieron prisionero y me encadenaron, junto con mis compañeros Juan Aldama, Mariano Jiménez y Manuel Santamaría. Nos trasladaron a la ciudad de Chihuahua, en donde el 6 de mayo de 1811, se inició un proceso penal por el delito de traición.

Durante el juicio me porté muy sereno, pero no pude soportar que el juez me tratara con desprecio o tal vez el dolor y la frustración por haber orillado a mi hijo hacia la muerte, hicieron que en un ataque de furia rompiera las esposas que traía en la mano y con ellas le diera un fuerte golpe en la cabeza. Como era de esperarse, en ese momento me sentenció a muerte.

He pensado mucho en todo lo que viví y luché para lograr que este país fuera independiente. Creo que la vida de tantos que creímos en la Independencia tiene que tener su recompensa algún día.

Ya prepararon el cadalso donde van a fusilarnos a mis amigos y a mí. Hoy 26 de junio del año de 1811, cumpliré mi condena, pero aún siento que estas pocas horas de vida son horas de libertad...

José Ignacio María de Allende y Unzaga, fue fusilado y después decapitado. Tenía 42 años de edad. Su cabeza junto con la de los demás jefes insurgentes, fue puesta en una jaula de hierro y fijada en una de las esquinas de la Alhóndiga de Granaditas en la ciudad de Guanajuato. El intendente del lugar Fernando Pérez Marañón, ordenó colocar la siguiente inscripción en la puerta del edificio:

> *Las cabezas de Miguel Hidalgo, Ignacio Allende, Juan Alda-ma y Mariano Jiménez, insignes facinerosos y primeros cabe-cillas de la revolución; que saquearon y robaron los bienes del culto de Dios y del Real Erario; derramaron con la ma-yor atrocidad la inocente sangre de sacerdotes fieles y magis-trados justos; y fueron la causa de todos los desastres, desgracias y calamidades que experimentamos y que afligen y deploran los habitantes todos de esta parte tan integrante de la nación española. Aquí clavadas por orden del señor brigadier don Félix María Calleja del Rey, ilustre vencedor de Aculco, Guanajuato y Calderón, y restaurador de la Paz en esta América. Guanajuato 14 de octubre de 1811.*

El resto del cuerpo de Ignacio Allende fue enterrado en la Igle-sia de San Francisco en la ciudad de Chihuahua.

Nicolás Bravo

Pertenezco a una familia de hacendados criollos, compuesta por mi padre don Leonardo Bravo y sus hermanos don Víctor, don Miguel, don Máximo y don Casimiro. Mis padres eran dueños de una hacienda muy importante llamada Chichihualco, cercana a Chilpancingo, ciudad donde nací el 10 de septiembre de 1786. Vivimos al sur de la Nueva España, en un lugar de paso de los comerciantes que se dirigen a la Ciudad de México, procedentes del centro de comercio más importante: el puerto de Acapulco.

Crecí en un ambiente donde tanto mis padres como mis tíos, rechazaban las acciones de la corona española, que a menudo humillaban y daban malos tratos a los criollos, creando un gran descontento.

Realicé solamente mis estudios primarios pues además de que tenía suficiente fortuna para no trabajar, el estudio no era primordial en aquella región, o por lo menos yo no lo considereaba así en ese tiempo. Me dediqué a las labores del campo, junto con mis parientes y a la administración de la hacienda.

Muy joven contraje matrimonio con doña Antonieta Guevara, hija del español don Joaquín Guevara, propietario de la hacienda del poblado de Tixtla, y amigo muy cercano de mi familia.

Cuando se inició el movimiento de independencia, nos llegaron noticias del levantamiento convocado por don **Miguel Hidalgo y Costilla** y de otros destacados hombres que lo apoyaban. Esta situación despertó una gran inquietud y temor por todos lados.

Uno de los más importantes caudillos insurgentes fue don **José María Morelos y Pavón**, un cura de Valladolid, que reunió un numeroso ejército, para combatir a las fuerzas virreinales. Supimos que el general Morelos combatía en la Costa Grande con el propósito de tomar el fuerte de Acapulco y que algunas de sus tropas se dirigían hacia Chilpancingo. Surgió entonces la inquietud entre algunos hacendados por apoyar el movimiento. Desde luego mi familia no era la excepción.

No todos estaban de acuerdo con la causa, como es el caso de mi suegro don Joaquín Guevara, quien manifestó que estaba dispuesto a hacer frente a los grupos rebeldes. Él profesaba entera lealtad al rey de España Fernando VII y a las autoridades virreinales, por lo que convocó a toda la gente de la región a que se uniera y formar una fuerza para defenderlos.

Pronto llegó a nuestra casa la invitación de mi suegro para sumarnos a su ejército, pero los Bravo ya habíamos tomado una seria decisión. Nos negamos rotundamente a acudir a Tixtla como lo habían hecho otros hacendados y preferimos ocultarnos en la cueva de Michipán, en una barranca de difícil acceso. Nos escondimos, no como pensaron algunos que lo hacíamos para no comprometernos con ninguno de los bandos, sino porque Guevara había determinado que ningún patriota podía quedar exento de colaborar en la defensa de la *"religión, rey y patria"*.

Dada nuestra condición económica, los Bravo teníamos relaciones tanto comerciales como amistosas con otros hombres prominentes de las inmediaciones de la costa. Esta situación nos obligaba a corresponder cuidando el orden establecido y a defender al rey, pero nuestra opinión era muy distinta.

Mi familia había tenido ciertos problemas administrativos y judiciales con las autoridades españolas, sobre todo mi tío Miguel Bravo, por lo que nuestra posición era muy ambigua. Don Joaquín Guevara no aceptó nuestra indecisión e intentó obligarnos a formar parte de su ejército.

Envió una escolta al mando del comandante español Nicolás Cosío y de Garrote para hacernos prisioneros. No lograron su encargo pues por fortuna se encontraron con una tropa insurgente, bajo las órdenes del líder insurgente don **Hermenegildo Galeana,** que se dirigía a la hacienda de Chichihualco a solicitarnos víveres y armas y tomaba un breve descanso cerca del río. Los insurgentes los dispersaron en poco tiempo y obtuvieron un buen botín y algunos prisioneros.

Este enfrentamiento fue determinante para aceptar unirnos al Ejército Insurgente. Mi tío Casimiro Bravo, que no se encontraba en la hacienda durante la contienda, fue el único que no participó y permaneció neutral durante todo el movimiento.

Además de nosotros, se unieron al ejército don **Vicente Guerrero**, un arriero muy aguerrido originario de Tixtla, y un estudiante de derecho nacido en Durango, llamado don José Miguel Fernández Félix, quien después se pondría el nombre de don **Guadalupe Victoria**.

Al principio teníamos nuestras dudas y permanecimos reservados, pues existía la incertidumbre sobre los objetivos de la acción política. Los principales líderes del movimiento también discutían sobre sus propias intenciones. Don **Ignacio López Rayón**, autor de la Suprema Junta Nacional Americana de Zitácuaro, primer órgano de gobierno insurgente, discutió con el general Morelos, los términos políticos para dar una orientación a la causa insurgente.

La posición de mi familia, en un principio, fue similar a la del general López Rayón, es decir, la fidelidad para el rey de España Fernando VII, que en ese momento estaba cautivo por los franceses.

Mi tío Miguel Bravo, en una carta escrita al obispo de la ciudad de Puebla don Ignacio Manuel González del Campillo, fechada el 26 de octubre de 1811, le expresó las razones políticas por las que él y sus familiares decidimos unirnos a los insurgentes. En ella le manifestaba que no conspirábamos contra la corona española ni contra la iglesia, pues defendemos la conservación de estos dominios y también nuestra libertad y nuestra patria de las cadenas de la tiranía. Igualmente le argumentó que los primeros pasos de los buenos americanos no era acabar con los *gachupines,* ni quedarnos con sus bienes, sino únicamente privarlos del Gobierno de la Nación; que si existía algún resentimiento era por *"la aversión y mala voluntad que siempre nos ha tenido su predominio, altanería, codicia y demás visibles nulidades".* Le recordó que la Nación Americana tenía derecho *"para erigir un gobierno independiente de la traidora España, bajo la solemne protesta de conservarse fiel a su legítimo soberano".*

La carta que mi tío le envió al obispo llegó a manos del caudillo don José María Morelos y Pavón, quien pidió realizar copias para darlas a conocer por la región del Sur, la Mixteca y otras provincias. Las referencias de la carta iban encaminadas a buscar la autonomía de España no la independencia. Era un pensamiento inicial y por supuesto no duraría mucho tiempo.

Cuando nos integramos al movimiento, yo estaba en calidad de subalterno del general Morelos en toda la primera campaña del Sur. En el poblado de Chiautla estuve bajo las órdenes de mi tío Miguel Bravo y poco después bajo las de mi padre don Leonardo Bravo, quien me puso al frente de una sección de sus tropas, todas bajo la dirección de don Hermenegildo Galeana.

En enero de 1812, el general Morelos se dirigió al valle de Toluca para auxiliar a los insurgentes que se encontraban ahí, pero envió al jefe militar Galeana a que se adelantara. Mi padre recibió la orden de fortificar la ciudad de Cuautla que se encontraba sitiada por los realistas por más de 70 días.

Rumbo a Toluca, apenas si pudimos estar en el momento preciso para ayudar a los soldados en Tecualoya, pero logramos vencer al enemigo bajo las órdenes de los realistas Porlier, Michelena y Toro.

Hermenegildo Galeana me envió con un grupo de soldados a prestar ayuda a don José María Morelos, quien en su avance sobre el poblado de Izúcar, se hallaba amenazado por el comandante español Soto Maceda. No pudimos llegar a tiempo porque el jefe realista adelantó el ataque y quedó mal herido y derrotado. Los insurgentes se hicieron de la artillería española y el general José María Morelos pudo entrar a Cuautla a esperar al enemigo. En este lugar estaban reunidos los hombres más importantes de la insurrección encabezados por el caudillo.

Cuando el capitán español Félix María Calleja se acercó a la ciudad, Hermenegildo Galeana recibió la orden de resistir en el punto de Santo Domingo que era el más peligroso e importante de todos. Era el 18 de febrero de 1812. Al día siguiente los realistas atacaron el punto de San Diego y se aproximaron hasta los parapetos, pero don Hermenegildo nos dio la orden de atacar y logramos rechazarlos a machetazos. Mi superior mató al capitán español Sagarra.

El resto de las columnas realistas volvieron a la carga y creyeron que iban a vencernos, pero los dominamos completamente y por primera vez Félix María Calleja tuvo que retroceder.

Durante este sitio, realizamos varias salidas, junto con Hermenegildo Galeana, pero las más importantes fueron para recuperar el agua de Juchitengo, que entra en Cuautla y que los soldados realistas nos habían cortado. Logramos en secreto y con gran dificultad construir un fortín que nos permitió ser dueños del agua durante el tiempo que duró el sitio de Cuautla.

En mayo de ese año me llegó la terrible noticia de que a mi padre lo habían capturado los españoles en la hacienda de San

Gabriel y presentado ante el maldito Calleja quien lo llenó de insultos y vejaciones y lo envió a la capital de la Nueva España. El gobierno virreinal me ofreció perdonar la vida de mi padre a cambio de abandonar la causa de la Independencia. El general José María Morelos me propuso ofrecerles a 800 prisioneros españoles. El virrey no aceptó el ofrecimiento.

Nos enviaron a atacar al jefe español Añorve que se había apoderado del poblado de Chilapa. Hermenegildo Galeana dirigió el combate que duró muy poco y en el que derrotamos a los realistas con facilidad, el 4 de junio de 1812. Toda esa parte de la región hasta la costa quedó libre de enemigos.

De ahí nos dirigimos a Huajuapan donde se había encaminado el general Morelos, porque se había enterado que el jefe insurgente don Valerio Trujano, estaba sitiado por el español Regules, desde hacía 105 días. Aquí sí dimos una dura batalla para romper el sitio y finalmente los vencimos y recuperamos un buen botín de armas y municiones.

Luego de estos enfrentamientos, el general José María Morelos, me dio el nombramiento de comandante militar de la provincia de Veracruz por la entrega y el valor que había demostrado. Como primera acción, me ordenó atacar los convoyes realistas que pasaban rumbo a esa provincia.

En aquellos días era necesario hacer pasar del puerto de Veracruz a Puebla una tropa armada para custodiar un gran convoy y la numerosa correspondencia de España que se había acumulado en este puerto. También, que de regreso se cuidara otro convoy de harinas y otras mercancías para abastecer aquella plaza.

Esta acción era indispensable para los realistas por lo que el gobernador de Veracruz, Dávila, dispuso que don Juan Labaqui, un hombre de reconocida capacidad para el caso pero que no era militar, saliera con una tropa de 300 infantes, 60 caballos y tres piezas de artillería ligera. Consideró que esta fuerza era suficiente porque suponía que los insurgentes estaban lejos.

En Veracruz ignoraban que el general Morelos se encontraba en Tehuacán. Labaqui esquivó el camino de Jalapa ocupado por soldados insurgentes y se encaminó por el de las Villas rumbo a Orizaba. Aunque tuvo algunos encuentros pudo sortearlos sin problemas. De ahí subió hasta Acultzingo y llegó a la llanura que se extiende hasta Puebla, hospedándose en el pueblo de San Agustín del Palmar.

Me dirigí hasta ese punto, con un ejército de 600 hombres, entre los que estaban 200 indios de la costa, osados y aguerridos y con una gran experiencia. Caminamos toda la noche y llegamos a las inmediaciones del Palmar, en el amanecer del día 19 de agosto de 1812. Como Juan Labaqui y sus hombres ya estaban aquí, inicié el combate. El español resistió atrincherado durante dos días, pero algunos de mis soldados se habían apoderado de las alturas de El Calvario y después del pueblo, por lo que lo atacaron en su propio domicilio y lo mataron de un machetazo que le dio un negro suriano. Capturamos a más de 200 hombres y obtuvimos íntegro el convoy.

Regresamos a Tehuacán donde le entregué al general Morelos la espada de Juan Labaqui y salí para Veracruz donde atacamos en Puente del Río a otro convoy que se dirigía a la ciudad de Jalapa.

Cuando nos dirigíamos a Medellín, recibí un aviso en el que me informaban que a mi padre lo habían condenado a sufrir la pena de muerte en garrote vil, el día 13 de agosto. Sentí un profundo dolor por la muerte de ese hombre que siempre me enseñó a amar a mi patria. El general Morelos en represalia, mandó que fusilara a todos los soldados españoles que estaban en mi poder. Pensé obedecerlo pues tal era mi furia y mi impotencia ante este hecho, que ordené que prepararan a los 300 prisioneros que tenía en Medellín y ordené al capellán Sotomayor que los auxiliase.

Toda la noche la pasé pensando en que esta acción disminuiría mucho el crédito de la causa insurgente y que si actuaba distinto al virrey podría obtener mejores resultados. Tenía en cuenta la orden de mi general y no la podía desobedecer. Finalmente decidí perdonar a todos los presos de una manera pública para que surtiera efecto a favor de la insurrección. A las ocho de la mañana mandé formar a mi tropa y ordené que sacaran a los soldados realistas. Les dije que el mismo virrey los había condenado a muerte, pero que yo, Nicolás Bravo, les perdonaba la vida y les daba su libertad. Los españoles acogieron mis palabras con lágrimas en los ojos.

El general José María Morelos no aprobó mi decisión, pero tampoco él cumplió su amenaza de fusilar a 400 prisioneros realistas que tenía en la prisión de Zacatula.

Con mi cargo de Comandante de Veracruz, empecé a recorrer toda la provincia. Me uní a las fuerzas insurgentes que ahí se encontraban y atacamos el poblado de Jalapa pero no lo pudimos tomar.

Nos dirigimos al paso del Puente del Rey, punto indispensable para llegar a Veracruz por Jalapa donde pasan los convoyes. Logramos impedir el comercio del puerto y establecer una contribución a favor del movimiento. Con esta acción impedimos el paso de un convoy de 4 millones de pesos que iba para el puerto de Veracruz, y sólo la habilidad del jefe español logró hacerlo pasar por otro punto. Intentamos detenerlo pero fuimos rechazados en Tlaliscoyan y en Alvarado, mismo que intenté ocupar y no quedó más remedio que retirarnos hasta San Juan Coscomatepec, lugar estratégico al que me apresuré a fortificar. Estábamos en el mes de mayo de 1813.

Fuimos atacados el 28 de julio de ese año por el ejército del comandante Conti. Pudimos hacerlos retroceder pero tuvimos muchas pérdidas. Con más razón me dediqué a fortificar la plaza, porque supimos que una verdadera división iba a sitiarnos.

Félix María Calleja ordenó al conde de Castro Terreño que formara una división compuesta por el Batallón de Asturias y otros Cuerpos, con mil hombres y cuatro cañones al mando del teniente coronel Cándano quien junto con Conti se acercaron a Coscomatepec el 5 de septiembre y comenzaron a atacarnos. Empezamos defendiendo bien la plaza. El jefe insurgente Machorro me ayudaba por fuera. Después de 24 días y de varios asaltos infructuosos, sin que Cándano lograra apoderarse del sitio, el virrey ordenó al comandante Luis del Águila a quien se consideraba apto para el caso, que acabara con nosotros.

Pensé seriamente en romper el sitio pues casi no teníamos víveres ni municiones. El 4 de octubre a las once de la noche, luego de 70 días de asedio, decidí salir con la aprobación de mis soldados. Dejamos prendidas las fogatas y amarramos a los perros a las sogas de las campanas, para que con el repique que los animales hicieran, los españoles creyeran que todavía estábamos ahí. Salimos ordenadamente soldados y habitantes; pasamos por el río y llegamos a Ocotlán, donde dejamos a la gente del pueblo para continuar sólo los soldados. Pasamos por Huatusco sin que nadie nos molestara. Supimos que cuando el comandante Luis del Águila se percató del engaño, se desquitó destruyendo el pueblo y fusilando las imágenes de los santos.

El general Morelos había mandado a los comandantes Arroyo y **Mariano Matamoros** en mi ayuda, pero supieron que el sitio estaba roto y un convoy importante de tabaco estaba cerca y decidieron capturarlo. Yo me uní a ellos y logramos vencer a los 600 realistas y apoderarnos del comandante Cándano, que fue fusilado.

Por su parte el general don José María Morelos y Pavón instauró un Congreso en Chilpancingo, mi ciudad natal, donde se estableció la creación del *Estado Mexicano* y la elaboración de una *Constitución*. Este hecho se realizó el 13 de septiembre de 1813. Gran parte de los grandes hombres que formaban la lucha insurgente integraron el *Congreso de Chilpancingo*.

Las aportaciones de muchos letrados criollos que se habían sumado al movimiento, permitieron una idea distinta que transformaría el rumbo político y el espíritu de los insurgentes. Como era de esperarse, esto trajo polémica entre el general López Rayón y el caudillo Morelos, que aunque duró mucho tiempo no impidió la idea de que el gobierno pasara de los europeos a los americanos. Este nuevo panorama político de la insurgencia, que tomaría fuerza con la creación de un Congreso, estaría manifiesto en un documento conocido con el nombre de *Sentimientos de la Nación* suscrito por el general Morelos en Chilpancingo. Los postulados del documento fueron retomados y estipulados oficialmente en el *Acta Solemne de la Declaración de Independencia de la América Septentrional* y más adelante en la *Constitución de Apatzingán*.

Los Bravo participamos en este proceso de cambios políticos. Igual que mi tío Miguel, yo había reconocido a la *Suprema Junta Nacional Americana* creada por el general Ignacio López Rayón, pero después de una serie de acontecimientos apoyé la idea del Congreso que buscaba dar legalidad a las nuevas expresiones y aspiraciones políticas.

Para mí el rey Fernando VII en vez de haber dado tranquilidad a España, generó una guerra que había dividido en distintos partidos, por haber derogado la Constitución que establecieron las Cortes. Además, era verdad que la religión manda que tengamos al rey en la Tierra, pero no nos manda a los americanos que precisamente obedezcamos al rey de España, sino a un gobierno elegido por nosotros. Por esas razones yo incité a los habitantes del Sur a ser fieles a su nación, empapados en la justa causa, no sin antes haberlos incitado a defender los derechos de su patria y evitar así la esclavitud que se les espera a nuestros sucesores.

Por otra parte, recibí la orden del caudillo para que regresáramos al Sur y poder participar en la expedición hacia Valladolid. Acordamos que el punto de reunión sería el poblado de Cutzamala, donde estarían los demás generales.

Nos enviaron a prestar ayudar al general Hermenegildo Galeana que luchaba para apoderarse de la Garita del Zapote. Primero llegamos nosotros y después nos auxilió la tropa de Mariano Matamoros. Fue una tremenda lucha y desgraciadamente nos vencieron porque nos atacaron por los dos frentes. Yo perdí mi infantería, tres cañones y parque. Los otros generales corrieron con la misma suerte. A los hombres que hicieron prisioneros los fusilaron de inmediato.

Los tres comandantes marchamos por el camino de Itúcuaro hasta llegar a un poblado llamado Puruarán, al que se había señalado como punto de reunión. Don José María Morelos nos ordenó atacar este lugar a pesar de que los generales estábamos en desacuerdo. Las fuerzas realistas llegaron hasta aquí el 4 de enero de 1814.

Nuevamente luchamos con todas nuestras fuerzas pero fuimos derrotados. Lo peor de todo fue que capturaron al general Mariano Matamoros cuando intentaba cruzar un riachuelo. Los realistas lo llevaron de inmediato a Pátzcuaro donde lo ejecutaron un mes después. Yo escapé de pura casualidad de caer prisionero.

Para suplir a Mariano Matamoros, nombraron al jefe militar Juan Nepomuceno Rosainz, un hombre déspota y que no sabía nada de estrategia militar. Estuvimos bajo sus órdenes, tanto las fuerzas de Hermenegildo Galeana como las mías. Por el camino tuvimos algunos enfrentamientos y también algunas derrotas, como la que sufrimos el 19 de febrero de 1814, en manos del comandante realista José Gabriel de Armijo, en Chichihualco, donde los Bravo teníamos nuestras tierras.

El comandante Galeana estaba muy disgustado por esta situación y decidió abandonar el movimiento insurgente y permanecer oculto. El general Morelos fue a buscarlo para convencerlo de que regresara.

Los realistas tenían en la mira al caudillo Morelos y se lanzaron en su búsqueda. Anduvo de pueblo en pueblo librándose del enemigo hasta que logró llegar al puerto de Acapulco. De ahí huyó hasta el poblado de Tecpan donde ordenó fusilar a los prisioneros y con esta acción dejaron de perseguirle.

Unos meses después, nos llegó la triste noticia de la muerte del general Hermenegildo Galeana, ocurrida cerca del poblado de Coyuca, el 27 de junio de 1814. Los españoles llevaron en una lanza la cabeza de Galeana como trofeo y la expusieron en la plaza. Fue una terrible pérdida pues era un hombre fiel a la causa insurgente que luchó con gran valor para defenderla.

Por ese mismo tiempo nos enteramos que el Congreso anunció que pronto expediría la *Constitución*. Nombraron integrantes del Poder Ejecutivo al doctor José María Cos, a José

María Liceaga y a José María Morelos y Pavón. Luego de algunos meses comenzó a circular la *Constitución* en la capital del virreinato. Cuando el entonces virrey Félix María Calleja se enteró, mandó quemarla en la Plaza Mayor y en las provincias. También ordenó la persecución del Congreso. La traición y el espionaje se hicieron presentes.

Los miembros del Congreso huyeron sin saber exactamente a dónde dirigirse. Se propuso llegar a Oaxaca, Puebla o Veracruz y finalmente aceptaron la sugerencia de don José María Morelos de dirigirse hasta Tehuacán. Mis hombres y yo integramos parte de la escolta.

Comenzaron a desertar muchos soldados insurgentes, porque algunos de ellos estaban seriamente enfermos y todos muy cansados de tanta batalla. El siguiente punto de reunión era el poblado de Huetamo.

Todos ignorábamos que el general Juan Rosainz estaba traicionando la causa insurgente. Informaba al virrey Calleja la ruta exacta que seguíamos.

Avanzamos por la margen derecha del río Mezcala y los realistas lo sabían. La persecución fue muy bien planeada. De ahí los generales nos dirigimos al poblado de Temalaca, Puebla, donde llegamos el 2 de noviembre de 1814.

La noche del 4 de noviembre, el comandante realista Manuel de la Concha, cruzó el río enterado por Juan Rosainz, de que don José María Morelos y sus generales descansábamos ahí. Los malditos españoles lograron infundir pánico entre nosotros y salimos en desbandada.

Algunos logramos escapar pero desgraciadamente capturaron al caudillo Morelos. Lo llevaron ante el general Manuel de la Concha que lo esperaba en Temalaca. Lo enviaron fuertemente custodiado a las mazmorras de la Inquisición de la Ciudad de México. Después de varios juicios a lo largo de un año, el virrey Félix María Calleja lo sentenció a muerte. Lo fusilaron el 22 de diciembre de 1815.

Este triste y lamentable hecho nos infundió valor a todos los hombres que luchamos bajo sus órdenes, para seguir con el movimiento insurgente. Su muerte y la de aquellos que lucharon por la libertad, no debía quedar en el olvido.

Llegamos a Tehuacán donde fui nombrado miembro del Tribunal Supremo, por lo que me retiraba del mando de mi ejército. Esta situación no duró mucho tiempo pues por un pronunciamiento se disolvió el Congreso y yo salí rumbo a la provincia de Veracruz. Ahí se encontraba el general Guadalupe Victoria quien no me recibió de buen modo y me sugirió que me regresara al Sur.

Me encaminé junto con mi ejército a Chalchicomula y a Tepeji. Me encargué también de la gente del jefe militar Vicente Guerrero quien se encontraba herido, y sin ningún problema llegamos al poblado de Ajuchitlán. En ese lugar me uní a Pablo Galeana, sobrino de don Hermenegildo y nos negamos a reconocer a Ignacio López Rayón. También hicimos salir de nuestra jurisdicción a su hermano Ramón a quien mandó para someternos.

El resto del año de 1816, decidí descansar de mis tareas militares y pasé una temporada en mi hacienda de Chichihualco. Tuve la suerte de que no me persiguieron los realistas y pude gozar de cierta tranquilidad al lado de mi familia. En septiembre cumpliría yo 30 años de edad.

Llegó hasta nosotros la noticia de que un famoso comandante español, llamado **Francisco Javier Mina,** descontento con la política de su país, decidió unirse a las fuerzas insurgentes y luego de reunir a su ejército desembarcó en el puerto de Soto la Marina en Tamaulipas. Fue para todos una gran sorpresa pero cuando conocimos mediante una proclama sus antecedentes revolucionarios, sus ideas políticas y los propósitos al participar con nosotros en la Nueva España, lo aceptamos. Su intervención vino a agitar nuevamente al país.

Por ese tiempo el general Ignacio López Rayón trató de hacerse fuerte en Jaujilla pero la *Junta de Uruapan*, que quiso terminar con sus pretensiones, me encomendó la tarea de hacerlo prisionero. Lo llevé sin ningún problema hasta el poblado de Patambo.

Después de estos hechos me instalé en el poblado de Ajuchitlán, en mayo del año de 1817, donde junto con don Benedicto López comencé a organizar algunas fuerzas y a atacar a los soldados realistas ubicados en Zitácuaro. Anduvimos por los lugares cercanos y llegamos al poblado de Cóporo al que fortificamos. Tuvimos una dura batalla y el primero de diciembre de ese año, como ya no podíamos resistir los embates realistas, tuve que abandonar el fuerte.

Corrí lo más que pude porque me perseguía el jefe español Márquez Donallo y viéndome acorralado por sus soldados, no me quedó más remedio que aventarme por un voladero. Sufrí muchas contusiones, pero tenía que seguir. Caminé con gran dificultad treinta leguas, hasta el Atascadero. Por suerte conseguí un caballo y víveres y me dirigí a Huetamo.

No me había repuesto de mis heridas pero intenté liberar a algunos soldados insurgentes que acababan de ser capturados y no lo conseguí. Me fui entonces al paso de Coyuca y lo fortifiqué con los pocos recursos que tenía. Pero el comandante español José Gabriel de Armijo que me perseguía desde hacía tiempo, me tenía rodeado.

Para no arriesgar a mi gente, la dejé bajo las órdenes del general Vicente Guerrero y me fui a lo más escondido de la Sierra para terminar de curarme las heridas que cada día empeoraban. El jefe militar Armijo se enteró de mis intenciones y fue en mi búsqueda. Por más que intenté escapar no lo logré y el 22 de diciembre de 1817, me aprehendieron y me llevaron junto con otros prisioneros a Cuernavaca.

Por extraño que parezca, tanto los insurgentes como los realistas se interesaron por mi suerte. El propio comandante Armijo envió una solicitud firmada por su padre y por toda la división pidiendo mi libertad. Consiguió del virrey una suspensión y que iniciase una causa a todos los insurgentes notables, pues los soldados ya habían sido fusilados. Esta vez me había salvado.

El juicio duró dos años. Mientras tanto, encadenado por los pies, me ocupaba fabricando cigarreras de cartón para venderlas.

Lo que más me angustiaba era saber que habían confiscado mis bienes y que mi familia vivía a expensas de lo que deseara el español Antonio Zubieta. Permanecí lo más apacible que pude. Sabía que me vigilaban y no quería darles motivos para dañarme a mí o a los míos.

En el mes de octubre de 1820, cuando hubo cambio de régimen y una vez restablecida la *Constitución*, me llegó el indulto y fui puesto en libertad. Elegí primero el poblado de Izúcar y después el de Cuernavaca para establecerme. Viví ahí hasta que el general **Agustín de Iturbide** proclamó nuevamente la Independencia en la ciudad de Iguala.

El general Iturbide me invitó dos veces a unirme a él pero la verdad yo desconfiaba, porque años atrás él había estado con los realistas. Yo no le quise responder, sino hasta que llegó un mensajero de su parte y tuvimos una larga conversación en la que me explicó los motivos por los que su comandante cambió de bando y deseaba continuar con la causa.

Confié en el nuevo insurgente y reuní a un pequeño ejército con el que marché al Sur. Pasé por Izúcar y Atlixco donde se unían cada vez más hombres a mi grupo. Los antiguos insurgentes de los llanos de Apan acudieron a ponerse a mis órdenes y juntos nos situamos en Huejotzingo y desde ese lugar amenazamos a los españoles de Puebla. Para lograrlo ocupamos primero Tlaxcala y Huamantla, donde aumenté considerablemente mi ejército con soldados de las fuerzas españolas.

En el poblado de Tepeaca me uní al jefe militar Herrera, quien mandaba la columna de granaderos imperiales. Él me ofreció el mando superior que me correspondía pero no lo acepté. Fuimos rechazados por el general español Hevia. Herrera decidió irse para las Villas y yo preferí quedarme en los llanos de Apan con mi caballería. Logramos rechazar al temido comandante Manuel de la Concha y ocupamos la ciudad de Pachuca.

Cuando llegamos a Tulancingo establecimos una maestranza y una imprenta y el 14 de junio de 1821, después de dos meses de campaña, nos acercamos a Puebla para sitiarla. Para ese entonces mi ejército estaba formado por 3600 hombres dirigidos por los antiguos generales insurgentes.

Entre mis generales y yo estrechamos el sitio a Puebla. El día 17 de julio se estipuló un armisticio y finalmente se rindió la ciudad a la que entró el ejército nacional, bajo las órdenes del general Agustín de Iturbide, el 2 de agosto de 1821. Tras esta acción el general me concedió el rango de coronel del ejército republicano.

De aquí, junto con el ejército Trigarante entramos a la Ciudad de México aquel memorable 27 de septiembre de 1821.

El mes de abril de 1822, el Congreso Constituyente me nombró Consejero de Estado y miembro de la Segunda Regencia. Asistí también a la llegada del nuevo virrey don Juan O'Donojú, designado por las Cortes de la península como Capitán General de la Nueva España, con la misión de asegurarse que la colonia quedara dentro del gobierno español.

Llegó a mis oídos la noticia de que muchos mexicanos solicitaron que el general Agustín de Iturbide, fuera elegido emperador de México. Al principió él se negó pero muchos sabíamos que era ambicioso. Los hombres que lo propusieron obtuvieron la anuencia y lo nombraron Emperador de México el 22 de julio de 1822, con el nombre de Agustín I.

De inmediato muchos reprobamos esta elección y nos unimos para hacer un complot contra el nuevo emperador. Llegó hasta Iturbide el informe de los que participábamos en esta acción para destronarlo: don Miguel Barragán, don Juan B. Morales, don Guadalupe Victoria, don Nicolás Bravo, varios oficiales y los padres Jiménez y Carbajal.

Por supuesto que pronto mandaron a apresarnos, pero poco después las autoridades nos dejaron en libertad, sin que se nos aplicara ningún castigo. El único que se fugó antes de la prisión fue el general Guadalupe Victoria.

El imperio no duró mucho tiempo, como era de esperarse, pues a finales de 1822, el general Antonio López de Santa Anna se enfrentó al emperador Agustín Primero y proclamó la República. En diciembre de ese año, se dictó el *Plan de Casamata* en el que se pedía la reinstalación del *Congreso Constituyente* que había disuelto Iturbide. El acta la firmaron Guadalupe Victoria, Antonio López de Santa Anna y Vicente Guerrero, entre otros.

Yo pertenecía a la Logia masónica Escocesa, de tipo conservador y centralista, donde fui considerado uno de sus primeros dirigentes, frente a los grupos seguidores del embajador Joel Roberts Poinsett, adheridos a la Logia Yorkina, federalista y radical.

Se formó un gobierno de transición entre el imperio y la República llamado *Supremo Poder Ejecutivo*, donde eligieron a Guadalupe Victoria, a don Pedro Celestino Negrete y a mí al frente. Gobernamos hasta el 10 de octubre de 1824, cuando tomó posesión Guadalupe Victoria como Presidente y yo como vicepresidente.

El 27 de octubre de 1827, se proclamó el *Plan de Otumba*, por el coronel Manuel Montaño al que apoyé. En este Plan se pedía la abolición de las sociedades masónicas y derivado de esto fui enviado al frente de la revolución y me uní a varios masones escoceses militares. Asimismo, solicité la expulsión del embajador Poinsett.

Me fui hacia Tulancingo donde fortifiqué la plaza, pero me derrotó el jefe militar Vicente Guerrero, Gran Maestro Yorkino, quien fue enviado por el gobierno a sofocar la rebelión. Esta derrota fue un duro golpe para los masones escoceses. Fui hecho prisionero y me sometí a un gran jurado que solicitaba para mí la pena capital. Sin embargo, el Tribunal Supremo, a petición de mis numerosos seguidores, aceptó la indulgencia del Presidente Guadalupe Victoria, quien la cambió por el destierro temporal.

Nuevamente me salvé de la muerte. Me enviaron a América del Sur, a la ciudad de Guayaquil, Ecuador. Luego de una amnistía regresé a México el año de 1829.

Ese mismo año nombraron a Vicente Guerrero como el segundo Presidente de la República. Yo logré que la vicepresidencia la tuviera uno de mis partidarios, el general Anastasio Bustamante.

Por desgracia se inició una de las crisis más importantes del nuevo estado, ya que el general Bustamante encabezó un levantamiento contra el Presidente Guerrero. Eso significaba que había una profunda división entre los partidos, que acentuó la fractura institucional. Vicente Guerrero dejó la Presidencia y el Congreso lo declaró imposibilitado para gobernar la República. Se fue hacia el Sur desde donde inició una nueva guerra civil.

Por mi parte yo ocupé el puerto y la fortaleza de Acapulco, con el apoyo de don Lucas Alamán, líder reconocido del partido conservador. Fuimos desalojados de esta plaza pero logramos vencer a las fuerzas del Presidente, en Chilpancingo. Gracias a este hecho el Congreso me otorgó una espada de honor, por considerar esa batalla decisiva para el triunfo de los conservadores sobre la revolución.

Vicente Guerrero fue hecho prisionero en Huatulco, en la costa oaxaqueña. Lo llevaron a la ciudad de Oaxaca donde un consejo de guerra lo condenó a muerte. Lo fusilaron en la villa de Cuilapan, la mañana del 14 de febrero de 1831.

El general Anastasio Bustamante ocupó la presidencia y yo permanecí aislado y alerta en las tierras del Sur. Confieso que me vi atraído por la causa del general Antonio López de Santa Anna, por lo que participé en algunas de sus acciones militares.

En el año de 1833, el general López de Santa Anna ocupó la Presidencia de la República. Obtuve el mando del ejército del Norte. Sustituí brevemente en forma interina al Presidente López de Santa Anna, del 10 al 19 de julio de 1839.

Me eligieron diputado por el Estado de México y volví al Congreso en enero de 1841. Nuevamente sustituí al general López de Santa Anna como presidente del Consejo, el 26 de octubre de 1842. Me enfrenté con un Congreso de mayoría liberal que pretendía la redacción de una nueva *Constitución*. A pesar de todo, goberné con decisión y energía. Llamé a Lucas Alamán para que redactara un Plan para el desarrollo de la industria nacional y ordené en toda la República la instalación de Juntas de fomento comercial e industrial.

A finales de año el partido conservador decidió la disolución del Congreso que era más bien revolucionario, pues ya era imposible para mí sostener la situación que me enfrentaba con la Cámara.

A pesar de todo, tuve tiempo para emprender algunas tareas importantes como el inicio de las obras del puerto de Coatzacoalcos; el intento de comunicar los dos océanos a través del estrecho de Tehuantepec; la concesión de algunos títulos de ciudades; la recluta de un nuevo cuerpo militar; el uso de papel fabricado en México en las oficinas públicas, y el establecimiento de una Casa de Moneda en Culiacán.

Tuve muchas dificultades con el general Mariano Paredes quien, pese a su enemistad con el general López de Santa Anna, había aceptado el nombramiento de Comandante Militar de México. Me enfrenté con él e inicié su proceso por insubordinación. Finalmente cansado de esta situación, decidí renunciar en mayo de 1843 y retirarme de la política por un tiempo.

Nuevamente mi formación militar hizo que regresara y acudiera al llamado para reprimir una revolución indígena que estalló en el poblado de Chilapa a finales del año 1844.

Desde un principio, el general Antonio López de Santa Anna no dio grandes pruebas de respetar acuerdos preestablecidos y el orden constitucional ampliando el conflicto con el Congreso. Cuando algunos grupos opositores resolvieron separarlo de la Presidencia, manifestó una postura desafiante objetando sus derechos constitucionales de seguir gobernando. Permanecí en el Sur hasta la caída del general Antonio López de Santa Anna en diciembre de ese mismo año. Me nombraron general en jefe del ejército que defendía a los supremos poderes.

Me adherí al *Plan de San Luis* encabezado por el general don Mariano Paredes, quien me nombró comandante general y Gobernador del Estado de México, además del responsable de la reorganización administrativa y militar de ese lugar.

Competí además, en las elecciones de 1846 con el general Paredes. Él salió electo Presidente y yo pasé a ocupar el cargo de Vicepresidente. El general Paredes tuvo que encargarse de la invasión de las tropas de los Estados Unidos de América y yo tuve que suplirlo. Intenté gobernar sin ningún apoyo, mientras las fuerzas políticas y militares se polarizaban en torno al general Paredes y al general López de Santa Anna. El levantamiento del general Salas, el 4 de agosto de 1846, en la Ciudadela, fue el detonante para mi destitución.

Nuevamente me aparté de la política y de nuevo volví para servir a la patria por la invasión norteamericana. Me nombraron comandante general de Puebla. Luego de retirarme a las líneas defensivas del sur de la Capital, dirigí la defensa del castillo de Chapultepec, donde organicé a 800 hombres y medio centenar de cadetes. Sufrimos una gran derrota y fui hecho prisionero por los norteamericanos el 13 de septiembre de 1847. Después que terminó la invasión fui puesto en libertad.

El general Antonio López de Santa Anna me acusó de traidor y me tuve que enfrentar con él en una amarga y áspera disputa.

Ya estaba yo muy cansado de esta situación política y decidí retirarme a Chilpancingo para estar en paz con mi familia.

Siete años después, en 1854, el general liberal Juan Álvarez publicó un manifiesto en contra del general Antonio López de Santa Anna, llamado *Plan de Ayutla*. Me envió una misiva solicitando mi apoyo y adhesión pero me negué rotundamente alegando que estaba mal de salud, aunque en realidad yo no estaba de acuerdo con algunos puntos de los conspiradores.

Por su parte el general López de Santa Anna, me pidió que lo ayudara a convencer a la gente del Sur para que se retirara de la revolución de Ayutla, iniciada por el general Álvarez. Me negué rotundamente a participar en esta acción. Yo era ya un hombre de casi 68 años y era justo que tuviera de hoy en adelante algo de calma y paz.

Hoy 22 de abril de 1854, amanecí con un gran malestar. Conforme pasa el tiempo me siento cada vez más débil. Mi esposa Antonieta también padece los mismos síntomas que yo. Eso me hace pensar que por haberme negado a participar en la política nuevamente, alguien quiere tomar venganza, no lo sé.

Si mi destino es morir el día de hoy, estoy satisfecho con mi vida y con mi entrega a la Patria...

Los esposos Bravo fallecieron con tres horas de diferencia, se piensa que fueron envenenados.

Hermenegildo Galeana

Me siento muy orgulloso de haber conocido a don Hermenegildo Galeana, de haber trabajado con su familia. De haber participado también en el movimiento independiente, al lado de grandes hombres como él a quien siempre guardaré respeto y admiración.

Mis padres comenzaron a trabajar en la Hacienda del Zanjón, desde hace muchos años. Mis hermanos y yo nacimos en ese lugar donde desde pequeños trabajamos de jornaleros. Fue aquí donde conocí a don Hermenegildo Galeana.

Don Hermenegildo nació en Tecpan, el 13 de abril de 1762. Se dice que su abuelo, fue un pirata de nombre Lucius Galen, quien se estableció en la Costa Grande (al sur del puerto de Acapulco) en el Pacífico, a principios del siglo XVIII, obligado por el naufragio de su barco. Pasó mucho tiempo antes de que rescataran a los náufragos, quienes se habían establecido en ese lugar y algunos de ellos se relacionaron con las mujeres de esta tierra rehusándose a regresar.

De uno de esos colonos nacieron don Hermenegildo y don José Antonio Galeana. Éste último tuvo cinco hijos: don Pablo, don Hermenegildo, don Antonio, don Fernando y doña Juana. Su familia estaba formada por hacendados criollos dueños de grandes extensiones de tierra, por lo que habían logrado el control comercial de la Costa Grande. El intercambio comercial lo realizaban con Tierra Caliente, Michoacán, Guanajuato y con comerciantes del *Galeón de Manila* en el Puerto de Acapulco.

No conozco mucho de la infancia de don Hermenegildo, pues él nació muchos años antes que yo. Lo que me contó mi padre fue que desde muy joven, don Hermenegildo fue perseguido, no sabemos la causa, por los españoles don Toribio de la Torre y don Francisco Palacios. Su primo hermano don Juan José Galeana, dueño de la Hacienda del Zanjón, lo ocultó en su casa, donde se quedó a vivir algunos años. Se dedicó a las labores agrícolas a las que les tomó mucha afición. Igualmente, ayudó a su primo a administrar la hacienda. Don Hermenegildo no sabía leer ni escribir.

Era muy joven cuando contrajo matrimonio con una señorita de la región, pero por desgracia se quedó viudo a los seis meses. Por el momento no pensó en volverse a casar y siguió ayudando a su primo don Juan José en la hacienda. Yo tenía diez años cuando mis padres me mandaron a trabajar con él y desde ese día no me le separé.

Corría el año de 1809 y hasta el pueblo nos llegaron noticias de la primera conspiración en contra del gobierno virreinal, ocurrida en la ciudad de Valladolid. La rebelión fue descubierta, pero dejó un aire de descontento entre las familias criollas que a menudo recibían humillaciones de parte de los españoles.

La familia Galeana a pesar de ser la más rica de la región, era partidaria de ese sentimiento hacia los peninsulares y cuando tuvieron noticia del inicio de la insurrección que dirigían el cura don **Miguel Hidalgo y Costilla** y el general don **Ignacio Allende** en el Bajío; además de la rebelión en el Sur, comandada por don **José María Morelos y Pavón**, decidieron unirse al movimiento de inmediato.

El Ejército Insurgente del general Morelos, pasó por el poblado de Tecpan cuando se dirigían al puerto de Acapulco. Llegó el 7 de noviembre de 1810. Venía mal armado sin caballería ni artillería y tanto don José Antonio Galeana y sus primos Antonio, Fernando y Juan José, así como su sobrino Pablo, se pusieron a sus órdenes.

Don José María Morelos recibió a los señores Galeana con cierta frialdad, pues no tenía conocimiento de quiénes eran. La reunión se llevó a cabo en el poblado de Tepecoacuilco, en casa de don Valerio Trujano. A pesar de eso, los admitió en su ejército, no sin antes prometerles salvaguardar sus intereses económicos teniendo al frente de la provincia a un miembro de los Galeana. También el caudillo recibió de parte de mis patrones el obsequio de algunas armas y un pequeño cañón al que llamaban *El Niño*, que habían adquirido en un buque inglés que naufragó por esos lugares. Esta pieza de artillería fue la primera que tuvo el ejército rebelde.

Por desgracia no todo iba bien dentro del movimiento insurgente, pues ese mismo 7 de noviembre, el cura don Miguel Hidalgo sufría una derrota en Aculco, por parte del brigadier español Félix María Calleja.

A los pocos días de haberse integrado los Galeana a las fuerzas insurgentes, don José María Morelos se dio cuenta del valioso contingente que se había unido a su causa, pues combatieron en el cerro de El Veladero contra el ejército del comandante español Luis Calatayud, logrando derrotarlos. Los Galeana hicieron prisioneros a 800 realistas y obtuvieron 700 fusiles y siete cañones, además de una gran cantidad de parque y víveres, con lo que fortalecieron en gran medida al ejército. Con esta victoria el caudillo insurgente pudo capturar y fortificar el cerro del Aguacatillo, Las Cruces, El Marqués, La Cuesta y San Marcos, para establecer el cerco de Acapulco.

Don Hermenegildo Galeana, quien tenía por ese entonces 48 años, se unió al movimiento insurgente hasta enero de

1811. Muchos de nosotros lo seguimos, pues tanto él como su familia gozaban de un gran afecto y admiración en toda la región. Lo llamábamos cariñosamente *Tata Gildo* porque siempre recibimos de él un buen trato. Además de sus trabajadores, se unieron sus amigos y formamos un ejército considerable.

Don Hermenegildo demostró ser un líder cuando en la Sabana, en el campo de los Coyotes, por enfermedad del general Morelos, el coronel Hernández, al mando de las fuerzas insurgentes, abandonó vergonzosamente su tropa al ver que serían atacados por el comandante realista Nicolás de Cosío. Mi patrón tomó el mando y logramos una gran victoria. Por este motivo y por su liderazgo, el general don José María Morelos, quien se encontraba en la hacienda de Brea, lo nombró su lugarteniente el 3 de mayo de 1811 y lo envió a que avanzara hacia el puerto. Don Hermenegildo iba encabezando la tropa del *Regimiento de Guadalupe,* con su estandarte blanco y azul y lo seguían las fuerzas de los señores Bravo.

Por esos días se supo la mala noticia de que el 21 de marzo, habían capturado al cura don Miguel Hidalgo y Costilla y a sus compañeros, en un lugar llamado Acatita de Baján. Los comandantes insurgentes al saberlo sintieron un profundo dolor, pero el general Morelos los alentó a continuar la lucha.

Por el camino, combatimos a los soldados realistas en el arroyo de Zoyolapa y nos dirigimos a Texca. Pocos días después, el general Morelos mandó a mi patrón en busca de recursos a la hacienda de Chichihualco, que pertenecía a una familia criolla que simpatizaba con la causa insurgente. Esta familia era la de don Leonardo Bravo, sus tres hermanos, Víctor, Máximo y Miguel, y su hijo don **Nicolás Bravo**. Al ver la disposición de esta familia, cuando le proporcionaron hombres y armas, mi patrón don Hermenegildo los invitó a que se unieran al movimiento insurgente. Ellos aceptaron de inmediato. En este lugar tomamos un descanso y cuando toda la tropa aprovechábamos para bañarnos en el río, que buena falta nos hacía, se presentaron de repente los soldados realistas al mando del comandante Garrote. Se desató una fuerte batalla pero logramos dispersarlos y nos hicimos de cien fusiles y algunos prisioneros. Algunos de ellos se unieron a nuestra causa y el resto fue enviado a la prisión de Tecpan.

Don José María Morelos tenía el camino libre y entró, sin ninguna resistencia, a la ciudad de Chilpancingo, el 24 de mayo de 1811. Desde ahí organizó el traslado inmediato a Tixtla a marchas forzadas, para sorprender al enemigo.

Don Hermenegildo y los que formábamos su ejército, llegamos primero a Tixtla, que estaba al mando del jefe militar Joaquín Guevara, hacendado de la región, quien con la ayuda de Manuel Mayol, un clérigo que apoyaba totalmente al gobierno, organizó a la población para combatirnos. Tixtla estaba vigilado por los cuatro lados. Iniciamos una dura batalla y luego de un tiempo, ya se nos habían acabado las municiones, pero a don Hermenegildo se le ocurrió mandar repicar las campanas de la iglesia, para hacer creer al enemigo que el general Morelos llegaba a ayudarnos. De esta manera logró infundir ánimo en la tropa y que los realistas cayeran en la trampa, por lo que abandonaron el pueblo dejando 200 fusiles y 8 cañones. También tomamos 600 prisioneros. Todos aclamábamos a don Hermenegildo Galeana.

Además de los señores Bravo, se unieron al Ejército Insurgente don **Vicente Guerrero**, un arriero originario de aquí de Tixtla y un estudiante de derecho nacido en Durango, llamado don Miguel Fernández Félix, quien después supimos que se puso el nombre de don **Guadalupe Victoria**.

Establecimos nuestro cuartel en Chilapa. Aquí el ejército se dividió en tres: uno debía irse hacia el sur, dirigido por don Miguel Bravo; el segundo debía combatir en Taxco, bajo el mando de don Hermenegildo Galeana, y el tercero, avanzaría hacia el norte y atacaría Puebla, bajo las órdenes de don José María Morelos.

Luego de varios enfrentamientos con los soldados españoles, nuestro ejército logró llegar a Taxco de cuya población se apoderó mi patrón don Hermenegildo, después de vencer una fuerte resistencia española y de pacificar la comarca. En esta ciudad esperamos al general Morelos que tenía planeado subir a los valles de la Mesa Central.

Nos llegaron las noticias que los soldados insurgentes del centro del país, bajo las órdenes de don **Ignacio López Rayón**, se habían trasladado de la ciudad de Saltillo hasta la de Zitácuaro, en Michoacán. Aquí se estableció la *Suprema Junta Nacional Americana*, primer órgano de gobierno independiente. Sus integrantes se dieron a la tarea de buscar un sistema de gobierno idóneo sin que dependiera del virrey de la Nueva España, pero aceptando al rey Fernando VII como soberano legítimo. Los jefes insurgentes del Sur, aceptaron la autoridad de la *Suprema Junta Nacional Americana* y recibieron a uno de sus representantes en Taxco, con quien tuvieron algunos desacuerdos.

Mi patrón don Hermenegildo me contó con mucha alegría que don José María Morelos había expedido un decreto el 10 de septiembre de 1811, en el que creaba la provincia de Tecpan, de donde somos nosotros, erigiéndola en ciudad con el nombre de *Nuestra Señora de Guadalupe de Tecpan*.

Los insurgentes que combatían en la ciudad de Toluca, le solicitaron al caudillo ayuda y él envió a don Hermenegildo Galeana a que se adelantara. Apenas si llegamos a auxiliarlos a Tecualoya y logramos vencer al enemigo, que estaba bajo las órdenes de Porlier, Michelena y Toro, en enero de 1812.

De este lugar nos dirigimos a Cuernavaca y después a Cuautla. En esta última ciudad, el general Morelos decidió esperar al comandante español Félix María Calleja, por lo que fortificó la plaza y reunió suficientes víveres.

El 18 de febrero de 1812, cuando el general español se acercó, don Hermenegildo recibió la orden de resistir en el punto de Santo Domingo que era el más peligroso e importante de todos. Al día siguiente los realistas atacaron el punto de San Diego y se acercaron hasta los parapetos, pero don Hermenegildo y sus soldados logramos rechazarlos a machetazos. Mi patrón mató al capitán español Sagarra. Las demás columnas realistas volvieron a la carga y creyeron que iban a vencernos, pero los rechazamos a machetazos y por primera vez Félix Calleja tuvo que retroceder. El comandante español había sitiado la ciudad de Cuautla durante 72 días.

Durante este sitio, don Hermenegildo Galeana hizo varias salidas, pero las más importantes fueron para recobrar el agua de Juchitengo que entra en Cuautla y que los realistas habían cortado. En la madrugada del 2 de abril, efectuamos la primera y con gran dificultad logramos introducir agua a Cuautla, pero el comandante Llano la volvió a cortar. Don Hermenegildo decidió hacer un esfuerzo, mismo que narra Félix María Calleja en un informe hecho el 4 de abril de 1812:

> *Al amanecer de ayer, quedó cortada el agua de Juchitengo que entraba en Cuautla, y terraplenada sesenta varas la zanja que la conducía con orden al señor Llano, por hallarse próxima a su campo, de que destinase el batallón de Lobera con su comandante, a sólo el objeto de impedir que el enemigo rompiese la toma; pero a pesar de todas mis prevenciones y en el medio del día permitió por descuido que no sólo la soltase el enemigo, sino que construyera sobre la misma presa un caballero o torreón cuadrado y cerrado, y además un espaldón que comunica al bosque con el terreno, para cuyas obras cargó gran número de trabajadores sostenidos desde el bosque. A pesar de su ventajosa situación, dispuse que el mismo batallón de Lobera, ciento cincuenta patriotas de San Luis y cien granaderos, todo al cargo del señor coronel don José Antonio Andrade, atacase el torreón y parapeto a las once de la noche, lo que verificó sin efecto, y tuvimos cuatro heridos y un muerto.*

La construcción de este fortín, que levantamos a pesar de estar bajo el fuego de los soldados realistas, por fortuna nos hizo dueños del agua durante todo el tiempo que duró el sitio

El 30 de abril de 1812, el comandante Félix María Calleja envió a don José María Morelos, a don Miguel Bravo y a don Hermenegildo Galeana un indulto, pero los jefes insurgentes, como era de esperarse, no lo aceptaron.

Apenas si podíamos descansar pero era necesario que siguiéramos adelante. Al ejército de mi patrón don Hermenegildo lo enviaron a combatir al comandante Añorve que se había apoderado de Chilapa. Tuvimos una breve batalla y fácilmente derrotamos a los realistas el 4 de junio de 1812. Toda esa parte de la región hasta la costa quedó libre de enemigos.

Nos dirigimos rumbo a Huajuapan adonde se encaminaba el general Morelos, porque nos habíamos enterado que el comandante Valerio Trujano, se encontraba estrechamente sitiado por las fuerzas realistas desde hacía 90 días. También acudió el comandante Bravo en su auxilio. Fue una dura batalla para romper el sitio pero logramos vencerlos y obtener además un buen botín de armas y municiones.

De aquí nos fuimos a combatir al Palmar y logramos derrotar a los realistas. Luego llegamos hasta Orizaba el 28 de octubre y don Hermenegildo nos llevó hasta el cerro del Cacalote. Desde ahí vimos todo el movimiento del comandante español Andrade y nos lanzamos a atacarlo.

El general Morelos se fue abriendo paso con facilidad y cuando nos unimos a sus fuerzas para la batalla de las Cumbres de Acultzingo, donde nos derrotaron, don Hermenegildo Galeana por poco cae prisionero pues andaba solo y le habían matado su caballo. Se salvó porque se escondió en el hueco de un árbol seco que encontró por ahí. El comandante español Luis del Águila lo anduvo buscando y lo dio por muerto. El general Morelos también lo creyó y salimos con él varios soldados a buscarlo, pero al día siguiente, gracias a Dios, lo vimos que venía caminando, cansado y herido.

El siguiente lugar a seguir era Puebla, pero antes tuvimos que ganar la ciudad de Tehuacán. Aquí, el 12 de septiembre de 1812, el general José María Morelos nombró merecidamente a don Hermenegildo Galeana mariscal, como un reconocimiento a su valor y entrega a la causa insurgente. Pero había un gran problema, porque mi patrón Don Hermenegildo no sabía leer ni escribir y era un impedimento para seguir instrucciones. Por esa razón, el comandante Morelos eligió a un clérigo muy joven originario de Izúcar, llamado don **Mariano Matamoros**, como su mano derecha. Así pues, Don Hermenegildo pasó a ser la mano izquierda del caudillo. Mi patrón a manera de protesta dijo: *Yo no sabré escribir en un pedazo de papel, pero sé dirigir un campo de batalla.*

Nos llegó la noticia que el comandante don Valerio Trujano, a quien habían mandado de avanzada rumbo a Puebla, fue sorprendido por la tropa del general español Saturnino Samaniego, en las cercanías del rancho de la Virgen María. Cuando mi patrón Don Hermenegildo lo supo, nos llamó a toda su tropa para ir a ayudarlo. Aunque logramos que huyeran los españoles, no pudimos salvar a don Valerio Trujano que murió durante la batalla. Llevamos su cadáver a Tehuacán donde el general Morelos dio la orden de que lo sepultaran con los honores que merecía.

Don Hermenegildo Galeana también participó en la toma de la ciudad de Oaxaca, que logramos el 25 de noviembre de 1812. Este logro fue muy importante para el movimiento insurgente, ya que para dar un buen escarmiento a los realistas, mandaron fusilar a todos los soldados que habían hecho prisioneros.

El siguiente destino era el sitio de Acapulco. Desde que inició el movimiento insurgente, el cura don **Miguel Hidalgo y Costilla** le había ordenado a don José María Morelos que se apoderara de este puerto estratégico, por donde las autoridades virreinales realizaban muchas de sus actividades comerciales.

La tropa de don Hermenegildo acampó en el cerro de la Iguana. Mandó a su sobrino don Pablo Galeana a que se apoderara de la isla llamada la Roqueta, mientras que él rodeaba el fuerte de San Diego. Esta misión era muy peligrosa pues teníamos que hacerla entre dos fuegos y en un campo muy escabroso y lleno de acantilados. Atacamos por mar la goleta *Guadalupe* que llegaba de Guayaquil, la noche del 8 de junio. Por fin, el comandante español que defendía el fuerte, se rindió el 20 de agosto de 1813, pues carecía de víveres y nadie podía acudir en su ayuda.

Creímos que después de esta dura batalla nos iríamos a descansar unos días a nuestra casa para ver a la familia, pero don Hermenegildo Galeana recibió la orden de que fuéramos a revisar la Costa Chica, para asegurarnos de que estaba libre de tropas españolas. Este encargo lo hicimos en pocos días. Luego nos regresamos a preparar la toma de la ciudad de Valladolid, en Michoacán.

Acampamos unos días y en diciembre salimos a alcanzar al grueso del Ejército Insurgente en Cutzamala. Recibimos la orden de atacar la Garita del Zapote y cuando creímos que todo estaba ganado, aparecieron los soldados realistas al mando de los generales Ciriaco del Llano y de Agustín de Iturbide. Su ejército era menos numeroso que el nuestro, pero reconozco que estaban mejor capacitados. Nos atacaron con tal fuerza que don Hermenegildo Galeana temiendo que hubiera un desastre, pidió de inmediato refuerzos al general don José María Morelos, porque íbamos a ser asaltados por los dos frentes. El caudillo comprendió el grave peligro en que estábamos y mandó al general don Mariano Matamoros en nuestro auxilio.

El ejército realista nos había atacado muy fuerte, por lo que don Hermenegildo dio la orden de que nos retiráramos y nos uniéramos a las fuerzas del comandante Bravo. Juntos salimos al día siguiente por el camino de Itúcuaro hasta llegar a Puruarán que habían señalado como punto de reunión. El general Morelos ordenó atacar este lugar, a pesar de que sus generales estaban en desacuerdo. Las fuerzas realistas llegaron hasta ahí, el 5 de enero de 1814.

Tuvimos una fuerte batalla y no logramos vencer al enemigo. Lo peor de todo fue que capturaron al general don Mariano Matamoros, cuando trataba de cruzar un riachuelo. Lo llevaron a Pátzcuaro, donde supimos que lo ejecutaron un mes después. El general Morelos se irritó tanto que le ordenó a don Hermenegildo que regresara al puerto de Acapulco y pasara a cuchillo a 200 españoles presos en ese lugar.

Mientras el general Morelos se unía al Congreso, en el sur, Mi patrón don Hermenegildo quedó al mando del punto el Veladero, donde nos atacó el brigadier español José Gabriel de Armijo con un gran número de soldados. Logramos rechazar varios ataques, pero ya no teníamos recursos y tuvimos que huir. Nos refugiamos en el Tomatal. Además el Congreso lo puso bajo las órdenes de un tal comandante Juan Nepomuceno Rosains, un hombre déspota y que no sabía nada de la milicia, por lo que tanto a nosotros como a las tropas de los señores Bravo, nos derrotaron en Chichihualco, el 19 de febrero.

Don Hermenegildo Galeana estaba muy disgustado con esta situación y decidió abandonar la causa insurgente y permanecer oculto. El caudillo José María Morelos fue a buscarlo para convencerlo de que regresara. Sin embargo, nos dirigimos a la hacienda del Zanjón, en Tecpan, para ver a nuestra familia. Para llegar ahí tuvimos que limpiar el lugar de soldados realistas que estaban en los alrededores.

Don José María Morelos le encargó a don Hermenegildo la defensa de El Heladero, y a finales de marzo, fuimos sitiados ahí por los soldados realistas y desalojados el 6 de mayo de 1814. Nos dirigimos entonces a Cacahuatepec y pasamos también por Texca y por Tixtlancingo.

En un lugar llamado Azayac, derrotamos al capitán español Barrios y le quitamos todo su armamento. Igualmente rechazamos los ataques de los comandantes Murga y Avilés en Cacalutla, para luego salir hacia Coyuca. Al pasar el río, don Hermenegildo replegó a los enemigos y nos lanzamos en su persecución, pero cuando vimos que nos superaban en número, huimos

Mi patrón se escondió tras de unos árboles y comenzó a defenderse, ayudado por don José María Ávila. Un grupo de soldados realistas bajo las órdenes de un tal Oliva a quien don Hermenegildo Galeana había hecho algunos beneficios en Tecpan, comenzó a llamar a mi patrón por su nombre y a acercarse a él con su tropa; ya casi lo alcanzaba cuando mi patrón apretando el paso montado en su caballo, fue golpeado por una fuerte rama que lo hizo caer en tierra. Comenzó a arrojar sangre por la boca y la nariz. Los que estábamos cerca de él no pudimos hacer nada, porque de inmediato lo rodearon catorce dragones enemigos. Apenas don Hermenegildo se estaba reponiendo cuando al intentar defenderse, el soldado realista Joaquín León desde su caballo le tiró un balazo de carabina que le atravesó el pecho. Yo quise salir a ayudarlo pero mis compañeros me lo impidieron, pues nos hubieran descubierto y matado a todos. El maldito realista, no conforme con el balazo que le había tirado a mi patrón, fue hasta donde él se encontraba, sacó su espada y le cortó la cabeza, que puso en la punta de una lanza. Esto sucedió en el puente llamado El Salitral, al lado poniente de Coyuca, el 27 de junio de 1814, una fecha que nunca olvidaré.

Ya los desgraciados realistas habían logrado lo que querían y ni siquiera se preocuparon en perseguirnos, sino que se encaminaron con su "trofeo" a Coyuca. Don Pablo Galeana, sobrino de mi patrón, quiso recoger el tronco de su tío pero el tal Avilés había puesto unos soldados para impedirlo.

El comandante español ordenó fijar la cabeza de don Hermenegildo Galeana en un palo en la plaza de Coyuca. Después, el mismo Avilés ordenó que la pusieran en la puerta de la iglesia, donde el realista dijo: *Esta es la cabeza de un hombre honrado y valiente.* Luego la mandó enterrar en ese lugar.

Supimos que dos de los nuestros lograron enterrar el tronco de don Hermenegildo en el monte, pero como los fusilaron al poco tiempo, nunca encontramos la tumba. También nos dijeron que lo sepultaron en un paraje cercano pero no hallamos nada.

Todos recordamos al *Tata Gildo,* mi patrón, quien al morir contaba con 52 años de edad. Siempre peleó con gran entrega. Nunca atacó personalmente al enemigo por la espalda ni mató a nadie fuera del campo de batalla. Fue un hombre leal a la causa independiente y de una disciplina y valor extraordinarios. Veneró con gran fervor al general Morelos quien al conocer la noticia exclamó lleno de una gran tristeza. *¡Se acabaron mis brazos!...¡ya no soy nada!*

Manuel Gómez Pedraza

La vida de don Manuel Gómez Pedraza pertenece a una etapa sumamente difícil y conflictiva en la historia de México. La característica en este periodo es el cambio político constante y frecuente que intenta lograr una patria libre y soberana.

Manuel Gómez Pedraza, nació el día 22 de abril de 1789. Su lugar de nacimiento no ha sido precisado, pues hay quien dice que fue en Querétaro o en Tamaulipas, en los poblados de Río Verde o Soto la Marina.

Sus padres eran de origen español y tenían una mediana posición económica. Realizó la carrera de las armas, por lo que ingresa al ejército realista formado por el comandante Félix María Calleja, en San Luis Potosí, donde se alista en el *Regimiento de los Fieles de Potosí*, el día 26 de septiembre de 1810.

Participa desde ese momento en la guerra contra los insurgentes.

Para el año de 1815, posee el grado de capitán y a la cabeza del regimiento español, participa en la persecución y captura del general don **José María Morelos y Pavón** en Temalaca, Puebla, en noviembre del año de 1815. La muerte del caudillo Morelos hizo que la lucha insurgente decayera.

Poco tiempo después, el capitán Gómez Pedraza es gravemente herido. Este acontecimiento lo hace reflexionar y cambiar su posición política, a pesar de que el movimiento insurgente empieza a debilitarse.

El día 27 de junio de 1820, sale la convocatoria de las elecciones para diputados a las Cortes de Madrid. Manuel Gómez Pedraza es elegido representante de la provincia de México. Acepta el puesto con el propósito de cambiar su imagen anterior.

Desde el periodo en el que permaneció en el ejército realista, tiene una gran amistad con el general **Agustín de Iturbide**. Por esta razón, éste último lo invita a unirse a su grupo en Veracruz para que participe en la organización de un Congreso Nacional que permita efectuar un pronunciamiento a favor de la Independencia de México.

Los diputados a Cortes, próximos a salir rumbo a España, logran todavía reunirse en el Convento de Betlemitas para discutir dicho proyecto, pero deciden partir para España, por no llegar a un consenso.

No existen datos que afirmen la participación del capitán Gómez Pedraza en los debates de las Cortes madrileñas, eso explica el hecho de que decide irse a París, Francia, desde donde se entera del triunfo de su amigo Agustín de Iturbide así como de la consumación de la Independencia.

De inmediato decide regresar a México y llega justo en la víspera de la coronación de Agustín I que se lleva a cabo el día 22 de julio de 1822. Su amigo Iturbide lo incorpora días después a su Ejército, donde lo nombra coronel en el regimiento de caballería en el poblado de Tulancingo.

Poco después le ordenan trasladarse a la Ciudad de México, para salir hacia Soto la Marina y restablecer la paz y someter a los rebeldes que se han sublevado contra el Imperio. Cuando termina su misión, en octubre de ese mismo año, se dirige a la ciudad de Tampico para hacerse cargo de la comandancia militar y de la aduana.

Permanece en el puesto muy poco tiempo, pues el mes de diciembre de ese año, el general Antonio López de Santa Anna se pronuncia a favor de la República. Agustín I envía tropas bajo las órdenes del general José Antonio Echávarri para aplacar el levantamiento pero éste se pronuncia a favor del *Plan de Casamata* que dicta el general López de Santa Anna, en el que pide la reinstalación del *Congreso Constituyente* que había disuelto Iturbide.

Antonio López de Santa Anna, junto con el general Echávarri le ofrecen al coronel Gómez Pedraza la jefatura del Ejército pero él no la acepta pues permanece fiel a su amigo Agustín de Iturbide por lo que decide renunciar a su cargo en Tampico, el mes de marzo de 1823.

Al abdicar Agustín I, nombran a Manuel Gómez Pedraza comandante militar de la capital. El gobierno de transición entre el Imperio y la República llamado *Supremo Poder Ejecutivo*, inicia las negociaciones y convenios de capitulación.

A finales de 1823, el Congreso Constituyente se reúne para elaborar la primera *Constitución* que regiría al país bajo el sistema de República Federal, representativa y popular.

El 10 de octubre del año de 1824, el general **Guadalupe Victoria** asume el cargo de Presidente de la República y el general **Nicolás Bravo** el de vicepresidente. El Presidente desde un principio trata de seguir una política democrática que él mismo llamaba de "amalgamación", por esta razón incluye en su gabinete a políticos de distintas tendencias que habían trabajado en el régimen provisional.

Al poco tiempo Manuel Gómez Pedraza es llamado por Guadalupe Victoria para establecer el orden en Puebla. Recibe el apoyo del Congreso para ocupar el cargo de gobernador y comandante general de esa ciudad.

Por desgracia su mandato dura poco tiempo, porque se le acusa de no haber protegido adecuadamente a un grupo de ingleses, asaltados por una banda de ladrones en el pueblo de Tepeyahualco. Esa es la razón por la que lo retiran de su cargo y lo someten a un juicio que dura medio año, al término del cual el Consejo de Guerra lo absuelve y le restituye sus honores y el cargo de gobernador.

El Presidente Guadalupe Victoria parece gozar de paz y en el país se vive una atmósfera de optimismo. Cuenta con la libertad para dirigir el país, regida por la *Constitución de 1824*. En su discurso de toma de posesión habla sobre los mejores ideales republicanos del momento. Por desgracia muy pocas de estas ideas se pueden efectuar, debido a que el Presidente no logra contar con un gabinete estable. Los ministros renuncian y vuelven a tomar el cargo con la mayor facilidad. Muestra de ello es que durante su gobierno, 28 personas ocupan las cuatro Secretarías respectivas.

El 11 de junio del año de 1825, el coronel **Manuel Mier y Terán** es separado del Ministerio de Guerra, lugar que ocupa Manuel Gómez Pedraza, seguramente por su gran experiencia militar; pero por motivos de salud tiene que renunciar poco después y regresa un mes más tarde con la idea de organizar y fortalecer la fuerza marítima. Por ese entonces, se intenta conseguir a toda costa la rendición del fuerte de San Juan de Ulúa en el puerto de Veracruz.

El licenciado Lucas Alamán, secretario de Relaciones Exteriores e Interiores, renuncia a su cargo en septiembre de 1825 y el Presidente Victoria nombra a Gómez Pedraza, secretario encargado del Despacho, donde permanece hasta el día 29 de noviembre del mismo año.

Desde el inicio del gobierno de Guadalupe Victoria, los políticos manifiestan sus ardientes polémicas en los numerosos diarios de la capital. Los dos grupos políticos predominantes, los conservadores, quienes apoyan al centralismo, y los liberales, partidarios del federalismo, difunden sus ideas en folletos y periódicos como *El Federalista, El Sol, El Semanario de México, El Iris* y *Águila Mejicana*, entre otros.

Esta situación daría pauta a los futuros conflictos y eternos enfrentamientos entre quienes apoyaban ciertas ideologías. Los partidarios conservadores, como los amantes del progreso, al carecer de experiencia se ven en la necesidad de recurrir a las logias masónicas como una forma de organización para la acción política.

En las logias del rito escocés, se asocian los que concebían la situación en términos conservadores opuestos al cambio, pues sus integrantes eran representativos de las clases privilegiadas.

En las logias del rito yorkino aquellos que defienden los ideales revolucionarios, eran en gran parte personas pertenecientes a la incipiente clase media post independiente, que necesitaba y reclamaba un cambio social. Este grupo es apoyado por el ministro plenipotenciario de Estados Unidos de América, Joel Robert Poinsett.

Al parecer, escoceses y yorkinos se lanzan unos contra los otros. Los primeros admiten en sus filas a un gran número de españoles con bastante poder económico y social, que les interesa fortalecer el partido, por ser quien los defiende de la persecución desatada en contra de ellos.

Manuel Gómez Pedraza es invitado a participar en esta asociación, aunque desde 1821 él se había iniciado en la Logia Escocesa en la ciudad de la Habana en Cuba. En México, los partidarios escoceses dominan el panorama político en Veracruz y en Puebla y tratan de organizar un sistema militar fuerte.

Por su parte los partidarios yorkinos sustentan el poder en el *Congreso Nacional* y los poderes legislativos de los estados y sostienen una ideología liberal. De momento proclamaba la expulsión de los españoles como un acto de venganza popular. En el fondo, ambos grupos pretendían adueñarse del poder político.

En el mes de febrero de 1826, el Presidente Guadalupe Victoria nombra a Gómez Pedraza plenipotenciario en Inglaterra, con el objeto de que se pudiera concluir el *Tratado de Amistad, Navegación y Comercio* con esa nación. El senado no aprueba este nombramiento, a pesar de que el Presidente envía una nota severa, fechada el día 2 de marzo. En ella reclama que se ponga en debate su decisión, por ser conveniente que Gómez Pedraza salga a Europa en el mismo barco que el ministro inglés.

Tal vez decepcionado por estos acontecimientos, renuncia al Ministerio de la Guerra y al de Relaciones, incluso parece que se sale del partido escocés, que lo acusa de ser el responsable de las agresiones recibidas por no ejercer la represión necesaria contra los grupos yorkinos.

Manuel Gómez Pedraza declara que si los escoceses hubieran tenido buen juicio, no habrían defendido a los conspiradores de 1827. Sin embargo, en *El Correo de la Federación*, se le acusa de estar vinculado a algunos españoles prominentes.

Por órdenes de Guadalupe Victoria, organiza un ejército bajo el mando del general **Vicente Guerrero**, y a principios de 1828 derrotan a los españoles en Tulancingo. Con este duro golpe queda prácticamente destruido el partido escocés.

Por esta situación es atacado muy fuerte por sus antiguos compañeros, porque el plan del general Nicolás Bravo era abolir las logias masónicas, disolver el gabinete y expulsar al ministro Poinsett por su intervencionismo en la política mexicana.

Poco tiempo después, ambas logias se convertirían en partidos políticos. Por esta razón, ante la proximidad de las elecciones para el nuevo periodo presidencial en 1828 se origina una gran agitación e intriga. Los candidatos son Manuel Gómez Pedraza y Vicente Guerrero.

Los hombres acaudalados apoyan al primero, señalando sus grandes cualidades como militar, sus maneras graves y su prudencia. En el grupo yorkino, a Guerrero lo patrocinan antiguos insurgentes que lo consideran el heredero del pensamiento de José María Morelos.

A pesar de pensarse que Vicente Guerrero saldría electo por su participación en el movimiento insurgente, no es así. La votación final queda con once votos contra nueve a favor de Manuel Gómez Pedraza, a quien el 1° de septiembre del año de 1828 lo declaran Presidente de la República.

Con este triunfo se frustran las ideas de Poinsett y su partido, hecho que viene a agravar la situación entre las dos facciones, pues ambos se preparan para sostener su causa a cualquier precio.

Los partidarios de Vicente Guerrero acusan al Gobierno de presionar políticamente a favor del ganador y a él, de usar su puesto como jefe de los moderados para amedrentar a algunas legislaturas y de esta manera conseguir votos.

Una parte del Ejército tampoco está de acuerdo con el resultado y muy pronto aparecen signos de la sedición militar dirigida por el general Antonio López de Santa Anna.

El día 7 de septiembre de 1828 se declara nula la elección. Se habla de que López de Santa Anna no estimaba a Gómez Pedraza y que le tiene resentimiento por su declaración sobre su ayuda a la Independencia de Cuba. Gómez Pedraza había dicho: *"Si Santa Anna lo logra, gloria a la nación y si lo matan salimos ganando"*.

Manuel Gómez Pedraza pide al Congreso se le otorguen facultades extraordinarias para acabar con el movimiento por lo que el gobierno declara a los rebeldes fuera de la ley. A finales del mes de noviembre, Zavala trama un motín en la capital y se apodera del edificio de *La Acordada*, arsenal del Ejército y con ello pone en peligro al gobierno de Guadalupe Victoria.

Las consecuencias son el caos y la anarquía y la desintegración del gobierno de Victoria, quien se ve abandonado por todos y tiene que capitular ante un grupo de rebeldes, luego de un tremendo saqueo del Parián, que dura todo el día.

Los integrantes del partido yorkino logran que Vicente Guerrero llegue al poder, como resultado de un golpe de estado cruel. Como es de esperarse, la prensa conservadora aprovecha para atacarlo y le recuerdan la forma vergonzosa en la que llega a ese cargo. Ejemplo de eso es lo siguiente:

> *Vivan Guerrero y Lobato*
> *y viva lo que arrebato.*
> *No se borra con lechada*
> *el borrón de La Acordada.*

El Congreso inicia su sesión el 1º de enero de 1829, cuyo objetivo es resolver el problema de la sucesión. El presidente electo abandona el país renunciando a sus derechos. En la Constitución, no aparece ninguna disposición para enfrentar este caso, por lo que es indispensable lograr una apariencia legal al nombramiento de Guerrero como Presidente. De esta manera, se decide declarar nula la elección de Manuel Gómez Pedraza y proceder a una nueva votación entre Vicente Guerrero y Anastasio Bustamante.

Finalmente, el 1º de abril de 1829, guerrero asume la Presidencia para gobernar el país, en pleno caos político, con las arcas vacías y la promesa de aplicar la segunda Ley de Expulsión en contra de los españoles.

Ante estos constantes cambios políticos, Guerrero dura muy poco en el cargo porque Anastasio Bustamante se levanta en armas con el *Plan de Jalapa* en el que desconoce el régimen de Guerrero como Presidente de la República.

Cuando Anastasio Bustamante asume la Presidencia, Manuel Gómez Pedraza, quien está exiliado en Francia, decide regresar. Llega a Veracruz el mes de octubre de 1830 y piensa que va a ser bien recibido por el partido conservador en el poder.

Recibe la sorpresa de que el gobierno ha sido sometido a los rebeldes del Sur y, que el Ministro de Guerra José Antonio Facio ha dado la orden de que se le prohíba su entrada al país.

De inmediato escribe una carta a Bustamante y le manifiesta su preocupante situación porque está enfermo y sin dinero y le asegura que viene al país en forma pacífica. Él le responde que no es conveniente su presencia y lo tiene que desterrar con tranquilidad. Se embarca de nuevo con destino a Nueva Orleáns.

Desde su exilio escribe una carta diciendo que su expulsión es obra de la tiranía y el despotismo, además de que se le había separado de su familia injustamente sin seguir una causa previa, pese a estar en comunicación con Anastasio Bustamante. Lamenta la actitud de este último, ya que siempre lo ha ayudado. El Presidente responde que sí es deseable su regreso pero en una ocasión más oportuna.

Por ese tiempo, se afirma que el gobierno no permitió su retorno porque se planeaba un movimiento para devolverlo a la Presidencia.

Bustamante, Alamán y Facio logran que la Cámara de Diputados declarara que Vicente Guerrero "tenía imposibilidad moral" para gobernar la República. No satisfechos con esto, planean su asesinato.

Después de esta acción tan vil, Antonio López de Santa Anna se manifiesta contra el Gobierno, en enero del año de 1832. Lo acusa de ilegal. Igualmente, escribe a Manuel Gómez Pedraza comentándole que es importante su regreso y que con su apoyo lograrían legalizar las siguientes elecciones. El general López de Santa Anna comisiona a Joaquín del Castillo a Estados Unidos para que convenza al ex presidente y acepte su propuesta.

Gómez Pedraza se niega al principio, pero finalmente accede a regresar a México a finales del mes de octubre de ese año. Cuando llega al puerto de Veracruz, lanza una proclama donde anuncia que su retorno es una respuesta al llamado del pueblo. De inmediato se dirige a la ciudad de Puebla.

El Ejército sostiene la República y la *Constitución* por medio de los Convenios de Zavaleta. Se efectúan elecciones para el *Congreso Nacional y Legislativo* de los estados. Finalmente se reconoce a Manuel Gómez Pedraza como Presidente legal de la República Mexicana y asume el poder en la ciudad de Puebla, el día 26 de diciembre de 1832. Su mandato terminaría el 1º de abril del año de 1833.

En esta ocasión vuelve al gobierno como federalista y se le da la bienvenida en la Ciudad de México al lado del general Antonio López de Santa Anna. De un día para otro, ya no era el enemigo de las instituciones sino el Presidente electo por el pueblo.

Se da a la tarea de nombrar su nuevo gabinete en medio de las presiones de quienes habían logrado su retorno. Procede a aplicar la expulsión de los españoles, por lo que ordena que se acate la ley promulgada en el año de 1829. Los españoles que no estuviesen exentos debían salir del país. La mayoría logra eludir el problema.

Más adelante, el Presidente determina la degradación de algunos generales nombrados por Anastasio Bustamante, alegando que son demasiados, para lo cual se apoya en que no habían aceptado el acuerdo de Zavaleta.

El día 29 de marzo, el Presidente inaugura las sesiones del Congreso. Su discurso parecía el de despedida a la nación, en él ataca con dureza a la aristocracia y exalta la actitud de los liberales. Asimismo menciona que en su gestión no han existido persecuciones políticas. Él había logrado restaurar la paz, había cumplido su misión.

Sin embargo, a su alrededor la lucha por el poder ha sido muy cruel, los dos partidos políticos se han definido. Un grupo dirigido por Lucas Alamán, intenta el predominio de las ideas conservadoras en el país. Otros grupos, la mayoría de origen social y económico medio, forman un programa liberal, son quienes hacen ganar la elección de López de Santa Anna y Gómez Farías, por vez primera dominarían el gobierno federal y el de los estados.

Cuando esto último sucede, el mandatario deja casi en seguida el gobierno en manos de Gómez Farías. Su régimen resulta muy conflictivo, porque había tendencias generales opuestas, que se encontraban en pugna por el dominio de sus ideas.

El Gobierno intenta establecer la enseñanza bajo nuevas bases fuera del clero, por lo cual se ordena el cierre de la Universidad. Tantas reformas en la administración terminan por crear conflictos, no sólo entre los partidarios del retroceso sino entre los hombres progresivos.

Manuel Gómez Pedraza y Juan Rodríguez Puebla promueven la oposición contra las disposiciones del gobierno, en el periódico *El Fénix de la Libertad* y en la Cámara de Diputados.

Después del fracaso de Antonio López de Santa Anna en Texas, Anastasio Bustamante asume la Presidencia el mes de abril de 1837. En diciembre del siguiente año, Gómez Pedraza forma parte de su gabinete con el cargo de ministro de Relaciones Exteriores.

Junto con Juan Rodríguez Puebla trata de echar abajo el gobierno de Bustamante. Pretende restablecer la *Constitución de 1824*, unificar los partidos para presentar una fuerte resistencia ante los franceses.

Gómez Pedraza encuentra bastante oposición por parte de los legisladores. Insiste en organizar una fuerza dirigida por un buen general que sea capaz de detener a los franceses, o en caso de celebrar convenios, que fuera apto para realizarlos. Es obvio que piensa en sí mismo para estas tareas, pero no recibe apoyo y tres días después de que asume su cargo, se ve obligado a renunciar.

Al día siguiente publica un Manifiesto con Juan Rodríguez Puebla, en el que explican su conducta. Exponen cuáles son las reformas propuestas y declaran que el Presidente no había cooperado para efectuar el cambio apropiado hacia el sistema federal. Este documento se publica el 17 de diciembre de 1838, en el periódico *Cosmopolita*.

En este tiempo México vive un momento muy difícil. Hay inestabilidad política, grandes problemas económicos, inseguridad en los caminos debido a los grupos de bandidos y surgen los movimientos a favor de la monarquía. Hay un descontento general y aumenta la idea de que los gobiernos no funcionan. Esta situación debilita cada vez más a la República y como consecuencia impide un fuerte enfrentamiento contra Estados Unidos y sus ambiciones para extenderse hasta Texas.

Nuevamente López de Santa Anna encabeza un movimiento en el mes de agosto de 1841, que desconoce el gobierno de *Las Siete Leyes* de Anastasio Bustamante, quien acepta pactar con sus oponentes y se firman las Bases de Tacubaya que proponen suspender los poderes supremos y convocar a elecciones para diputados a un Congreso Constituyente.

Antonio López de Santa Anna es electo el día 10 de octubre de 1841 y Manuel Gómez Pedraza forma parte de su gabinete como secretario de Relaciones Exteriores. Esta ocasión su cargo dura un mes. El nuevo Presidente se coloca entre los liberales puros y los conservadores, de acuerdo al espíritu y pensamiento predominante del momento.

Como era de esperarse, el nuevo Congreso pronto entra en pugna con el Presidente. De inmediato salen a la luz las ideas revolucionarias de libertad, democracia, progreso y federalismo. Se citan autores europeos; se habla de nuevas ideas de tolerancia religiosa, garantías individuales, educación obligatoria, etc.

Manuel Gómez Pedraza participa como diputado al Congreso General donde comienza su brillante carrera parlamentaria y obtiene los mejores triunfos en su carrera política.

En el mes de diciembre de 1841, inician los pronunciamientos en contra del Congreso. El general Nicolás Bravo decide disolverlo y decreta la formación de una Junta que se convertiría en la *Junta Legislativa* que se instala el 6 de enero de 1843. Por esa razón el general López de Santa Anna siente la obligación de regresar a la capital, decidido a gobernar con mano más dura. Suspende la libertad de imprenta y pone en prisión a ilustres liberales como Mariano Otero, Mariano Riva Palacio, José María Lafragua y también a Gómez Pedraza, con el pretexto de que estaban de acuerdo con los rebeldes del Sur. Una vez más Antonio López de Santa Anna asume la Presidencia.

Manuel Gómez Pedraza participa en un grupo que se reúne en el convento de San Francisco para conspirar contra el Presidente. Propone a José Joaquín de Herrera para que tome el mando del gobierno, aunque otros miembros lo prefieren a él.

Dentro de todos estos problemas, se presenta otro muy importante: la guerra contra los Estados Unidos de América. De inmediato el Presidente regresa a la capital para enfrentar la situación y detener la rebelión propiciada por el general Mariano Paredes.

Mientras el Presidente se dirige rumbo a Guadalajara, José Joaquín de Herrera es impuesto en la Presidencia por medio de un golpe de estado. El derrocado ex mandatario opta por el exilio. Camino a Veracruz lo toman prisionero en el poblado de Jico. Manuel Gómez Pedraza forma parte del Gran Jurado encargado de sentenciar al dictador quien gracias a la intervención del primero es desterrado a Cuba.

El mes de mayo de 1846, Estados Unidos declara la guerra a México. Mariano Paredes marcha al Norte a tomar el mando del Ejército, pero es apresado en Querétaro por sus propios soldados. Antonio López de Santa Anna logra regresar a México el mes de agosto y se inclina por la causa federalista.

A fines del mes de diciembre de 1846 el Congreso nombra a López de Santa Anna Presidente y a Valentín Gómez Farías vicepresidente. Al frente del Ejército de inmediato inicia la guerra con Estados Unidos.

Luego de una dura batalla, el Presidente puede hacer muy poco para detener la invasión norteamericana y opta por renunciar al cargo el día 13 de septiembre de 1847. Alternan el gobierno Manuel Peña y Peña y Pedro María Anaya. Hasta que el Tratado de Paz sea ratificado.

En la elección para Presidente constitucional, otorgan el cargo a José Joaquín de Herrera. El país está sumido en un caos económico y político. Entonces los partidos políticos comienzan a delinearse con más claridad, ambos intentan salvar al país luego de haber perdido la mitad de su territorio.

Herrera se enfrenta con grandes problemas por resolver en cuanto a las relaciones con los Estados Unidos. Uno de los más importantes es el deseo del país vecino por poseer el Istmo de Tehuantepec, lugar que consideran de suma necesidad para la circulación de su comercio transoceánico.

Luego de arduas negociaciones, el día 22 de junio de 1847, se firma el primer Tratado de Tránsito por Tehuantepec. Estados Unidos se comprometía a no intervenir en esa zona excepto cuando le hiciera una petición expresa a México.

A mediados del año de 1850 los partidos políticos se preparan para una nueva sucesión presidencial. Los candidatos son Nicolás Bravo, Luis de la Rosa, Mariano Arista y Manuel Gómez Pedraza.

La votación se realiza con toda legalidad y Mariano Arista sale electo como Presidente. Gómez Pedraza sólo recibe un voto. Declara que por el momento sólo desea tranquilidad porque se encuentra enfermo. Al poco tiempo lo nombran director del Monte Pío y se dedica con calma a la vida privada.

Por motivos de salud, renuncia a su cargo en abril de 1851. Muere en la madrugada del 14 de mayo de 1851. Tenía 62 años de edad.

Sus familiares y amigos no pueden enterrarlo en un cementerio porque el clero no lo permite, alegando que sólo se da santa sepultura a los católicos y que él había rechazado los sacramentos antes de morir.

Vicente Guerrero

En el seno de una familia campesina del poblado de Tixtla, llegué al mundo el día 10 de agosto de 1782. Me pusieron por nombre Vicente Ramón. Mis padres fueron don Juan Pedro Guerrero y doña María Guadalupe Saldaña. Ellos eran de origen mestizo y mulato, pues en la época colonial llegaron a la región hombres de raza negra que trajeron de África los españoles.

Mi padre y sus hermanos eran arrieros y poseían varios animales de carga que les permitían también ejercer el comercio. Si bien no poseían tierras, su actividad les daba lo necesario para vivir holgadamente. Mi padre y mis tíos portaban armas para defenderse de los salteadores de caminos cuando iban a tratar con los comerciantes más ricos de la región, por lo que yo estuve desde pequeño familiarizado con las armas.

Desde niño ayudé en los diferentes oficios y negocios de mi familia. Y a diferencia de lo que piensan muchos, después de la educación elemental, que realicé en la parroquia de Tixtla, mis padres me pusieron maestros particulares para tener una educación lo más completa posible.

Cuando inició el movimiento insurgente hasta mi pueblo nos llegó la noticia. Supimos que el Ejército Insurgente se acercaba al poblado de Tecpan, cercano al mío y como muchos de los jóvenes de la región, al ver al general don **José María Morelos y Pavón** y a don Isidoro Montes de Oca y saber el propósito del levantamiento, estuve convencido de unirme a la causa.

Luego de avisar a mis padres de mi decisión, a principios del año 1811, me uní al ejército donde inicié mi carrera militar bajo las órdenes directas de don **Hermenegildo Galeana**, quien me habló más ampliamente de los motivos de la insurrección.

Como estaba acostumbrado a las armas, muy pronto logré ascender en la milicia. El general Morelos y Pavón, me concedió el grado de capitán y me ordenó instruirme en el manejo de las armas, en estrategias de guerra y en la fabricación de pólvora. Me comisionó para atacar la población de Taxco junto con el jefe militar Hermenegildo Galeana, quien luego de vencer una fuerte resistencia española consiguió pacificar la comarca.

Aquí esperamos al general Morelos que tenía planeado subir a los valles de la Mesa Central. Los soldados insurgentes que combatían en la ciudad de Toluca, le solicitaron al general ayuda y envió a Galeana a que se adelantara. Nos dirigimos de inmediato al sitio y apenas si llegamos a auxiliarlos a Tecualoya. Por fin vencimos al enemigo que estaba bajo las órdenes de los jefes militares Porlier, Michelena y Toro, en enero de 1812.

Después nos unimos al grueso del ejército para participar en la toma del poblado de Izúcar, a donde había llegado el caudillo Morelos el 10 de diciembre de 1811. Este lugar era un punto estratégico para la lucha de la Independencia.

Estábamos bajo las órdenes del general don **Mariano Matamoros**. Al día siguiente de la llegada a Izúcar, apareció el coronel realista don Miguel Soto Macedo. Gracias a un espía insurgente nos enteramos que el coronel Soto había enviado a su teniente Pedro Micheo para ocupar el cerro de El Calvario y atacarnos tanto por la derecha como por el centro. Cuando ellos entraron al pueblo, no encontraron ningún obstáculo pero cuando llegaron a la plaza principal, vieron que en las entradas estaba parapetada la gente con palos, piedras artillería y fusilería. Iniciamos una impresionante lucha. Los soldados españoles estaban desconcertados y más cuando vieron que desde las azoteas salió la gente atacándolos con piedras, flechas, ondas y desde luego fusiles.

Estuvimos luchando más de cinco horas y bajo la dirección del general Mariano Matamoros, hicimos retroceder a las fuerzas realistas. El coronel Soto Macedo recibió un balazo en el vientre y otro en la cabeza y supimos que murió días después. Los españoles llegaron con muchas dificultades hasta el poblado de La Galarza, donde iban a pasar la noche. El general Matamoros dio la orden de atacarlos por la retaguardia tomándolos por sorpresa. El enemigo huyó en desbandada hacia el pueblo de Atlixco sin hacer caso de sus superiores y ante la desesperación, olvidaron un cañón, un obús y armas de fuego.

El grueso del Ejército Insurgente partió para Cuautla. El general Morelos y Pavón me encomendó resguardar el poblado de Izúcar con una guarnición de 200 soldados. Pocos días después, el 23 de febrero de 1812, recibí la noticia de que se aproximaba una tropa realista bajo las órdenes del general Ciriaco del Llano. Mandé avisar al cura José María Sánchez de la Vega, para que preparara a la gente. Por mi parte, ubiqué a mis hombres en lugares estratégicos y así recibimos a los españoles. Gracias a la ayuda del párroco y de toda la gente del pueblo, logramos resistir durante dos días. Al general del Llano no le quedó más remedio que retirarse con su tropa sin conseguir la plaza.

Acampé con mis hombres en el cerro de Papalotla, donde intentó atacarnos el capitán español José de la Peña, que comandaba una tropa formada por 700 hombres. Por mi parte, reuní a numerosos habitantes de la región y los preparé como pude con garrotes y piedras y alguna que otra arma. Logramos derrotar a Peña porque lo tomamos por sorpresa. Tomamos 400 prisioneros, además de obtener un buen número de fusiles que buena falta nos hacía. De ahí nos dirigimos al rancho de Otamala para organizar a mis soldados. Muchos de ellos se encontraban muy enfermos de fiebre y de viruelas.

Como me encontraba por el rumbo del Sur, a principios de noviembre de 1812, recibí la orden de integrarme junto con mis hombres a las fuerzas del general don José María Morelos, para participar en la toma de la ciudad de Oaxaca.

El día 25 de ese mismo mes, me integré a los jefes militares Mariano Matamoros y Hermenegildo Galeana. Entramos a la ciudad de Oaxaca con nuestras respectivas tropas, luego de iniciar una dura batalla donde logramos capturar al comandante español don Regules Sarabia Aristi, jefe y defensor de la plaza.

Después de este triunfo, el general Morelos salió de Oaxaca el día 9 de febrero de 1813, rumbo al puerto de Acapulco, que era un lugar estratégico por donde las autoridades virreinales realizaban gran parte de sus actividades comerciales, por la ruta Mixteca. A mí me comisionó para que reforzara la zona costera de esta región. Tomé con mi ejército Puerto Escondido y el poblado de Santa Cruz de Huatulco.

De aquí me dirigí al puerto de Acapulco para apoyar la toma de esta plaza. Pasamos por muchos poblados y el avance era cada vez más difícil, pues tuvimos que soportar fuertes calores y caminos escabrosos, entre cerros y barrancos. Cuando todos vimos la bahía de Acapulco, tomamos fuerzas para continuar. El general don José María Morelos ordenó iniciar el asalto al puerto el día 6 de abril de 1813.

La toma de Acapulco fue muy difícil. Después de varias semanas de asedio, tuvimos muchas pérdidas, al igual que los soldados realistas. El caudillo nos convocó a los jefes militares para idear juntos estrategias para acabar con el enemigo. Por fin, el día 20 de agosto de 1813 logramos el triunfo. Continué bajo las órdenes del caudillo quien me envió a combatir al sur de Puebla.

Por su parte, el general Morelos y Pavón instauró un *Congreso* de representación nacional, en la ciudad de Chilpancingo donde se estableció la creación del Estado Mexicano así como la elaboración de una *Constitución*. Este hecho se llevó a cabo el día 13 de septiembre de 1813. El Congreso lo formaban muchos de los hombres que forjaron la lucha insurgente.

El general Morelos inició el 7 de noviembre de ese año, una nueva campaña cuyo objetivo era ocupar la ciudad de Valladolid. Diez días después llegaron al sur de la ciudad. Por desgracia el ataque que iniciaron no fue favorable para los insurgentes y tuvieron que huir hasta Chupío, donde se reunieron algunos soldados que se habían ido en desbandada. Avanzaron hasta la hacienda de Puruarán, y se decidió atacar a los realistas que defendían la plaza, pero desafortunadamente éstos superaban en número a los soldados insurgentes y los vencieron el 4 de enero de 1814.

Al primero que capturaron fue al general Mariano Matamoros que lo condujeron hasta la ciudad de Pátzcuaro. Fue en vano la propuesta que le hizo don José María Morelos al virrey de intercambiarlo por 200 prisioneros del Batallón de Asturias. Lo fusilaron en la Plaza Principal de la ciudad de Valladolid, el 3 de febrero de 1814.

El Congreso desalojó la ciudad de Chilpancingo, cuando se enteraron que se acercaba el ejército español y se dirigió al poblado de Tlacotepec, en la sierra, donde los alcanzaría el general Morelos. Éste último me envió para que con mi ejército, escoltara a los miembros del Congreso hasta Tehuacán para darles seguridad. Por el camino nos enfrentamos dos veces al capitán realista Lamadrid en las orillas del río Xiputla y en Huamantla, pero logramos rechazarlos.

Mi siguiente misión era dirigirme rumbo a la Mixteca para apoyar a las fuerzas insurgentes del jefe militar Juan Nepomuceno Rosainz, un hombre déspota y que no sabía nada de estrategia militar, así como a la tropa del comandante Ramón Sesma.

Mi táctica de guerra consistía en ataques sorpresivos y rápidos que resultaron muy efectivos. En todos los combates en los que participé traté de entregarme por completo. Muchas veces recibí tiros de los realistas a quemarropa y cuando fue necesario, me enfrenté directamente a luchar con arma blanca.

Nos dirigimos al poblado de Chichihualco donde intentamos el asalto pero fuimos vencidos por las tropas realistas del comandante José Gabriel de Armijo, quien de inmediato se dirigió a Tlacotepec para atrapar al caudillo Morelos y Pavón. Éste huyó por varios poblados hasta llegar nuevamente al puerto de Acapulco.

El jefe militar Armijo fue al Veladero en busca de Hermenegildo Galeana que se encontraba atrincherado con sus hombres. Luego de resistirse al máximo perdió la plaza por falta de víveres y de comunicación para pedir ayuda. Don Hermenegildo huyó con algunos hombres pero sufrió una emboscada cerca del poblado de Coyuca, donde por desgracia perdió la vida. Los españoles llevaban su cabeza en una lanza como si fuera trofeo. Esto sucedió el 27 de junio de 1814.

Nunca imaginamos que el general Juan Rosainz intrigaría contra el general Morelos y Pavón y mucho menos que delataría los pasos que seguían los jefes insurgentes ante el virrey Félix María Calleja.

El comandante Morelos y Pavón avanzó con su ejército por la margen derecha del río Mezcala y de ahí se dirigió a Temalaca, Puebla, donde esperaba encontrarme. Mientras don José María descansaba con sus hombres, el general realista Manuel de la Concha cruzó el río y los tomó por sorpresa. Fue en vano todo, lo hicieron prisionero y fuertemente escoltado lo llevaron a las mazmorras de la Inquisición en la Ciudad de México.

Luego de varios juicios lo declararon culpable por el delito de alta traición al rey, a la patria y a Dios. El general don José María Morelos y Pavón fue fusilado en San Cristóbal Ecatepec, el día 22 de diciembre del año de 1815.

A partir del año de 1816, después de la muerte del general Morelos, la mayoría de los jefes insurgentes se retiraron de la lucha y ésta decayó. Fuimos muy pocos los que seguimos combatiendo. Su muerte me infundió valor para seguir con el movimiento insurgente. Yo continué participando en los estados del sur de México en el periodo llamado de *Resistencia*.

En esta región, me derrotaron en la batalla de la Cañada de los Naranjos, pero después logré vencer al comandante realista Zavala y Reguera en el poblado de Azoyú, cerca del cerro de Piaxtla.

De ahí tuvimos varios combates, pero uno de los más importantes fue el que hicimos el 30 de septiembre de 1818. El comandante español José Gabriel de Armijo, siguió la costa del Sur hasta Zacatula, a donde no habían entrado los españoles desde el inicio del movimiento insurgente. Llegó a este poblado y destruyó gran parte de nuestra artillería, arrasó las trincheras y dañó los plantíos de tabaco. De inmediato mis hombres y yo tuvimos que retirarnos a la costa de Coahuayutla donde nos reunimos con la tropa del general **Nicolás Bravo**. Nos perseguía el enemigo y llegamos a la ribera izquierda del río Mezcala donde ocupamos el cerro de Barrabás e iniciamos una feroz lucha en la que finalmente vencimos al comandante español.

Para ese entonces yo era reconocido como general en jefe del ejército del Sur. Mantenía una constante comunicación con el jefe militar Pedro Ascencio Alquesiras, quien se encargaba de las ciudades de Iguala y de Taxco.

Tuvimos otra batalla significativa en el poblado de Agua Zarca, el 5 de diciembre de 1819, pero fuimos derrotados por las fuerzas realistas y con grandes dificultades nos pudimos escapar.

Era muy evidente que la lucha insurgente declinaba cada día más. El nuevo virrey don Juan Ruiz de Apodaca aprovechó esta situación para ofrecer un indulto a aquellos soldados insurgentes que renunciaran al movimiento. Muchos jefes independentistas aceptaron la propuesta y se rindieron.

Mi padre, don Juan Pedro Guerrero, se había vuelto partidario del gobierno virreinal, a tal grado que entró al servicio activo de los llamados *patriotas*. El virrey Apodaca lo envió para que intentara convencerme de que entregara las armas y aceptara el indulto ofrecido. Yo estaba totalmente seguro de mis ideales y ni siquiera los ruegos de mi padre podían persuadirme, por lo que frente a mi tropa le respondí: *"Señores, este es mi padre, ha venido a ofrecerme el perdón de los españoles y un trabajo como general español. Yo siempre lo he respetado, pero* **la Patria es primero**".

A pesar de que contaba con muy pocas tropas, pues muchos soldados habían dejado la lucha, continuamos manteniendo el movimiento de insurrección, el comandante Pedro Ascencio Alquesiras y yo, en la zona montañosa del Sur.

El ejército realista dirigido por el general **Agustín de Iturbide** a quien habían nombrado Comandante General del Sur, marchó hacia esta región y nos persiguió por distintos lugares, sin que lograra derrotarnos en ninguna batalla. Poco después, recibí una carta del general Iturbide, con fecha 10 de enero de 1821, en la que me invitaba a terminar con la guerra. Una vez más rechacé el indulto. Finalmente, convenimos tener un encuentro para hablar de la situación, el 24 de febrero de ese año, en una población de Iguala y llegamos a un acuerdo que sellamos con el que llamarían el *abrazo de Acatempan*.

Me adherí a la propuesta del general Iturbide y juntos presentamos el llamado *Plan de Iguala* donde se proclamaban tres garantías: *La Independencia de México, la igualdad para españoles y criollos* y por último, *la supremacía de la Iglesia Católica*.

El *Plan de Iguala* o de las *Tres Garantías*, era un programa político cercano tanto a los tradicionalistas católicos como a los liberales. Para sostener dicho plan, se conformó el llamado Ejército Trigarante que reunía a mis tropas, las de los realistas y a las que se irían integrando poco a poco, la mayoría de las demás guarniciones realistas del país. Muy pronto, el Ejército Trigarante pasó a dominar todo el territorio nacional.

El 27 de septiembre de 1821 el Ejército Trigarante entró a la Ciudad de México. Todas las casas estaban adornadas con arcos de flores y colgaduras con los colores trigarantes, verde, blanco y rojo, mismos que las mujeres llevaban en las cintas que adornaban sus vestidos y peinados. Ese mismo día, México fue declarado un estado independiente.

Muchos mexicanos solicitaron que el general Agustín de Iturbide fuera elegido emperador de México. Según él, no quería ocupar el cargo pues seguía reconociendo al rey Fernando VII como monarca, pero los hombres que lo propusieron lograron que lo nombraran Emperador de México, con el nombre de Agustín I, el 22 de julio de 1822.

Gran parte de los generales insurgentes reprobaron este nombramiento e iniciaron un complot. Yo acepté en un principio al general Iturbide como emperador y fui nombrado por él, *Gran Cruz de la Orden de Guadalupe* y general del Ejército Imperial.

A los pocos días, le informaron a Agustín I lo que se estaba tramando y le dieron los nombres de los involucrados: **Guadalupe Victoria**, Miguel Barragán, Nicolás Bravo, Juan B. Morales, varios oficiales y los padres Jiménez y Carbajal.

Como era de esperarse, los hicieron prisioneros. Poco después las autoridades los dejaron en libertad sin que les aplicaran ningún cargo. El único que escapó fue el general Guadalupe Victoria.

Esta acción permitió darme cuenta de mi error al reconocer a Agustín de Iturbide como soberano, pues los insurgentes mencionados, eran hombres de firmes ideas y con una posición política definida.

Muy pronto desconocí al emperador Agustín I y tomé la decisión de huir de la Ciudad de México en compañía del comandante Nicolás Bravo. Fuimos a reunirnos con los demás jefes insurgentes en Veracruz. Por ese tiempo combatimos en el poblado de Almolonga contra las fuerzas imperiales que estaban bajo las órdenes del jefe militar Epitacio Sánchez, quien murió durante la batalla, pero logró derrotarnos. Esta vez resulté herido.

Como era de esperarse, el imperio de Iturbide no duró mucho tiempo. A finales del año 1822, el general Antonio López de Santa Anna se enfrentó al emperador y proclamó la República.

En el mes de diciembre del mismo año se dictó el *Plan de Casamata*, promulgado por don Antonio, en el que se pedía la reinstalación del Congreso Constituyente que había disuelto Iturbide. El acta la firmamos los generales Guadalupe Victoria, Antonio López de Santa Anna y yo, entre otros.

Mientras se reinstalaba el Congreso, se formó un gobierno de transición entre el imperio y la República llamado *Supremo Poder Ejecutivo* donde se eligieron los jefes militares, Nicolás Bravo, Pedro Celestino Negrete y Guadalupe Victoria para estar al frente. A mí me dieron el nombramiento de miembro suplente.

Esta forma de gobierno duró cerca de dos años, hasta que se eligió al general Guadalupe Victoria como el primer Presidente de México y al general Nicolás Bravo como Vicepresidente. El mandatario me nombró ministro de la Guerra y jefe militar.

Las condiciones financieras y económicas del país no mejoraron en ningún sentido e incluso un préstamo que el Presidente Victoria pidió a la Gran Bretaña, no resolvió totalmente el problema, principalmente por el mal uso que se hizo del dinero.

Después de la caída del Primer Imperio, participé en la vida política a través de las logias masónicas del rito de York, de tipo demócrata y liberal a las que se unieron los federalistas y los antiespañoles. Por ese tiempo llegué a encabezar al partido yorkino que empezó a distinguirse como bandera del partido popular.

En el año de 1824 me encargaron combatir la rebelión de Vicente Gómez, que intentaba expulsar a los españoles. En realidad, cuando reflexioné, esta idea no me pareció tan descabellada.

El comandante Nicolás Bravo pertenecía a la Logia masónica Escocesa, de tipo conservador y centralista. Él era uno de los principales dirigentes.

El 27 de octubre de 1827, se proclamó el *Plan de Otumba*, por el coronel Manuel Montaño. En dicho plan se pedía la abolición de las sociedades masónicas. Enviaron al comandante Nicolás Bravo al frente de la revolución.

En el año de 1828, el Presidente Guadalupe Victoria me envió a la ciudad de Tulancingo a combatir a Bravo que se había levantado en armas en contra de su gobierno. Lo derrotamos al poco tiempo y lo hice prisionero. Lo sometieron a juicio donde el jurado pedía la pena capital. El Presidente tomando en cuenta la participación que Nicolás Bravo había tenido en el movimiento insurgente, intervino ante el Tribunal Supremo y le dictaron un destierro temporal.

Ese mismo año intenté postularme como candidato a la Presidencia de la República, en sustitución de Guadalupe Victoria, con el apoyo de don Lorenzo de Zavala, de don Joel Roberts Poinsett y de otros destacados miembros de la Logia yorkina a la que yo pertenecía.

Yo me consideraba muy popular y contaba con el apoyo de la gente, pero de acuerdo a la *Constitución*, las legislaturas estatales eran las encargadas de designar al Presidente, no el voto popular.

El voto indirecto de los congresos estatales, por once votos contra nueve, favoreció al general **Manuel Gómez Pedraza**, quien también era yorkino, y quien desde el Ministerio de Guerra, influyó en las elecciones. Los yorkinos radicales fomentaron varias protestas en contra del general Gómez Pedraza.

Los abusos cometidos a la población por el recién electo Presidente, en los primeros meses de su mandato, generaron un nuevo movimiento revolucionario conocido como de la *Acordada*.

Por su parte, el general Antonio López de Santa Anna se rebeló en contra de esta elección en el poblado de Perote, en Veracruz. En la Ciudad de México, hubo muchas protestas y Lorenzo de Zavala encabezó un motín, que terminó con la renuncia del general Manuel Gómez Pedraza.

El Congreso finalmente me designó como Presidente de la República y como vicepresidente se eligió al general Anastasio Bustamante. Tomé posesión de mi nuevo cargo el día 1 de abril del año 1829. Contaba en ese entonces con 46 años de edad.

En realidad mi etapa como Presidente de la República duró muy pocos meses. Me tuve que enfrentar a una enorme oposición que alegaba que mi elección para este mando había sido ilegítima. Aunado a esto, los estados de la República no estuvieron de acuerdo con las distintas políticas fiscales que el secretario de Hacienda Zavala, quiso instaurar.

Por otra parte, algunos partidarios yorkinos, como don José María Bocanegra se opusieron de inmediato a la influencia de mi amigo Joel Roberts Poinsett, quien era el embajador de los Estados Unidos de América y quien me apoyó desde un principio. Desafortunadamente lograron que finalmente se tomara la decisión de expulsarlo del país.

En el mes de septiembre nos llegó la noticia de que la armada española intentaba reconquistar México, bajo las órdenes del brigadier Isidro Barradas. Los españoles llegaron al puerto de Tampico. De inmediato, ordené a los generales Antonio López de Santa Anna y **Manuel Mier y Terán**, que se encontraban más cerca de ahí, que lo enfrentaran. La batalla fue breve y consiguieron derrotar a los invasores.

El día 15 de septiembre de 1829, expedí el decreto llamado *Abolición de la esclavitud*, que había sido promulgado por el cura don **Miguel Hidalgo y Costilla**, el 6 de diciembre de 1810, donde se afirmaba:

> *Queda abolida la esclavitud en la República.*
> *Son por consiguiente libres los que hasta hoy se hubieren considerado como esclavos.*
> *Cuando las circunstancias del erario lo permitan, se indemnizará a los propietarios de esclavos, en los términos que dispusieran las leyes.*
>
> *Vicente Guerrero, 15 de septiembre de 1829*

Por medio de este acto protocolario se oficializó la posición de la República Mexicana. Sin embargo, esta posición oficial fue desfavorable a los intereses de la gran cantidad de colonos de origen estadounidense que habitaban en el estado de Texas.

El Congreso me confirió poderes extraordinarios para que pudiera enfrentar el intento de reconquista por parte de los españoles, la crisis económica derivada de la guerra y la división política.

Pronto fui acusado por mis detractores de violar la *Constitución* y de actuar en forma ilegal. Por desgracia se inició una de las crisis más importantes del nuevo estado pues el vicepresidente Anastasio Bustamante, también miembro de la logia yorkina, encabezó un levantamiento en mi contra. Eso significaba que había una profunda división entre los partidos, que acentuó la fractura nacional.

El levantamiento se realizó el mes de diciembre de 1829. El general Bustamante proclamó el llamado *Plan de Jalapa*, en el que desconocía mi régimen como Presidente de la República. Me acusó de haber violado la ley, de haber descuidado al ejército y de no haber frenado a la anarquía que se había extendido por todo el país.

El general Anastasio Bustamante, ayudado por Lucas Alamán, presionó y logró que el día 16 de diciembre de ese año, el Congreso me declarara imposibilitado para gobernar la República, luego de que yo fracasara en mis esfuerzos por sofocar la rebelión.

Frustrado por no haber podido demostrar mi capacidad para gobernar, pero consciente de que desde un principio tuve una fuerte oposición, decidí encaminarme de nuevo hacia el sur del país, donde combatí durante los años que participé en la lucha independiente y comencé una nueva guerra civil.

A principios del año de 1830 enviaron nuevamente al comandante español José Gabriel de Armijo a combatirme, pero aunque yo contaba con poca gente, no logró vencerme y además murió en el poblado de Texca.

La guerra se extendió durante todo el año de 1830. El general Anastasio Bustamante como era de esperarse, fue nombrado Presidente de la República.

Lejos estaba yo de imaginar que iban a tenderme una trampa. El gobierno de Bustamante, por medio de su ministro de Guerra y Marina José Antonio Facio, planeó el engaño con el marino genovés Francisco Picaluga.

El día 15 de enero de 1831, mientras me encontraba cerca de la playa Tlacopanocha, en el puerto de Acapulco, recibí una invitación para almorzar con el capitán Picaluga del bergantín *El Colombo*. No fue necesario que yo acudiera con una gran escolta pues creí que se trataba de una comida amistosa. Cuando me encontraba en la embarcación, me apresó sorpresivamente. Me enteré que el Presidente Anastasio Bustamante le había pagado al capitán por la traición 50 mil pesos.

De ahí me llevaron en la misma embarcación hasta el puerto de Huatulco en la costa oaxaqueña. Me entregaron en una playa cercana a los capitanes Miguel González y José María Yañez, este último era uno de los jefes militares del batallón activo de Jamiltepec.

Me condujeron a la ciudad de Oaxaca. Al mismo capitán Yáñez lo nombraron fiscal en el consejo de guerra que se formó para sentenciarme. Finalmente, me condenaron a la pena de muerte.

Estoy solo en una celda de la prisión de Culiapán, en Oaxaca. Sé que hoy, 14 de febrero de 1831 voy a ser fusilado. Tengo esperanza en que pronto México pueda ser un país libre y soberano…

Actualmente la frase *"La Patria es primero"* es el lema del estado de Guerrero, nombrado así en su honor.

> *En los montes del Sur, Guerrero un día,*
> *alzando al cielo la serena frente,*
> *animaba al ejército insurgente*
> *y al combate otra vez los conducía.*
> *Su padre en tanto, con tenaz porfía,*
> *lo estrechaba entre sus brazos tiernamente*

y en el delirio de su amor ardiente
sollozando a sus plantas le decía:
Ten piedad de mi vida desgraciada;
vengo en nombre del rey, tu dicha quiero;
poderoso te haré; dame tu espada.
¡Jamás! —llorando respondió Guerrero;
tu voz es padre, para mí, sagrada,
mas la voz de mi patria es lo primero.

José María Moreno

Miguel Hidalgo y Costilla

Mi nombre es Miguel Gregorio Antonio Ignacio Hidalgo y Costilla Gallaga Mondarte Villaseñor, nací en la Hacienda de Corralejo, en Pénjamo, Guanajuato, el 8 de mayo de 1753. Mis padres fueron doña Ana María Gallaga y Don Cristóbal Hidalgo.

Fui bautizado en la capilla de Cuitzeo de los Naranjos a los ocho días de mi nacimiento. Cuando apenas contaba con nueve años, mi madre murió.

Después de año y medio de viudez, mi padre casó con doña Rita Peredo y estableció con ella un nuevo hogar.

Al cumplir los doce años, después de haber concluido los estudios de mis primeras letras, realizados en nuestra propia casa, fui enviado junto con mi hermano José Joaquín, a Valladolid, capital de la provincia de Michoacán, a estudiar en el Colegio de San Francisco Javier, que estaba a cargo de los jesuitas.

En esta institución estudié letras latinas, leí a autores clásicos como Cicerón y Ovidio, y a otros como San Jerónimo y Virgilio. Al concluir mi primer curso de Gramática Latina, realicé mi primera oposición pública. Un año más tarde, en 1766, estudié retórica y presenté la segunda prueba, misma que consistía en ocho oraciones de Cicerón, tres libros de Virgilio y el texto de retórica del padre Pomes.

Al ser expulsados los jesuitas de España y de todas su colonias, en 1767, mi hermano Joaquín y yo tuvimos que interrumpir nuestros estudios y nos vimos obligados a regresar a Corralejo. Después de varios meses de indecisión, mi padre decidió finalmente inscribirnos en el famoso Colegio de San Nicolás Obispo. El colegio había sido fundado en 1547 por Antonio de Mendoza, primer virrey de Nueva España. En este sitio realicé estudios de artes y filosofía; siendo alumno sustenté cursos y conferencias, presenté oposición para la cátedra de lógica y quizá esté mal que yo lo diga pero pronto me fui distinguiendo como uno de los mejores alumnos de la institución, de forma que aun antes de terminado el programa de estudios, que duraba tres años, a principios de 1770, alcancé el grado de Bachiller en Artes.

Para adquirir la certificación correspondiente, mi hermano y yo viajamos a la Ciudad de México, donde el 30 de marzo, comparecí en el aula mayor de la Real y Pontificia Universidad, para ser examinado. Después de los argumentos de rigor y las réplicas de los examinadores, fui aprobado por unanimidad y pronuncié en latín el juramento procedente.

Aprendí el idioma francés y leí a Moliere, autor a quien años más tarde representaría en las jornadas teatrales que yo mismo organizaba siendo párroco de Dolores. Gracias al contacto que tuve con los trabajadores de mi hacienda durante mi infancia, la mayoría de ellos indígenas, aprendí muchas de las lenguas indígenas que se hablaban en la Nueva España, como el otomí, el náhuatl y el purépecha.

A principios de 1774, decidí hacerme sacerdote, razón por la cual inicié los estudios canónicos. Cumplidos los trámites de rigor y los exámenes correspondientes, recibí las órdenes mayores. Tenía yo 25 años recién cumplidos. Posteriormente, ejercí mi ministerio en el curato de Dolores, después de haberlo hecho en varios otros curatos.

Tenía yo apenas dos años de impartir la cátedra antes mencionada, cuando el doctor don Joseph Pérez Calama organizó un concurso, ofreciendo un premio de doce medallas de plata al que presentara la mejor disertación, en latín y en castellano, sobre el método más adecuado para estudiar la teología. En esa ocasión, yo envié un trabajo titulado *Disertación sobre el verdadero método de enseñar Teología Escolástica,* con el cual obtuve el premio, aunque al mismo tiempo fue calificado como "no muy ortodoxo en sus opiniones", proponiendo un método enteramente nuevo y *científico,* en oposición al que se utilizaba en aquellos tiempos. *Sin estudiar la ciencia, nadie puede ser teólogo,* afirmaba en mi estudio.

Tenía yo 31 años cuando escribí mi disertación en un ambiente intelectual, dominado todavía por la escolástica, yo proponía de ésta, su contenido filosófico aristotélico para convertirla en un método de exposición fenomenológica y ordenada. En aquel entonces se dijo que por mi franco y decidido rechazo del aristotelismo y por mi inclinación a la inclusión del espíritu positivo en el campo de los estudios teológicos, por mi sólido espíritu crítico y también por mi afán renovador, había yo adquirido el perfil de un renovador intelectual. No cabe duda que estaba yo bajo la influencia de la Ilustración, vigente en Europa, y la variante humanista que había yo aprendido de los jesuitas.

Por una parte, mi pensamiento renovador me atrajo enemigos, por otra me permitió lograr la estimación y el respeto de eclesiásticos y de alumnos influidos, igual que yo, por las nuevas ideas.

Cuando terminé mis estudios en el Colegio de San Nicolás, llegué a desempeñar diversos puestos. A principios de 1787 fui nombrado tesorero, maestro. Poco después recibí los cargos de Vicerrector y secretario al mismo tiempo, lo que no impidió que continuara yo impartiendo la cátedra de teología. Un año después se me otorgó la Sacristía Mayor de Santa Clara del Cobre, sin separarme del Colegio. Poco más tarde, fui designado para impartir la cátedra de Moral.

En 1790 fui nombrado finalmente Rector de la mencionada institución. Este cargo lo ocupé sin dejar de percibir los beneficios de mi beca de estudiante y de servir los puestos de tesorero, de profesor de teología y moral.

Mi gestión como Rector, se tradujo en reformas trascendentales para el Colegio de San Nicolás, no sólo en el sentido académico, sino incluso en el mejoramiento de la calidad de vida de los alumnos, además de que se vivía un ambiente disciplinario más relajado, por lo que me gané la consideración y el afecto de todos. Todo lo anterior, fue alimento para que mis detractores, pudieran juzgarme libremente.

Fue justo a causa del prestigio inusitado que adquirió la institución, que no tardó en producirse una fuerte oposición entre los maestros y jerarcas de la Iglesia de la *vieja escuela,* quienes fácilmente lograron retirarme de mi cargo y que fuera yo enviado a servir al curato de la ciudad de Colima, por lo que tuve que abandonar la ciudad en la que había vivido más de un cuarto de siglo y el Colegio, que había sido mi segundo hogar.

Con el paso del tiempo, no faltó quien me nombrara como un auténtico representante de la *Ilustración Mexicana*, pues estaba influido por el espíritu de los Enciclopedistas franceses. Dicha corriente de pensamiento liberal tiene una larga raíz, pero se hizo presente y tomó forma en nuestro país, por medio de pensadores como los jesuitas Campoy, Alegre y Clavijero; o filósofos como Benito Díaz de Gamarra, Ignacio Bartolache o Antonio Alzate, todos renovadores de la filosofía y la ciencia.

Tengo que señalar aquí que las ideas de cambio, transformación e independencia de la sociedad que sosteníamos muchos de los intelectuales criollos de México, no eran sino la secuela, de acuerdo a la lógica de la historia mundial, de la gran revolución democrática que se iniciara en Inglaterra desde el tiempo de los Tudor, que se continúo en los Estados Unidos de América y que llegó a su clímax con la Revolución Francesa.

De acuerdo a lo anterior, pueden deducir ustedes que mis ideas revolucionarias, no proceden solamente de mi particular punto de vista, sino que encuentran su origen en las transformaciones que se llevaban a cabo en otras partes del mundo, y que en México, resultaban totalmente vanguardistas.

En cierta ocasión, fui invitado por el cura de Tajimaroa para participar en los oficios religiosos de la Semana Santa. Durante una conversación con algunos sacerdotes y seglares que eran mis huéspedes, expuse sin pensar en las consecuencias, algunas opiniones que escandalizaron a los oyentes, lo que me valió haber sido acusado de herejía, ante el Tribunal de la Inquisición, que me abrió proceso el 16 de julio de 1800, por demanda del fraile don Joaquín Huesca, quien se presentó ante el comisario de la Inquisición, denunciándome por haber afirmado que *Dios no castigaba en este mundo con penas temporales: por haber hablado con mucho desprecio de muchos papas en particular, y en general del gobierno de la Iglesia, al que califiqué de ser manejado por hombres ignorantes; por haber dicho que no se podía convertir a ningún judío que pensara con juicio; por haber negado que en el texto original de la Escritura constara el hecho de que había venido el Mesías...* Y una serie de afirmaciones más, que posteriormente se encargó de ratificar el propio fray Manuel Estrada, quien se presentó ante el comisario de la Inquisición en Celaya, para ratificar los cargos en la acusación contra quien esto escribe.

El mismo Estrada agregó que me había oído decir que la sagrada Eucaristía y la confesión auricular no se conocieron sino hasta mediados del siglo tercero; que las religiones son inútiles a la Iglesia de Dios, porque se fundaron en tiempos de ignorancia, y que por si fuera poco, yo había censurado el gobierno monárquico y deseaba la libertad francesa en América.

En 1801, el proceso que seguía la Inquisición en mi contra, continuaba su marcha. El 20 de diciembre de 1800 se había interrogado a Fray Ramón Cassaus, quien declaró que tenía formado muy mal concepto de un servidor, por lo que según él se decía de mi vida escandalosa, y de la comitiva de gente villana que comía, bebía y bailaba en mi casa. Agregó también que yo hablaba mal de las religiones y principalmente del gobierno.

Por fortuna, otro testigo, habló a favor mío, se trataba de don Antonio Romero, quien reconoció que el reo –o sea yo– *era uno de los más finos teólogos, y de genio travieso en las letras*. Por último, declaró que en quince días que me conocía, no había observado nada qué notar contra mis costumbres ni contra la religión cristiana.

Enviados los *Autos* en septiembre de 1801, al Inquisidor Fiscal, éste calificó la acusación presentada contra mí, como la de mayor gravedad, aunque agregando que se carecía de pruebas y que además, por informe del Comisario, se sabía que en aquel tiempo ya estaba reformado y haciendo una vida ejemplar, por lo que pidió que se suspendiese la causa *hasta más pruebas*, y se archivase, previa anotación del nombre del reo en los registros respectivos.

No obstante, un mes más tarde, fui denunciado nuevamente por los frailes carmelitas de la ciudad de Valladolid, acusado de leer libros prohibidos y de sustentar ideas peligrosas.

Un infausto día de septiembre de 1803, me levanté con la noticia de que Joaquín, mi hermano mayor, había fallecido. Puesto que él era el cura de Dolores, tomé esto como una oportunidad para liberarme de la insidiosa observación de mis enemigos, por lo que pedí y me fue concedido, el curato de dicho pueblo, en sustitución de mi hermano muerto.

En Dolores Hidalgo, retomé mi estilo de vida y de trabajo que había tenido en San Felipe. Poco después de llegar a aquella población, hice una donación al Ayuntamiento de la casa que había heredado de mi hermano Joaquín, por lo que de ahí me trasladé a la Casa del Diezmo. De los terrenos que eran propiedad de la Iglesia, destiné uno para construir una casa en la que establecí varias actividades como la alfarería, la carpintería, un telar, una herrería, una curtidora y una talabartería. En la ribera del río construí una noria para labores de riego y mandé sembrar moreras para la cría de gusanos de seda. Construí colmenares de abejas traídas de Cuba y sembré vides en las huertas de todo el pueblo.

Para aquel entonces, yo ya rebasaba los cincuenta años, era un hombre mayor, de acuerdo a los estándares de la época. Sin embargo, cabe decir que yo me encontraba vigoroso y saludable, aunque padecía yo de una calvicie prematura que me daba una apariencia de ancianidad.

Entre 1807 y 1809, fui acusado por distintas causas, ante el Tribunal del Santo Oficio, varias veces porque alguien había escuchado *ciertas proposiciones, unas escandalosas y otras heréticas*; porque por allá alguien más escuchó que yo dije en algún momento que *el niño Dios nacido en Belén no había padecido, porque Dios no tenía necesidad de padecer*. Porque le aseguré a un moribundo que *no había infierno ni diablos*. Y por muchas razones más.

Por ese entonces, la Nueva España comenzaba a agitarse ante la crisis social y política que conmovía a España, invadida por los ejércitos de Napoleón. En el año de 1808, los licenciados Verdad y Azcárate, síndico y regidor del Ayuntamiento de México, respectivamente, proclamaron que ante la ausencia de los príncipes españoles, ahora prisioneros en Francia, en México la soberanía había recaído en el pueblo, afirmación que los oidores e inquisidores, declararon herética y subversiva.

A fines de 1808, tuve la fortuna de conocer al teniente **Ignacio Allende**, al que me ligaría después una estrecha amistad. Él me había visitado en Dolores, acontecimiento que nos permitió a ambos darnos cuenta de nuestra afinidad en ideas y aspiraciones políticas. Podría afirmar, sin temor a equivocarme, que aquí inicié mis actividades de conspirador revolucionario.

En febrero de 1810, Allende y el que esto suscribe viajamos a Querétaro para visitar a nuestros mutuos amigos clérigos y a varias personas cultas de la ciudad, entre los que destacaba el doctor Iturriaga. En aquella jornada nos enteraríamos que Iturriaga formulaba un plan revolucionario que establecía la creación de juntas secretas en las principales ciudades del país, las que después harían propaganda en contra del gobierno español. Cuando la lucha por la Independencia fuera ya un hecho, deberían deponer a las autoridades españolas y apoderarse de los bienes de aquellos que opusieran resistencia, adjudicando dichos bienes a la causa independentista.

Cuando Andalucía cayó en manos de los franceses, en el año 1810, toda España ya estaba en poder del ejército napoleónico. La Arquidiócesis de Zaragoza, encargada de los asuntos religiosos en toda la metrópoli, ordenó a los párrocos de todo el Imperio predicar en contra de Napoleón. Yo obedecí dicha orden.

En España, continuaba la lucha contra los invasores franceses. En mayo de 1810, para sustituir legalmente la autoridad de los reyes españoles, prisioneros de Napoleón, se estableció una Regencia, misma que decidía que la Real Audiencia sustituyera en el gobierno de la Nueva España, al virrey, Lizana, quien había sido nombrado un año antes.

Mientras tanto, en Querétaro se iniciaba una conspiración organizada por el corregidor Miguel Domínguez y su esposa **Josefa Ortiz de Domínguez** y también participaban los militares Ignacio Allende, Juan Aldama y Mariano Abasolo.

De acuerdo con el plan aprobado en Guanajuato, instauramos juntas secretas en San Miguel el Grande, en Querétaro, en Celaya, en Guanajuato, San Felipe, San Luis Potosí y otras poblaciones. Habíamos acordado desde un principio que la junta principal sería la de San Miguel; pero, en realidad, la más importante vino a ser un destacado centro en materia de comercio y con muchas vías de comunicación.

Militares, letrados y eclesiásticos, influidos por las nuevas ideas a pesar de la férrea vigilancia de la Inquisición y de las autoridades españolas, habíamos adquirido ya una conciencia política que manifestábamos en una vigorosa aspiración a la independencia de nuestros países. En la Nueva España, ante la descomposición interna de la metrópoli, producida por la invasión napoleónica, habríamos de intensificar la propaganda y nuestros esfuerzos a favor de la independencia de nuestro país.

Allende fue quien me convenció de unirme al movimiento, ya que como cura de Dolores, yo tenía amistad con personajes muy influyentes de todo el Bajío e incluso de la Nueva España, como Juan Antonio Riaño, intendente de Guanajuato y Manuel Abad y Queipo, obispo de Michoacán. Por estas razones, consideraron que yo podría ser un buen dirigente del movimiento y acepté.

Al poco tiempo de aceptar el nombramiento como jefe de la insurrección que se preparaba, tuve que presentarme ante la Junta de San Miguel el Grande, cuyos miembros habían aceptado por unanimidad su designación. Días más tarde comparecí ante la Junta de Querétaro y posteriormente me dirigí a Valladolid para encargarme de algunos asuntos pendientes en la Mitra.

De vuelta a Dolores, logré nuevos adeptos a la causa y nos dimos a la tarea de fabricar armas, labor a la que se dedicaron muchos de los obreros que se unieron también a la revuelta.

Fijamos como fecha de inicio para la revuelta el 1 de diciembre, día de la virgen de San Juan de los Lagos, donde muchos españoles se reunían a comerciar en una feria cercana a Querétaro. Allende propuso más tarde hacerlo el 2 de octubre, por cuestiones militares y estratégicas.

En su aspecto fundamental, la guerra de Independencia de México constituyó una fase decisiva en el proceso de la disolución del imperio español, máximo representante, en estos momentos, de la historia, del *viejo orden*, que se encontraba ya en su fase terminal, por lo que no podía mantenerse con otro recurso que no fuera la represión. Además, su modelo económico estaba totalmente rebasado por el naciente capitalismo.

Pero México tenía una motivación más importante para lanzarse a la lucha por su independencia: la transformación agraria, siendo un país con gran arraigo campesino. Mucho tiempo antes del inicio de la revuelta, yo percibía la inquietud campesina, y la de los trabajadores de las minas, que estaba encaminada a cambiar algo más que su ancestral pobreza: se buscaba una nueva forma de vida y de trabajo, una auténtica emancipación respecto a los detentadores del régimen de propiedad latifundista, de origen feudal, que se había establecido desde la Conquista.

Lo anterior explica que nuestro movimiento independentista, haya tenido el carácter franco de una revolución social que implicaba un conjunto de reivindicaciones agrarias y sociales, como la distribución de tierras y la abolición del régimen de tributo al que estaban sometidos los indios y las castas, aunque la Independencia se haya consumado con un carácter revolucionario, para lograr únicamente la independencia política, o sea el rompimiento de los lazos que ligaban a México con España.

Además de ser un movimiento político y económico, la lucha revolucionaria fue también una guerra religiosa, no sólo porque enfrentaba a dos bandos con cultos religiosos opuestos: la virgen española de Los Remedios y la virgen mexicana de Guadalupe. La Independencia fue igualmente una guerra interna de la Iglesia, puesto que sus altos jerarcas, tomaron partido por la causa española, en tanto que el bajo clero –los sacerdotes pobres– en un gran número, nos afiliamos con entusiasmo a la causa insurgente. Aquello se convirtió en una lucha entre los excomulgantes, contra los excomulgados.

Para enfatizar el espíritu religioso de este gran levantamiento popular, debe tenerse en cuenta, asimismo, que sus principales caudillos éramos sacerdotes, curas humildes en contacto íntimo y directo con la miseria y el dolor del pueblo explotado. El alto clero, por el contrario, se aliaba al poder español; pero nosotros adoptamos una verdadera postura espiritual al colocarnos del lado de los oprimidos. De ahí también el carácter religioso de la insurrección iniciada por quien esto narra, en Dolores.

Puesto que mi formación estuvo influenciada por las ideas liberales, muy pronto me uní al grupo de patriotas que en el año 1810, conspiraban en Querétaro, a favor de la Independencia de México.

El movimiento armado estaba planeado para iniciarse en el mes de octubre de ese mismo año, pero la labor de las juntas revolucionarias no pudo mantenerse en secreto mucho tiempo. Espías del gobierno español vigilaban con ahínco las actividades de los intelectuales e informaban de todo a los funcionarios españoles de la capital.

Entre Allende y yo, continuaba la comunicación por carta, al igual que ambos estábamos en contacto epistolar con los aliados de Querétaro. Mientras tanto, la junta conspiradora de San Miguel seguía funcionando en el sótano de la casa de Domingo, hermano de Ignacio Allende. Las reuniones se llevaban a cabo cada noche, mientras que en el piso alto se bailaba, todo era parte de un plan para despistar a los espías, que nunca faltaban.

La revelación no se hizo esperar, el 9 de septiembre de 1810 apareció la primera denuncia formal de conspiración, en la que se acusó de manera frontal a Allende y Aldama. A los pocos días, el capitán Joaquín Arias, uno de los primeros insurgentes, se denunció a sí mismo y a sus compañeros, ante las autoridades.

En cuanto supe que había una orden de aprehensión en contra de Allende, lo mandé llamar urgentemente. El 14 de septiembre, llegó a Dolores alrededor de las seis de la tarde, acompañado de su asistente, Francisco Carrillo. Debido a que no me encontró en mi casa, fue a buscarme con don José Antonio Larrinúa, pues yo estaba ahí de visita.

Una vez que Allende estuvo al tanto de los planes en su contra, platicamos sobre las acciones a seguir. Sin embargo, ante la poca información de la que disponíamos, no hicimos más que divagar, pues todo era impreciso.

Para la media noche del 15 de septiembre, las cosas no habían mejorado mucho. Empezamos a perder la calma, por lo que yo me dirigí a la casa de don Nicolás Fernández del Rincón, en tanto que Allende, que había tenido la precaución de permanecer oculto, se mantuvo a la expectativa.

Paradójicamente, aquel día en San Miguel el Grande, había una gran fiesta religiosa, organizada y costeada por el coronel don Narciso María Loreto del Canal, jefe del Regimiento de la Reina. Hubo misa cantada, dedicada a la virgen de Loreto, se efectuó un desfile del regimiento, y terminó la fiesta con una comida, ofrecida por el coronel y su esposa. La gente, notó la ausencia de Allende, e inquietó a los presentes. Por su parte, Aldama, que había asistido a todos los eventos, ya entrada la noche, se encaminó a reunirse con sus compañeros conspiradores.

Cerca de las diez de la noche, el emisario de doña Josefa Ortiz de Domínguez, Ignacio Pérez llegó a San Miguel el Grande y se dirigió a casa de don José Domingo Allende, donde aún se escuchaba el son de la música, de la fiesta que se llevaba a cabo en la parte alta. Pérez tocó con energía la puerta y la criada le dijo que Ignacio Allende se encontraba conmigo en Dolores. Justo en ese momento Aldama hizo su aparición y Pérez le dijo rápidamente que era un enviado de la corregidora y que tenía el encargo de avisar a Allende de que la conjura había sido descubierta y varios de los conspiradores, apresados. Eso, además de que los soldados españoles venían en camino con el objetivo de aprehender a todos los rebeldes, empezando por el propio Aldama y Allende. Después, Ignacio Pérez salió con rumbo a Dolores, donde acompañado de Ignacio Aldama, me repitió la terrible noticia: *"¡Caballeros, somos perdidos; aquí no hay más recurso que ir a coger gachupines!"*, dijo Pérez, con energía.

Gracias a este aviso que, con riesgo de su vida nos fue enviado por la Corregidora Doña Josefa Ortiz de Domínguez, decidí efectuar el levantamiento en el acto, y así, al amanecer del 16 de septiembre de 1810, los vecinos del pueblo de Dolores, alfareros, carpinteros, herreros y campesinos, acudieron a mi llamado para iniciar la lucha por la Independencia. Por la tarde de ese mismo día, liberé a los presos de la cárcel, convoqué a mis feligreses y reuní a 600 hombres. Con el fin de seguir armando mi improvisado ejército, ordené que se repartiera entre la gente una gran cantidad de hondas, mismas que se habían fabricado en uno de mis talleres, conocido como *"El llanito"*. De inmediato marchamos al cuartel, donde se nos unieron incluso, algunos soldados, encabezados por el sargento mayor José Antonio Martínez, jefe de la guarnición. Logramos apoderarnos de las espadas y de otras pocas armas que había en aquellas instalaciones militares.

Eran las cinco de la mañana del día 16 de septiembre; a esa hora, mandé llamar a misa más temprano que de costumbre, y llegué hasta el atrio con mi gente. El campanero, que en el pueblo todos conocíamos como "el cojo Galván", dio el toque de alba, que en aquellos instantes resultaba simbólico, y enseguida se puso a llamar animadamente a misa. En poco tiempo había más de doscientas personas, crucé el umbral de la puerta central del templo y me dirigí a mi amado pueblo de la siguiente manera:

> *Este movimiento que está viendo tiene por objeto quitar el mando a los europeos porque, como ustedes sabrán, se han entregado a los franceses, y quieren que corramos la misma suerte, lo cual no debemos consentir jamás.*

Posteriormente les hablé del grave riesgo que corría la religión, a la que teníamos que salvar a toda costa. Hice una arenga sobre la condición privilegiada de los españoles y de la mala fortuna de nuestros nacionales, quienes eran los verdaderos dueños de México. Les aseguré que de ahora en adelante, no pagarían ningún tributo; hice un abierto llamado a la rebelión, indicando que quienes se incorporaran a sus filas con arma y caballo, se les pagaría un peso diario y a los de a pie, cuatro reales. Terminé mi discurso gritando enardecido: *"¡Viva la Independencia! ¡Viva la América! ¡Muera el mal Gobierno!"*. La multitud coreó mis arengas exaltada y comenzó por su parte a lanzar insultos contra los gachupines.

Seguramente los fieles que habían acudido a misa al escuchar el tañido de las campanas, se sorprendieron con que su guía espiritual, el que días antes les hablaba piadosamente, de caridad y amor, había bajado de su púlpito y enardecido lanzaba frases incendiarias contra el Gobierno. Los incitaba yo a la rebeldía y a luchar por sus derechos, que seguramente no les quedaban muy claros, dado que llevaban oprimidos años enteros. Se había encendido la chispa que se convertiría en el fuego libertario.

Cerca del mediodía, la columna insurgente estaba completamente lista. Alrededor de ochocientos hombres, de los cuales la mitad iban a caballo. A los españoles que había yo mandado sacar de la cárcel, los monté en mulas y los integré a la columna. Ahora pelearían por nuestra causa.

Hacia la tarde de aquel histórico 16 de septiembre de 1810, el ejército insurgente, formado por la mañana de ese día, se puso en marcha nuevamente. Éramos un puñado de hombres mal armados que pretendíamos enfrentarnos contra el poderoso ejército virreinal, compuesto de más de treinta mil efectivos.

Dos o tres días después, otro traidor, el mayor Juan Garrido, denunció que estaba comprometido con mi causa independentista. Sus superiores no le creyeron, pues según alguno de ellos, yo Hidalgo, era *un hombre de cabeza* incapaz de rebelarme y mucho menos de despertar la pasión revolucionaria de mi pueblo.

El pueblo vivía la sensación de haber despertado, y reconocía en mí a su caudillo. De ahí que todos los ataques, las admoniciones y todas las excomuniones que recibí por parte de las autoridades virreinales, verdaderamente causaban el efecto contrario en los habitantes de mi pueblo. Podría decirse, incluso, que eso los unía más a mí. Muchos me aseguraban que se sentían orgullosos de luchar a mi lado, pues me consideraban un hombre valeroso, que también hacía valer el reclamo de la posesión de la tierra a favor de ellos, los oprimidos.

En poco menos de dos semanas, nuestro ejército obtuvo una serie de rápidos y fáciles triunfos. De Dolores pasamos a Atotonilco, de ese lugar extraje del santuario una imagen de la virgen de Guadalupe y la transformé en bandera de los insurgentes. Nos dirigimos después a San Miguel el Grande, Chamacuero, Celaya (en este lugar se me otorgó el grado de capitán general y a Ignacio Allende el de teniente general), posteriormente a Salamanca. La columna avanzó durante diez días con rumbo a Irapuato. En el camino se nos fueron reuniendo muchos indígenas y mestizos de la región y las plazas son tomadas sin derramamientos de sangre.

En los pueblos tomados, procedimos al encarcelamiento de europeos, la confiscación de sus bienes y el acopio de armas. Nos encontrábamos en vísperas de librar la primera batalla; las tropas insurgentes se acercaban ya a los quince mil hombres. Había de infantería y caballería, armados con lanzas, espadas, armas de fuego y los indios con garrotes, flechas o simples pero efectivas hondas. Al estandarte guadalupano que yo portaba, se le habían añadido las leyendas: *"Viva la religión"*; *"Viva Fernando VII"* y *"Viva la América"*.

Al amanecer del día 28, mandé llamar a los jefes Mariano de Abasolo e Ignacio Camargo y les ordené que viajaran a Guanajuato y entregaran al intendente Riaño un oficio de rendición.

Ante la proximidad del ejército insurgente, los españoles, junto con sus familias y sus caudales, se refugiaron en la Alhóndiga de Granaditas, en la ciudad de Guanajuato.

Cerca de las diez de la mañana, Abasolo y Camargo, acompañados de dos Dragones y dos lanceros, llegaban por la calle de Belén a una de las trincheras que protegían el castillo de Granaditas. Riaño hizo pasar a Camargo con los ojos vendados al interior de la Alhóndiga y redactó una carta de contestación a la que yo le había hecho llegar. Reproduzco aquí el texto de dicha misiva que me hizo llegar de la mano de Camargo:

> *El Intendente de Guanajuato y su gente no reconocen otro capitán general que al Virrey de la Nueva España, ni más modificaciones en el gobierno que las acordaren las Cortes reunidas en la Península.*

Al salir de la Alhóndiga, el propio Camargo se encontró con que las fuerzas insurgentes, a las que también Abasolo se había unido, iban ya camino a Guanajuato. El Intendente había apostado parte de su batallón en la azotea de la fortaleza. Habían izado la bandera de guerra; la entrada estaba fuertemente custodiada por los guardianes y había tropas de reserva dentro del recinto. Ordenamos abrir fuego contra el fuerte y al caer muertos algunos indios, los demás retrocedieron de manera inmediata. Fue entonces cuando arribé con mi tropa y mi plana mayor, y comenzó el verdadero asalto, con tal vehemencia que los defensores que se encontraban dentro de las trincheras de la Alhóndiga, se replegaron al interior de ésta.

En esta batalla cayó muerto el propio Intendente Riaño, justo en la entrada del fuerte. Las puertas se cerraron y abrieron fuego contra nuestra columna, a través de las almenas y las troneras. Por tal razón, buscamos la manera de penetrar al refugio. De pronto, apareció un valiente joven que se ofreció prender fuego a las puertas de la fortaleza. Explicó que llevaría encima una enorme losa para cubrirse de los proyectiles y llevando consigo una buena dotación de madera de ocote, incendió la entrada que ardió y se desplomó muy pronto.

Dentro del sitio, el mayor Berzábal, esperaba a los insurgentes con su batallón. Sin embargo, al sentirse rodeados, muchos soldados españoles totalmente desmoralizados, prefirieron desertar y pasarse a nuestro lado. Así, el mismo 28 de septiembre, después de una sangrienta lucha en que la que la multitud enfurecida aniquiló a sus defensores, pudimos tomar al fin la fortaleza. Al haber dominado la plaza, los insurgentes pudieron vengarse. Los que se habían rendido imploraban piedad, pero era en vano, nadie perdonó ni a los españoles ni a los criollos. Únicamente los soldados realistas que lograron quitarse el uniforme y mezclarse entre la multitud, salvaron la vida.

Al tomar la Alhóndiga, y consumarse la victoria, el Ayuntamiento salió a hacerme entrega de la ciudad. Horas más tarde, en el Cuartel del Príncipe, se celebró un solemne *Te deum*. Paralelamente, los saqueos hacían de las suyas por la ciudad.

Como parte del desprestigio del que fui objeto al unirme a los insurgentes, por esos mismos días se habían expedido en mi contra edictos de excomunión. Don Francisco Javier Lizana, exhortó a los habitantes *del peligro que corren sus almas y la ruina que amenaza a las personas si no cierran sus oídos a la tumultuaria voz que se ha levantado en el pueblo de Dolores.* Llegó al extremo de llamarme *precursor del Anticristo* y exhortaba a los fieles para que no se dejaran engañar por quien esto escribe. Argumentaba que yo únicamente buscaba fortuna personal. Lizana decía a sus fieles:

Hijos míos, no os dejéis engañar; el cura Hidalgo, procesado por hereje, no busca vuestra fortuna, sino la suya. Ahora os lisonjea con el atractivo de que se os dará la tierra; pero no os la dará y en cambio os quitará la fe; os impondrá tributos y servicios personales.

Abad y Queipo, obispo de Valladolid, expidió igualmente un edicto que me excomulgaba a mí y a mis seguidores. Me acusaba de sedición, insultos a la religión y al monarca, perjurio y perturbación del orden público, además de llamarme *anárquico y destructor.*

De Guanajuato, me dirigí a Valladolid, ciudad que fue tomada por las fuerzas insurgentes el 17 de octubre de 1810, sin que sus defensores opusieran resistencia. La toma de Valladolid me produjo un considerable aumento de fuerzas y recursos. Había yo llegado a esa ciudad al mando de cincuenta mil hombres y al término del sitio, mi ejército sumaba ya ochenta mil, para entonces muchos de los cuales eran militares profesionales. En ese lugar permanecí varios días organizando mi tropa para salir a tomar la capital del virreinato: la Ciudad de México.

Los fondos obtenidos, de la toma de Valladolid, tanto de las arcas del clero, como de los particulares, ascendieron a setecientos mil pesos. Se me acusó también, pero esta vez por parte de mi tropa, que yo empecé a manifestar que no debía mencionar más el nombre de Fernando VII, lo que causó conflictos con algunos de mis hombres, en especial con Allende, con quien empezaba a tener muchas diferencias ideológicas.

En el Monte de las Cruces, a las afueras de México, tuve la fortuna de alcanzar la victoria, el 30 de octubre, derrotando a Trujillo (Coronel realista), victoria que desaproveché lamentablemente, pues en vez de lanzar mis tropas sobre la Ciudad de México para apoderarme de ella, aprovechando el desconcierto que mi victoria había generado en las filas españolas, ordené la retirada de las tropas hacia Ixtlahuaca, por el camino de Toluca.

En Puente de Calderón, cerca de Guadalajara, nos enfrentamos con los realistas, quienes estaban al mando del general Félix Calleja, en una batalla que resultó ser desastrosa para mí y mi ejército, obligándonos a replegarnos hacia el norte.

También ante la Santa Inquisición, don José Ignacio Muñiz, cura de Jocotitlán, presentó un escrito el 7 de noviembre de 1810, en el que me denunciaba por haber publicado un bando, en el que ordenaba yo que todo americano se armara contra todo gachupín, bajo pena que de no hacerlo se le tendría por reo de alta traición; que los bienes de todo europeo serían secuestrados a favor de la nación; que quedaba establecida la libertad; que el esclavo sería libre igual que todo español, entre otras cosas igual de *"terribles"* y *"nocivas"* para la población. Decía también que yo tenía miras más inmensas y diabólicas que Lutero y que mi plan era hacer la América una Iglesia Anglicana.

En vista de que no acudí jamás a las citaciones que se me hicieron, el Inquisidor fiscal presentó un escrito para que se me declarara rebelde, y dándome un plazo de diez días para presentarme personalmente ante el Tribunal. No lo hice.

En la ciudad de Guadalajara fundé un periódico llamado *El Despertador Americano*, reiteré los decretos de supresión de tributos y abolición de la esclavitud que había publicado en Valladolid.

Entre los distintos decretos que publiqué hubo uno en especial, donde prevenía a todos los dueños de esclavos que los pusieran en libertad, otorgándoles las necesarias escrituras para pudieran tratar y contratar, comparecer en juicio, otorgar testamento y ejecutar cosas libres, bajo pena de muerte y confiscación de todos sus bienes para quienes no cumplieran el decreto. Igualmente, y bajo las mismas penas, se prohibía la compra y venta de esclavos. Además, se abolían los tributos de las castas y se liberaba a los indios del pago de tributos.

Vale la pena señalar aquí los verdaderos motivos que tenía el Tribunal del Santo Oficio contra mí. No era por considerarme heterodoxo, sino porque mi doctrina social revolucionaria, representaban en realidad una amenaza para el régimen de propiedad. Nunca antes pudo notarse el carácter de instrumento político de represión al servicio del Estado colonial que tenía la Inquisición.

Finalmente, respondí al edicto de la Inquisición, con un manifiesto en donde me defendía de los cargos de herejía que me imputaron, declarando ante mis conciudadanos que jamás me había yo apartado de las creencias de la Santa Iglesia Católica y que estaba pronto a derramar mi sangre en defensa de todos mis dogmas.

Por desgracia, tampoco pudimos librarnos de las guerras internas y nuestro movimiento sufrió el pernicioso efecto de las diferencias de criterio entre el de la voz e Ignacio Allende. De alguna manera, yo representaba el elemento civil, y Allende representaba el elemento militar, esta formación diferente, y contradictoria dio origen a innumerables conflictos y pugnas, pues para él la Independencia era un movimiento bélico que debía llevarse a cabo con medios estrictamente militares a pesar de que eso no era posible, debido a la ignorancia en asuntos bélicos, por parte de los participantes. Yo estaba convencido, en cambio, que la lucha, por su carácter popular, no podía realizarse sino como una revolución social, con todas las consecuencias devastadoras que esto representaba.

El día 20, a las diez de la mañana, comenzaron a salir las tropas de la ciudad, yo partí a la vanguardia con el regimiento de Dragones; unas horas más tarde, marchó Allende con el resto de las tropas. Atravesaba yo por Charo, ya lejos de Valladolid cuando me alcanzó el cura **José María Morelos y Pavón**, quien estaba al tanto de mi levantamiento. Nos habíamos conocido en el Colegio de San Nicolás, del cual era yo rector y catedrático, aunque nunca fui su maestro. Al reconocernos presentí que Morelos poseía un gran espíritu, era un ser de valor desmedido y un hombre de acción excepcional.

Unido Morelos a nuestro regimiento, continuamos juntos nuestra marcha hasta Indaparapeo, dos leguas adelante, donde se declaró terminada la jornada. Ahí, al calor de la hoguera, expuse a Morelos los motivos que me animaban y que en esencia eran que debíamos proceder a la independencia de la Nueva España, que era para entonces, una aspiración de todos los americanos, puesto que el rey cautivo en Francia, hacía de esta la mejor de las ocasiones. Finalmente, pedí a Morelos que hiciera la revolución en el sur del país.

Nos despedimos y mientras el cura de Carácuaro regresó al Sur, dirigiéndose a la costa, en especial al puerto de Acapulco, con un grupo de hombres armados. Por mi parte, después de pernoctar en Indaparapeo, seguí a Zinapécuaro, donde hicimos un alto para descansar. Al caer la tarde, entramos en Acámbaro.

Nuestro movimiento ya no era una masa informe, motivada por pura pasión patriótica, ahora teníamos un ejército organizado de acuerdo a los principios militares; y en estas condiciones avanzábamos de manera ordenada hacia Maravatío. Ahí se presentó otro hombre que también había estudiado en el Colegio de San Nicolás, graduado en jurisprudencia. Era nada menos que el licenciado **Ignacio López Rayón**, quien habiéndose enterado de mis planes y mi ideología, venía a ofrecerme sus servicios. Lo nombré mi secretario.

Poco más tarde, descansaba yo sentado en una banca bajo el portal, acompañado de Allende y de su Estado Mayor, cuando fuimos sorprendidos por un batallón de realistas que nos atacaron. Yo logré refugiarme en la casa más cercana en medio de una lluvia de balas, que por fortuna no lograron herir a ninguno de nosotros. Al día siguiente, seguimos avanzando y alarmados descubrimos una loma tras la que se refugiaba un grupo de realistas, que logramos atrapar sin ningún problema. Llegamos sin novedad al pueblo de Ixtlahuaca. Estábamos apenas a cuatro leguas del sitio donde se hallaba **Agustín de Iturbide**, con un pequeño batallón. Envié a Iturbide una banda de teniente general, que fue rechazada por el jefe realista y prefirió partir en discreta retirada. Durante esta misma marcha, recibimos varios cañones que nos enviaron desde Guanajuato. Pocas horas más tarde, me enteré de que Félix María Calleja y el conde de Jaral habían pasado ya por Dolores y venían en mi búsqueda. Sin embargo, por cada pueblo que pasábamos, se engrosaban nuestras filas y nos recibían con repiques de campanas y gran entusiasmo.

Pocos días más tarde, envié hasta Guadalajara el que sería uno de los documentos más representativos de mi propuesta ideológica, que constituía un elemento importante para entender mi proyecto de nación, y que se refería a la abolición de la esclavitud y que transcribo aquí:

Desde el feliz momento que la valerosa nación americana tomó las armas para sacudir el pesado yugo que por espacio de tres siglos la tenía oprimida, uno de sus principales objetivos fue extinguir tantas gabelas con que no podían adelantar en fortuna; mas como en las urgentes y críticas circunstancias del tiempo no se puede conseguir siempre la absoluta abolición de gravámenes generosos, el nuevo gobierno, sin perder de vista tan altos fines que anuncian la prosperidad de los americanos trata de que éstos comiencen a disfrutar del descanso y alivio, en cuanto lo permita la agencia de la nación, por medio de las declaraciones siguientes, que deberán observarse como ley inviolable:

Que siendo contra los clamores de la naturaleza el vender a los hombres, quedan abolidas las leyes de la esclavitud, no sólo en cuanto al tráfico y comercio que se hacía con ellos, sino también por lo relativo a las adquisiciones, de manera que conforme al plan del reciente gobierno, pueden adquirir para sí, como unos individuos libres al modo que se observa en las demás clases de la República, cuya consecuencia, supuestas las declaraciones asentadas, deberán los amos, sean americanos o europeos, darles libertad dentro del término de diez días, o la pena de muerte que por insolvencia de este artículo se les aplicará.

Que ninguno de los individuos de las castas de la antigua legislación que llevan consigo la ejecutoría de envilecimiento de las mismas cartas de pago del tributo que les exigía, no lo paguen en lo sucesivo, quedando exentos de una contribución tan nociva al recomendable vasallo.

Que siendo necesario de parte de ésta alguna remuneración para los forzosos costos de guerra y otros indispensables para la defensa y decoro de la nación, se contribuya con dos por ciento de alcabala en efectos de la tierra, y con el tres en los de Europa, quedando derogados los que establecían el seis.

Que supuestos los fines asentados de beneficencia y magnanimidad se atienda el alivio de los litigantes, concediéndoles para siempre la gracia de que en todos sus negocios, despachos, escritos, documentos y demás actuaciones judiciales se use del papel común, abrogándose todas las leyes, cédulas y reales órdenes que establecieron el uso del sellado.

Que a todo sujeto se le permita francamente la libertad de fabricar pólvora sin exigirle derecho algunos como ni a los simples de que se compone, entendidos así de que ha de ser preferido el gobierno en las ventas que se hagan para el gasto de las tropas; asimismo, deberá ser libre el vino y demás bebidas prohibidas, concediéndoles a todos la facultad de poderlo beneficiar y expender pagando así el derecho establecido en Nueva Galicia.

Del mismo modo, sin ser abolidos los estancos de todas clases de colores las demás exacciones de bienes y cajas de la comunidad y toda clase de pensiones que se exigían a los indios.

Por último, siendo tan recomendable la protección y fomento de la siembra, beneficio y cosecha del tabaco, se les concede a los labradores y demás personas que se quieran dedicar a tan importante ramo de la agricultura, la facultad de poder sembrar, haciéndose tráfico y comercio de él, entendidos de que los que emprendiesen con eficacia y empeño este género de siembra, se harán acreedores a la beneficencia y franqueza del gobierno.

Y para que llegue la noticia a todos y tenga su debido cumplimiento, mando que se publique por bando en esta capital y demás ciudades, villas y lugares conquistados, remitiéndose número de ejemplares a los tribunales, jueces y demás personas a quienes corresponda su inteligencia.

Dado en la ciudad de Guadalajara, a 2 de noviembre de 1810. Miguel Hidalgo y Costilla.

El 20 de octubre de 1810, el virrey Venegas tuvo noticias del avance de nuestro ejército, calculado para entonces en cerca de cien mil hombres, hacia la Ciudad de México. Ordenó que salieran a hacernos frente los granaderos, la caballería y soldados realistas, bajo las órdenes del brigadier Torcuato Trujillo. Este contingente viajó a Toluca el 27 de octubre. El día 30, parapetado en el Monte de las Cruces, Trujillo esperó la llegada de nuestro ejército.

Tocó a Ignacio Allende comandar la batalla, por parte nuestra y después de seis horas de tremenda lucha, los realistas huyeron de la contienda. Nuestro ejército, victorioso, pero enormemente debilitado por gran cantidad de bajas y pérdidas materiales, avanzó hacia la Venta de Cuajimalpa. Desde este lugar, envié una carta al virrey Venegas, pidiéndole que nos entregara la capital y enfatizando *las fatales consecuencias de oponerse terminantemente al torrente de ideas de libertad que asomaban por varias partes en el presente siglo. La naturaleza aconseja* –decía en mi carta–, *y el derecho de los pueblos la reclama imperiosamente.*

Vengas tuvo a bien recibir a mis enviados, pero evadió la respuesta. Ante tal actitud, yo opté por retirarme, desistiendo de mi propósito de tomar la Ciudad de México, debido principalmente a la escasez de municiones. La larga temporada que pasamos en el Monte de las Cruces había mermando nuestras municiones. Fue por tal motivo que decidí no atacar y retrocedimos para habilitar nuestra artillería.

Desafortunadamente, nuestra retirada, necesaria por las circunstancias, se interpretó como una derrota, algo que quizá pudo desalentar a muchos. Debo reconocer aquí que también la gran cantidad de bajas que tuvimos en el Monte de las Cruces, había influido negativamente en los insurgentes. Muchos de nuestros hombres, estaban verdaderamente aterrorizados, pues hay que recordar que la mayoría no eran militares de carrera, sino gente común del pueblo. Aunado a eso las fuerzas realistas que se aproximaban bajo las órdenes de Calleja y de Flon, que amenazaba con llegar por la retaguardia. De haber atacado la Ciudad de México, habríamos sido sitiados fácilmente. Por lo tanto, el temor a una insurrección interna, que podía costarnos la animadversión de los pobladores de la capital y por último, el miedo a una derrota, casi segura, debido a lo desproporcionado de nuestro ejército con respecto a las fuerzas del gobierno, terminaron con nuestras aspiraciones de atacar la ciudad. Cabe mencionar aquí, que las diferencias que tenía yo con Allende iban en aumento y se hicieron más profundas después de haber sido derrotados en Puente de Calderón. La retirada causó un efecto negativo entre nuestros hombres. Desertó más de la mitad de nuestros efectivos.

Para entonces, la rebelión se había propagado a distintos rumbos del país, en especial a Nueva Galicia, las Intendencias de México, San Luis Potosí, Zacatecas y las Provincias Internas de Oriente. El hecho de que Nueva Galicia fuera conquistada por nuestros insurgentes, me permitió dirigirme de Valladolid, donde me encontraba después de la retirada de la Ciudad de México, a Guadalajara. Una vez ahí, me dediqué a extender nombramientos a favor de jefes insurgentes que llevarían la revolución al Noroeste, así como al norte del país.

Estando en Guadalajara, expedí un nuevo manifiesto a la nación, en él expresaba los motivos de la insurrección, he aquí el texto:

¿Es posible, americanos, que habéis de tomar las armas en contra de vuestros hermanos, que están empeñados con ries-

go de su vida en libertarnos de la tiranía de los europeos, y en que dejéis de ser esclavos suyos? ¡No conocéis que esta guerra es solamente contra ellos, y por tanto es una guerra sin enemigos, que estaría concluida en un solo día, si vosotros no los ayudarais a pelear!

Como puede verse, yo tenía la intención de convencer a los criollos de que la lucha era contra los españoles y no contra ellos. Pero los criollos, ante el temor de perder posesiones y privilegios, prefirieron aliarse al régimen colonial.

En el mismo manifiesto, yo declaraba que no conocía otra religión que la Católica, Apostólica y Romana, y que por defenderla estaba yo gustoso a sacrificar mi propia vida, si fuera necesario. *Para felicidad del reino* –decía yo–, *es necesario quitar el mando y el poder de las manos de los europeos, ése es todo el objeto de nuestra empresa, para la que estamos autorizados por la voz de la nación.*

Poco tiempo después, cuando tuve noticias de que nuevamente el ejército español, al mando de Calleja, iba en mi busca, decidí abandonar la ciudad de Guadalajara, para evitar que fuera destruida por la batalla. Calleja partió de San Juan de los Lagos y avanzó hasta un lugar llamado Puente de Calderón, mismo que ya estaba ocupado por las fuerzas insurgentes, que sumaban ya noventa mil hombres. El jueves 17 de enero, se inició la batalla decisiva para la Independencia del país. Más de seis horas duró la acción en Puente de Calderón, y cuando todo parecía indicar que sería ganada por nosotros los insurgentes, un acontecimiento inesperado dio al traste con nuestra victoria. Una granada enemiga cayó en un carro de municiones y el estruendo fue tal que causó pánico en nuestras fuerzas, que se desbandaron sin control por todos lados.

Fue entonces cuando Calleja aprovechó la confusión y dio la orden de avanzar; poco tiempo después, el combate que había sido dirigido por Allende, se decidió a favor de los realistas y comenzó nuestra persecución. De inmediato yo regresé a Guadalajara, a la mañana siguiente viajé a Zacatecas y antes de llegar a esa ciudad, en la Hacienda del Pabellón, fui desposeído del mando supremo, acusado de las derrotas. Ignacio Allende tomó el mando absoluto y las fuerzas continuaron su camino por Coahuila, se dirigían hacia Estados Unidos para pedir ayuda.

Sin embargo, desde febrero de 1811, en la propia Coahuila, se gestaba un movimiento contrarrevolucionario y se aprestaban a atrapar a los jefes insurgentes cuando atravesaran la región. La revuelta estaba dirigida por el ganadero Ignacio Elizondo, quien siempre estuvo en contra de la lucha insurgente.

En marzo de ese mismo año, me encontraba en Saltillo; en ese sitio, recibimos del virrey Venegas una proposición de indulto, a la que contestamos declarando que no abandonaríamos las armas hasta no terminar con los opresores de la libertad. *El indulto, señor Excelentísimo, es para los criminales, no para los defensores de la patria,* le escribí yo.

Desde Saltillo, Allende y Jiménez habían ordenado al gobernador insurgente de Coahuila que vigilara y protegiera el paso del ejército insurgente por el pueblo de Acatita de Baján. En esos mismos días, don Ignacio López Rayón, fue nombrado Jefe de la Revolución. Todos los demás jefes insurgentes abandonaron Saltillo.

Al día siguiente, Ignacio Elizondo se había apostado con su gente, entre la que abundaban indios comanches, detrás de una loma. Un pequeño grupo de sus hombres, permanecían en la loma, fingiendo rendir tributo a los que cruzábamos por ahí.

En un coche viajaban Ignacio Allende, su hijo Indalecio y Jiménez y fueron inmediatamente capturados. Aquí se le dio muerte al hijo de Allende e hirieron al teniente Joaquín Arias, puesto que se negaron a rendirse. Poco después, arribé yo, a caballo y encabezando una escolta de cuarenta soldados, Elizondo me saludó con un gesto y me dejó pasar hasta que llegué a la retaguardia de las tropas emboscadas. Ahí, el propio Elizondo se me acercó y me pidió que me rindiese. Mi primera reacción fue oponerme, pero al ver la enorme diferencia de fuerzas, preferí entregarme, por lo que fui desarmado y custodiado por mis captores.

Me enteré más tarde que en el transcurso del día siguieron llegando grupos de Insurgentes que fueron aprendidos y conducidos a Monclova. Sólo Iriarte logró escapar con la caballería, y prefirió huir en vez de intentar una batalla para liberar a los que habíamos caído prisioneros. Al saberse de su deserción, Iriarte fue sometido a corte marcial, condenado a muerte y ejecutado de inmediato, por órdenes de Ignacio López Rayón.

De Acatita de Baján, fuimos llevados a Monclova, y posteriormente a Chihuahua, donde llegamos después de un mes. Ahí fui recluido en el ex Colegio de la Compañía de Jesús, transformado para aquel entonces, en hospital militar.

El 7 de mayo, fui interrogado por el juez don Ángel Abella, y contesté una a una las cuarenta y tres preguntas que se me hicieron sobre mis actividades. Tuve el cuidado de no acusar a nadie. Debido a que mis acusaciones eran del fuero mixto en el interrogatorio estuvo presente un funcionario especial de la Iglesia, para encargarse de las acusaciones del Santo Oficio. Por supuesto, fui acusado simultáneamente de delitos terrenales y divinos, todos ellos de extrema gravedad, según el enviado de la Inquisición.

Estando ya prisionero, a petición del Tribunal de la Inquisición, redacté un escrito respondiendo a los cargos. Ahí me defendí nuevamente del cargo de herejía y supliqué que se me borrara el cargo de hereje y apóstata de la Santa Religión. El 3 de julio, se me formuló un dictamen militar, donde fui acusado de alta traición, por lo que se me condenó a muerte y se ordenó que se confiscaran todos mis bienes. Por su parte, el obispo de Durango ordenó que se procediera a mi degradación verbal y después real, de acuerdo con lo dispuesto en el Pontifical Romano.

Dos días más tarde, se llevó a cabo mi degradación, quitándome el cáliz y la patena, y raspándome con un cuchillo las palmas de las manos y las yemas de los dedos, acción que se acompañó de estas palabras: *Te arrancamos la potestad de sacrificar, consagrar y bendecir, que recibiste con la unción de las manos y los dedos*. A continuación fui despojado de los ornamentos sacerdotales uno a uno, devolviéndome ignominiosamente al estado seglar por considerarme indigno de la profesión eclesiástica.

El 30 de julio de 1811, Hidalgo fue fusilado. Ese mismo día, las cabezas de Hidalgo, Allende, Aldama y Jiménez, fueron llevadas a Guanajuato, para ser exhibidas dentro de unas jaulas de hierro, en los cuatro ángulos de la Alhóndiga de Granaditas. Un letrero infamante remataba la escena, ya de por sí, grotesca: *fascinerosos, saqueadores y ladrones de los bienes del culto de Dios y del Real Erario.*

El gobierno virreinal estaba convencido de que con la muerte de los caudillos, fusilados en Chihuahua, acabaría el movimiento insurgente. Pero no fue así.

Agustín de Iturbide

Nací en la ciudad de Valladolid, Michoacán, el 27 de septiembre de1783. Mi padre era un terrateniente español llamado José Joaquín de Iturbide y Arregui, oriundo de la villa de Peralta, Navarra, España y mi madre fue María Josefa de Arámburu y Carrillo Figueroa, una criolla noble, quien también provenía de una distinguida familia de Navarra.

A los cuatro días de nacido, fui llevado ante el sacerdote de la localidad para recibir el bautismo, mi padrino fue Fray Lucas Centeno. Y fui bautizado con el triple nombre de Agustín Cosme Damián de Iturbide y Arámburu, Arregui, Carrillo y Villaseñor, con los apellidos que me correspondían de padres y abuelos.

Cuando tenía un año de nacido, estuve a punto de morir en un incendio que se inició porque una de las velas junto a mi cuna cayó y alcanzó las cortinas, el fuego avanzó rapidísimo. Yo permanecí inmóvil, pues no alcanzaba a darme cuenta del peligro. Una de las criadas de mi casa atravesó las llamas y me rescató del fuego.

No era la primera vez que estaba yo en peligro, al nacer, el trabajo de parto de mi madre duró cuatro días, para cuando yo vine a este mundo, mi madre estaba muerta de agotamiento y me encomendó fervorosamente con uno de los frailes agustinos más conocidos de aquel tiempo: Fray Diego Basalenque, de quien su momia se encontraba en la Iglesia de San Agustín, de ahí mi primer nombre.

Mis primeras enseñanzas las recibí en mi ciudad natal. Nunca me distinguí precisamente por ser buen estudiante, estuve internado en el Seminario Conciliar, donde aprendí Gramática Latina y me gustaba decir frases en ese idioma sólo para molestar a uno de los sacerdotes. En aquel tiempo me llamaba la atención la carrera eclesiástica. Pero pronto cambié mi vocación religiosa por la carrera militar. Me enrolé en el ejército realista a la edad de catorce años.

Decían los que me conocían que mi valor era muy grande para ser tan pequeño. Un día, uno de mis criados que se encontraba borracho, me atacó. Por fortuna, pude esquivar el golpe que dicho sujeto me lanzó y cuentan los testigos que me defendí con la habilidad de un felino y respondí a la agresión con tal fuerza, que estuve a punto de matar al pobre infeliz de un golpe. Pasó varios días en la enfermería recuperándose de sus lesiones. Jamás se volvió a meter conmigo.

A la edad de quince años trabajé como mayordomo en una de las fincas de mi padre. Los criados también me contaban que desde la más tierna edad, siempre me destaqué por ser un gran jinete: por lo que ellos mismos me apodaron *"El dragón de hierro"*.

Según marcaba la tradición de las familias de alcurnia, en 1805 me casé con la noble Doña Ana María Josefa de Huarte y Muñiz, hija del acaudalado prócer y poderoso Isidro Huarte, Intendente Provincial del distrito y nieta del Marqués de Altamira. Mi boda con aquella bella mujer, de apenas diecinueve años de edad, se celebró en la catedral de Valladolid, el 27 de febrero de 1805. Yo había sido nombrado alférez del ejército y tenía veintidós años, recién cumplidos. Ana María había aportado para la boda una sustanciosa dote de cien mil pesos, parte de la cual la utilicé para comprar la hacienda de Apeo, en el pueblo de Maravatío.

El 15 de septiembre de 1809, participé en la conspiración encabezada por García Obeso y Michelena, para dar libertad a México. Me encontraba yo reunido con mi familia en palacio y fue ahí donde fuimos sorprendidos por los rebeldes, quienes nos incautaron gran parte de nuestras riquezas. Mi nombre fue publicado y reconocido como uno de tantos que ofrecía sus servicios al nuevo gobierno, y que después izarían la bandera española en contra de la bandera de **Miguel Hidalgo y Costilla** y su movimiento de Independencia.

Tal vez está mal decirlo, puesto que constituye una enorme contradicción, pero al principio del movimiento independentista, fui uno de los militares que combatió como realista contra los Insurgentes.

A la media noche del día siguiente, el sacerdote Francisco de la Concha y Castañeda, hizo la denuncia de que los criollos estábamos conspirando en la capital michoacana y dijo también que yo, Iturbide, me hallaba entre ellos. Posteriormente se dijo que yo mismo delaté la conspiración al mencionado sacerdote. De cualquier forma, muchos afirmaron que los traicioné, porque no quisieron nombrarme mariscal de campo de la tropa, debido a que apenas ostentaba el grado de teniente. Es la verdad.

Guanajuato había sido tomada por Hidalgo, a quien se habían unido gran cantidad de campesinos, mineros y criollos por donde su ejército iba pasando. Cuando por fin pasó cerca de la capital del país, ésta se estremeció y causó una gran movilización de las fuerzas imperialistas, quienes inmediatamente se dedicaron a asegurar a la Virgen de los Remedios. La multitud de insurgentes que amenazaban con tomar la ciudad de México, fue interceptada por el coronel Torcuato Trujillo y sus hombres, el segundo hombre al mando, era yo.

Al estallar el movimiento armado de 1810, el caudillo Miguel Hidalgo y Costilla, me invitó a unirme a la causa independentista, con el cargo de teniente coronel. Cabe mencionar aquí, un dato curioso: el cura Hidalgo y yo, éramos parientes, pues ambos fuimos descendientes por el lado materno del conquistador Juan de Villaseñor y Orozco, quien fuera fundador de Valladolid.

Volviendo a lo anterior, me negué a participar en la insurrección contra los españoles. Así que opté ponerme a las órdenes del virrey, defendí la ciudad de Valladolid contra las fuerzas insurgentes y participé en la detención de varios rebeldes en el Monte de las Cruces, el 30 de octubre de 1810. Debido al desmedido número de ejecuciones –ya que según testigos, blandía yo la espada como si estuviera poseído–, mis enemigos sentían terror tan sólo de escuchar mi nombre. Había mucho de cierto en esto.

Cuando yo era niño, mi propio padre contaba que yo acostumbraba cortar los dedos de las gallinas tan sólo para tener el gusto de verlas andar en muñones. Al paso del tiempo, los mismos españoles afirmarían que yo era *una fiera sedienta de sangre, sin piedad ni remordimientos.*

Otros personajes de la época como Beltrami y Bulnes, opinaban que yo era *el más sanguinario y cruel de los realistas.* Este mismo personaje contaba que también durante mi infancia, estuve a punto de causarle la muerte a uno de los mozos de mi hacienda, por haberlo empujado por las escaleras.

Se llegó a afirmar igualmente, que yo era un guerrero sumamente cruel y que mataba tan fácil y sin pensarlo como si de respirar se tratara. De manera que siempre fui muy temido por los insurgentes, a los que en mi Diario llamé *perversos, bandidos* y *sacrílegos.* Es probable que peque de inmodestia al decir esto, pero en esa ocasión, la valentía y el arrojo que demostré en la batalla del Monte de las Cruces, fueron premiados y me ascendieron al grado de capitán.

Un año más tarde, cuando ya había yo sido ascendido al cargo de Segundo Jefe del Batallón de Tula, me enfermé gravemente de disentería, que me mantuvo en cama durante varios días. Aún así –y sintiéndome muy débil–, dejé mi lecho de convalecencia para acudir a la defensa de Taxco e Iguala, pero en esta última población, fui sorprendido por los rebeldes y perdí unas carretas llenas de trigo. La pérdida fue valuada en poco más de tres mil pesos.

Por otra parte, por las noches acostumbraba yo a escribir cartas y trataba de mantenerme informado de todo lo que sucedía a mi alrededor en las ciudades, aldeas y hasta en el pueblo más insignificante y abandonado de la mano de Dios. Gracias a que contaba yo con una enorme red de espionaje, podía controlar desde el Norte hasta el Sur del país.

Por las noches casi no dormía y mis pensamientos se dedicaban a conocer la identidad del enemigo que enfrentaría al día siguiente y fue así como terminé de Acuchio el 7 de septiembre de 1810, como ayudante de campo del Teniente Coronel Castillo Bustamante y en la localidad de Sipineo, el 14 de ese mismo mes, como Jefe de Centro de Combate.

Mi prestancia y mi valor, siempre llamaron la atención de mis superiores. La verdad es que mi resistencia para cabalgar jornadas completas bajo el más miserable de los climas, sin dar muestra de cansancio o desesperación, fue lo que llamó la atención de mis superiores. La valentía de los hombres del Bajío era bien conocida y yo había hecho mi carrera militar entre ellos.

En mi diario, que escribía por las noches desde el inicio de la Independencia, afirmé que había recorrido casi cinco mil leguas en campaña y no era la exageración de un militar que deseaba engrandecer su imagen ante la posteridad, sino la expresión de un hombre que había dejado su huella por gran parte del territorio nacional y que además conocía la dureza del campo de batalla. Cabalgaba diariamente entre 15 y 20 leguas, llevando una gran cantidad de hombres a mi cargo.

Una noche, cayó casualmente en mis manos un manuscrito que había redactado sobre mi persona uno de mis hombres más fieles, y que transcribo aquí no sin sentirme un tanto avergonzado, pero muy orgulloso en el fondo: *Su personalidad era el ingrediente principal en su éxito como militar, ya que utilizaba su inteligencia para darse a querer y ganar la confianza de las personas que conocía, se aprendía el nombre de cada uno de nosotros y trataba de no olvidarlos nunca. Todo esto le valió de mucho al forjar su carácter de caudillo; pero lo más importante era el valor que mostraba en combate, parecía como si durmiera con la muerte todas las noches. Estaba tan familiarizado con ella, que cualquiera diría que no le importaba y que en realidad la despreciaba; el olor de la pólvora le hacía arder la sangre, como si encendiera su propia mecha. Parecía que el miedo no se había hecho para él.*

Cierto día, del año1812, mis superiores me encomendaron una peligrosa misión: el guerrillero Albino García estaba planeando apoderarse de un importante cargamento de plata que iba desde Guanajuato hasta la capital, así que quién mejor que yo –el futuro caudillo– para impedir y frustrar los planes de aquel malvado. Yo tenía además la ventaja de que conocía a la perfección el territorio y podía atravesarlo de noche sin luz alguna que me guiara. Así que acompañado por un contingente de 60 hombres, me puse en marcha y en menos de una semana ya había atravesado un territorio infestado de insurgentes y cumplido la misión. Pero esto no era suficiente para mí, por lo cual concebí un plan todavía más arriesgado para terminar de una vez por todas con el feroz guerrillero, que había estado asolando las fuerzas imperiales a lo largo de meses.

El coronel García Conde, mi superior, escuchó atento mi plan, y me autorizó llevarlo a cabo. Así que partí acompañado de unos 170 hombres de diferentes regimientos y especialidades en busca del tal Albino García, quien creía que yo –su enemigo declarado– me hallaba muy lejos de ahí custodiando un importante cargamento. A eso de las dos de la mañana, en medio de gritos y disparos de mis valientes hombres, y después de una cruenta batalla, el cabo Juan Miguel Uribe y el granadero Miguel Sardineta lograron la captura del peligroso guerrillero. Tras haber sido juzgado y condenado, García fue fusilado y decapitado, su cabeza fue expuesta en la calle de San

Juan de Dios, mientras que sus manos fueron exhibidas, una en Guanajuato y la otra en Irapuato.

Cuando logré capturar a García, escribí una carta al virrey en donde describía yo las acciones de este peligroso personaje: *Logré confiscar más de 100 armas de fuego, ciento cincuenta y tantos caballos ensillados y cerca de 350 caballos al pelo, varias mulas en buenas condiciones. El cálculo exacto de todos los que murieron no se lo puedo dar, pero deben ser mucho más de 300, además de 30 líderes y más de 150 que ordené fueran pasados por las armas.*

Tras esta exitosa campaña militar, fui ascendido a teniente coronel, pero mi carrera iba ascendiendo, el viernes Santo de 1813, fui destinado al sur del país, donde combatí contra las guerrillas independentistas de Ramón López Rayón, derrotándolo en el Puente de Salvatierra en 1813. Gracias a esta importante acción, fui ascendido a coronel.

Tengo que reconocer aquí, que tantos triunfos se me empezaron a subir a la cabeza, pero continué combatiendo contra los independentistas. Sin embargo, no todo iba bien en aquel tiempo: diversas acusaciones entre las que destacan abuso de autoridad y malversación de fondos. En 1813 y 1814 fui acusado por otros altos oficiales del ejército español de mantener la lucha para generar beneficios económicos para mí mismo, a través de operaciones fraudulentas.

Las denuncias acumuladas en mi contra, sumadas a nuevas protestas de los comerciantes de Guanajuato, llevaron al virrey Félix María Calleja, a destituirme acusado de malversación de fondos y abuso de autoridad. Por fortuna, fui absuelto de todos los cargos gracias al apoyo del auditor de guerra real, Bataller.

Un día, para desquitarme, junto con mi tropa, encabecé el saqueo de la hacienda llamada *La cueva*, que pertenecía a Don Pedro Otero, un coronel realista que lleno de indignación, fue a quejarse con el virrey Calleja, y le relató cómo yo personalmente había dado instrucciones de que la tropa se tomara cuanto de ahí se necesitara y no se pagara nada por ello. Mis soldados así lo hicieron, saquearon las trojes y casas hasta no dejar nada, sacaban los muebles, y con ellos encendían sus hogueras por la noche; incluso las chozas de los criados habían sufrido los embates de los saqueadores. Esta es una muestra de lo que muchos llaman *pecados de guerra*.

El escándalo por mi conducta llegó a Querétaro y Guanajuato, y a pesar de que todo el mundo temblaba al pensar en lo que yo pudiera hacerles si protestaban, varias familias distinguidas de ambas ciudades se quejaron con el virrey de mi desempeño. Pero todos tenían miedo de que éste los acusase de ser insurgentes por lo tanto, callaban, pero no así el cura de esa ciudad, don Antonio Labarrieta, quien fue el único que formuló cargos en mi contra.

Después de una gran cantidad de ataques, decidí escribir la siguiente carta: *He sido herido en lo más sensible por la ingratitud de los hombres, su mala fe me ha hecho decidirme a no volver a ser el blanco de sus tiros; me he retirado por delicadeza, me retiro a vivir para cultivar mis posesiones; por otra parte, el país está casi libre de partidos disidentes, por lo que el compromiso que por cerca de seis años me ligó, está casi resuelto. La patria no me necesitaba y sin faltar a mi deber podía dedicarme a descansar de la campaña.*

Durante mi estancia en el Bajío, pude darme cuenta de la importancia que tenía México, ya que sus tierras, trigo, alacenas y por supuesto su plata, eran el botín por el que yo estaba peleando, mientras que Hidalgo peleaba por la libertad. La lucha en el campo era realmente muy cruda, por todas partes se veían cuerpos despedazados, la mayoría de éstos pertenecían a los insurgentes, pero lejos de darse por vencidos, reaparecían en todos lados con renovadas fuerzas y elementos acompañados por un trovador que entonaba una canción llena de alegría y a la vez cierto desprecio hacia la muerte.

Al anochecer, el silencio que embargaba todo el campo de batalla se rompía únicamente por el paso de las caravanas militares que transportaban municiones, plata, semillas o alimentos desde el virreinato hasta las lejanas ciudades de provincia. Los sitios como Guanajuato, de donde se explotaba la plata, se veían desolados ante la destrucción y pillaje de los que eran víctimas para poder saciar la sed de los explotadores.

El sexo femenino era mi perdición. Cuando cumplí 30 años, conocí a una mujer que me hizo perder la compostura, pues yo mismo la describí en múltiples ocasiones como *la mujer más hermosa que existe sobre la Tierra.* No obstante, este hecho, me causó grandes conflictos en el interior de mi familia. Según las crónicas de la época –y la verdad es que era cierto– por aquel tiempo yo sostuve un romance con esa influyente dama aristocrática de nombre María Ignacia Rodríguez de Velasco, mejor conocida como *La Güera Rodríguez.*

Fue un periodo de ocio que me entregué a una vida licenciosa en la capital del país. Beltrami, mi eterno opositor, aseguró que yo pasé de la carrera de los vicios a la de las armas, tenía algo de razón, sobre todo si se toma en consideración que en aquel tiempo, yo era joven, rico y ambicioso.

Mis enemigos aseguraban que me entregaba sin freno alguno a los juegos de azar y a mis *vergonzosos romances,* como llamaban a mis aventuras amorosas. La mayoría de las personas me consideraban un libertino, licencioso, en cuanto a relaciones eróticas se refería. Sin embargo, para mí era una habilidad que desarrollé y que era de gran utilidad en mi carrera militar, pues la seducción era una de mis armas predilectas.

No pasaría mucho tiempo para que yo volviera a incorporarme a la vida militar de mi país. Este periodo de inactividad militar sirvió para darme cuenta de mi posición, los españoles tenían dominada la situación militar en el país, pero los insurgentes no habían desaparecido, sólo estaban esperando el momento justo para resurgir con más fuerza. Era la representación misma de la clase militar criolla que debía tomar el control de la nación resultante tras la Independencia.

Mis éxitos militares continuaron, y el 5 de enero de 1814, en Puruarán, logré la captura de **Mariano Matamoros**, quien era el principal seguidor de **José María Morelos y Pavón**; lo conduje a Valladolid, donde lo fusilé el 3 de febrero de ese mismo año.

El 1 de septiembre de 1815, fui nombrado comandante general de la provincia de Guanajuato, donde volví a llamar la atención de mis superiores porque ellos mismos calificaron mi desempeño como una *implacable persecución de los rebeldes*. Si alguien tuviera la curiosidad de hojear mi diario de campaña, podrá constatar que está plagado de injurias hacia los insurgentes, a quienes calificaba yo como bandidos y canallas. Cabe destacar aquí la ira que me provocaban dichos individuos.

Debo reconocer que mi diario estaba repleto de anotaciones en las cuales se podía constatar mi carácter –a veces sanguinario– de mis acciones en el campo de batalla, como la que decía: *Se condenó y fueron fusilados 13 hombres, a los que se les había acusado de infidencia.*

En aquel tiempo decía que no obstante mis modales refinados, mi gracia y valor, mi personalidad también tenía su lado oscuro, pues siempre me caractericé por ser demasiado impaciente, ya que no podía tolerar que alguien me contradijera. A mis enemigos no los soltaba hasta que terminaba yo con ellos. Era famosa aquella anécdota de que había yo ordenado apresar a un cura, sólo porque éste inventó que había yo sido herido en combate. También era cierta la leyenda de que era yo sumamente atento con las damas, pues en una ocasión, en la rendición de Luajes, fui a rendirle mis respetos a la esposa del vencido.

Tanto Morelos, como yo, éramos de Valladolid, pero los triunfos del primero ya eran muy comentados por todo el país. Así que decidí escribir una carta al virrey Félix María Calleja, poniéndolo al corriente de la situación, en donde le exponía que en ciertas regiones, los *bandidos* ya estaban esperando a Morelos para unirse a él, por lo que era necesario esperar para ver en qué terminaban los acontecimientos y saber qué pasaría con el propio Morelos en el sitio de Acapulco. Sin embargo, éste apareció frente a Valladolid con 6 000 hombres fieles al movimiento insurgente y además, Morelos contaba dentro de su ejército con 30 cañones.

El Ejército del Norte a cargo del primer jefe Ciriaco de Llano, del cual era yo segundo, se hallaba en Acámbaro, Michoacán, así que en cuanto nos enteramos de los planes de

Morelos logramos llegar a tiempo a Valladolid para hacerle frente al insurgente y por poco caemos ante él. Por fortuna, finalmente logramos repeler la invasión, logrando capturar a más de 600 rebeldes, los cuales fueron fusilados no sin antes haberlos hecho cavar su propia tumba. Apenas me enteré yo de los planes de Morelos, me lancé en su persecución y logré llegar hasta su campamento, no obstante que se encontraba apertrechado y custodiado por su treintena de cañones.

La caída de la noche complicó la defensa por parte de las fuerzas insurgentes y estuve a un paso de capturar a Morelos, pero éste logró escapar ileso. Mas no así su confesor el P. Brigadier Don Miguel Gómez.

Al restablecerse la Constitución de España, los peninsulares residentes en México, partidarios del absolutismo, concibieron la idea de independizarse de la Corona y ofrecer al gobierno de México a un príncipe de la dinastía Borbón; para esto era necesario acabar con la guerrilla sostenida por **Vicente Guerrero** y como el coronel Armijo no lo había logrado, el 9 de noviembre de 1820 me puse al frente de las tropas del Sur, con el título de *Comandante General del Sur*.

El triunfo de la revolución liberal de Rafael de Riego en España en 1820 desencadenó en la Nueva España varios temores: por un lado, los sectores conservadores deseaban evitar la aplicación de las medidas radicales que estaban impulsando los diputados en las Cortes de Madrid; por el otro, los liberales novohispanos quisieron aprovechar el restablecimiento de la constitución liberal española de 1812 para obtener la autonomía del virreinato.

Los primeros, en sus reuniones de la iglesia de la Profesa (llamada por algunos *Conspiración de la Profesa*), estaban encabezados por el canónigo Matías de Monteagudo y convencieron al virrey Juan Ruiz de Apodaca para que me designara a mí como Comandante General del Sur.

Mientras tanto, los liberales planeaban que mi compadre, Juan Gómez de Navarrete, recién electo diputado a las Cortes, promoviera un Plan de Independencia en Madrid, mismo que consistía en llamar a uno de los miembros de la familia real a México para gobernarlo.

Al mismo tiempo que esto ocurría, yo debía marchar al sur con mis tropas, supuestamente para combatir a Guerrero, uno de los pocos dirigentes independentistas que quedaban. Pero también para convencerlo de unirse a un nuevo plan que conciliaba los intereses y posiciones tanto de los liberales, como de los conservadores. Durante esta campaña se produjeron los últimos combates entre realistas e insurgentes en México: Pedro Ascencio, segundo de Guerrero, destroza a mi retaguardia cerca de Tlatlaya el 28 de diciembre de 1820. Cinco días más tarde, el propio Guerrero vence a una columna subalterna mandada por Carlos Moya cerca de Chilpancingo, y el 21 de enero de 1821 se produce una nueva escaramuza en un sitio denominado el Espinazo del Diablo. Este último enfrentamiento, de escasa importancia militar, tiene significación histórica justamente por tratarse del último combate entre independentistas y realistas.

Muy en el fondo de mi ser, sabía que la sangre derramada por Hidalgo y sus hombres, estaba a punto de fructificar. Ambos bandos se habían cansado ya después de luchar durante más de once años y aún no se decidía el final, mientras que con el pretexto de la lucha cometían gran cantidad de crímenes e injusticias. Los insurgentes, sin embargo, sabían que España no podría resistir por mucho tiempo, ya que sus ejércitos estaban cansados de luchar por casi toda América con el propósito de apagar focos de insurrección.

Muchos españoles sabían que la Independencia era tan sólo una cuestión de tiempo y que era inevitable, además de que entre los criollos había muchos hombres que únicamente esperaban la aparición de un personaje que los ayudara a llevar a buen fin la empresa que habían comenzado años atrás. Además de protegerlos a ellos mismos y a sus intereses, del pueblo sediento de justicia. Este personaje era sin duda, yo mismo, pues sólo yo era capaz de traicionar a los que antes les habían dado todo.

Vicente Guerrero seguía apostado en las montañas del sur del país, y continuaba con sus escaramuzas, manteniendo viva la llama de la Independencia, su padre se había esforzado en hacerlo entrar en razón para que dejara las armas haciéndole ofrecimientos muy tentadores, pero no lo había logrado. Los demás generales de los insurgentes habían desaparecido, **Nicolás Bravo** se había acogido a la amnistía, mientras que **Guadalupe Victoria** vivía escondido en los bosques de Veracruz, alimentándose de lo que podía, mientras esperaba regresar a la actividad militar. El único que seguía luchando era Guerrero, no bajaba la guardia ni se dejaba sobornar, siempre escondido en las montañas.

Mientras tanto, volví a escribir a Guerrero para invitarlo nuevamente a reunirse conmigo, el emisario fue Antonio de Mier y Villagómez, quien regresó con la aceptación del caudillo insurgente. La reunión se llevó a cabo en Acatempan. Finalmente, logré convencerlo y llegar a un acuerdo con él el 24 de febrero de 1821, en la población de Iguala sellado con el llamado abrazo de Acatempan. Puedo asegurar que logré la adhesión del guerrillero insurgente a mi plan y juntos presentamos el llamado *Plan de Iguala*, donde se proclamaban tres garantías: *La independencia de México, la igualdad para españoles y criollos* y por último, *la supremacía de la Iglesia Católica.*

En aquella ocasión, yo hablé primero y me dirigí a Guerrero de la siguiente manera: *Me cuesta trabajo explicar la satisfacción que siento al encontrarme con un hombre que pleno de patriotismo ha logrado defender tan noble causa, y que solo ha logrado sobrevivir a tantos hechos infortunados, manteniendo la ardiente flama de la libertad; reciba entonces, este justo reconocimiento de su valor y virtudes.*

Guerrero por su parte, expresó lo siguiente: *En cambio yo, señor, congratulo a mi patria porque en este día recupera a un vástago, cuyo valor y sabiduría tanto daño le han hecho.*

El *Plan de Iguala* o de las *Tres Garantías*, era un programa político cercano tanto a los tradicionalistas católicos como a los liberales. Para sostener dicho plan, se conformó el llamado Ejército Trigarante que reunía a mis tropas, las de los insurgentes y a las que se irían uniendo poco a poco, la mayoría de las demás guarniciones realistas del territorio nacional. Rápidamente, el Ejército Trigarante pasó a dominar todo el país.

El Plan de Iguala hacía que los mexicanos y españoles respiran un poco de tranquilidad, pero el movimiento se estaba dando a conocer por todo el país como reguero de pólvora, levantando adeptos por doquiera que se conocía: mexicanos, criollos e incluso realistas, lo apoyaban. Las noticias corrían lentamente de Norte a Sur y de Este a Oeste, e incluso llegaron hasta Guatemala, y fueron el detonador para que también ese país iniciara su independencia.

Vicente Guerrero salió para iniciar la defensa del país, al igual que lo hice yo mismo: me dirigí hacia el Bajío atravesando Michoacán, mientras que Bustamante tomó Guanajuato. No obstante, yo me hallaba tranquilo por el desarrollo del plan, y fue hasta el día 28, cuando un regimiento de caballería de España se levantó a favor del *Plan de Iguala* en la ciudad de Jalapa, fue entonces cuando comencé a apreciar las repercusiones de mi movimiento; las deserciones se producían a lo largo y ancho del Territorio Nacional.

Los avances de los insurgentes se estaban realizando sin que nadie pudiera detenerlos: José J. Herrera tomó Orizaba el 29 de marzo, Guadalupe Victoria salió de su escondite para tomar las armas y lanzó una proclama el 20 de abril, Juan Alvarado bloqueó Acapulco, y yo mismo entré en Valladolid el 20 de mayo, López de Santa Anna llegó a Jalapa el 28 de mayo, Pedro C. Negrete a Guadalajara el 13 de junio, Nicolás Bravo a Tlaxcala, el 18 de junio y en Puebla el 17 de julio. Yo entré a Cuernavaca el 23 de junio y el 28 entré en Querétaro, Antonio León en Oaxaca el 30 de julio, y ese mismo día, Don Juan O'Donojú desembarcaba en Veracruz con el nombramiento de Jefe Político y Capitán General, por órdenes del propio rey Fernando VII, que había rehusado el plan. El propósito era que O'Donojú mantuviera el estado actual.

Cuando O'Donojú llegó a México, solamente Veracruz, Acapulco y la capital seguían fieles a España; su primer paso fue escribir a un servidor para solicitarme una audiencia. En la misiva se dirigía a mí como *Su Excelencia* y *Jefe Supremo del Ejército Imperial de las Tres Garantías.* Su carta surtió efecto, ya que acepté reunirme con él en la ciudad de Córdoba, Veracruz.

Pero sus argumentos no fueron aceptados y quedó muy claro que los cambios se debían hacer. La demanda de la independencia había obtenido mucha fuerza y no podía ser revertida. Así que el 24 de agosto de 1821, rodeados de nuestras respectivas escoltas, firmé los Tratados de Córdoba con Juan O'Donojú, Teniente General de los Ejércitos de España, que había sucedido al virrey Apodaca como máxima autoridad española en México. En dichos tratados se reconocía la Independencia de México. O'Donojú no tenía opción: o firmaba el tratado o era hecho prisionero.

Sin embargo, los jefes españoles desconocieron a O'Donojú y dijeron que no poseía facultades para poder firmar un acuerdo con los insurgentes. Esto dio inicio en el interior del régimen español, mientras que en la Ciudad de México se celebraban las festividades de la Virgen de los Remedios y el Señor de Santa Teresa.

El 24 de septiembre, estando yo en Tacubaya, escribí una carta al arzobispo de México en la cual le anunciaba que el día 27 del mismo mes iba a hacer mi entrada triunfal en la capital, procediendo con la instauración de la Junta Legislativa y la Regencia, por lo que se le pidió que en los servicios religiosos de las doce y media de ese día, y en el primero de los dos días siguientes se cantara el *Te deum* en la Catedral.

En medio de populosa algarabía y arcos triunfales, el día 27 fijado el Ejército Trigarante entró en la Ciudad de México. Las casas fueron adornadas con arcos de flores y colgaduras en que se presentaban en diferentes formas los colores trigarantes (verde, blanco y rojo), mismos que también las mujeres llevaban en las cintas y moños de sus vestidos y peinados. Cabe decir aquí que mi imagen había cambiado, ya no era yo aquel coronel de las batallas de antaño, ahora era un caudillo que levantaba multitudes a mi paso.

Una de los cientos de personas que me vieron pasar sobre mi caballo prieto, ricamente enjaezado, dijo que yo lucía aquel día: *arrogante, buen mozo, de porte aristocrático, mago de la sonrisa, ojos de águila, patillas andaluzas de color azafrán*. A mis espaldas, venían los 16 500 hombres de las tropas insurgentes. Apenas un día antes había yo escuchado las salvas que el ejército había disparado para celebrar mi cumpleaños un día antes.

Hubo un banquete de doscientos cubiertos en el antiguo palacio virreinal. En medio de este evento, tomé la palabra y me dirigí a los asistentes con las siguientes palabras: *Ha llegado el momento, ahora ya conocen la manera de ser libres, es su turno de señalar el rumbo para ser felices; y si mis dedicados trabajos a la Patria han de ser dignos de recompensa, concedanme su lealtad y obediencia a las leyes y déjenme regresar con mi familia, y de vez en cuando, recuerden a éste su amigo*.

Me avergüenza un poco contar esto, todo sea por la verdad histórica, pero mientras mi esposa Doña Ana María Josefa de Huarte y Muñiz, se encontraba recluida en un convento en Valladolid donde se había refugiado para escapar de los combates que había por todas las calles de la capital, ordené desviar la fastuosa marcha militar del Ejército Trigarante que se efectuó el 27 de septiembre de 1821, para que pasara frente a la casa de *La Güera Rodríguez* e instantes después entré a su finca con una rosa en mano para luego arrodillarme a sus pies.

Poco después, desde el balcón principal del que sería conocido después como Palacio Nacional, me dirigí al jubiloso pueblo mexicano. Ese mismo día 27 de septiembre, México fue declarado un estado independiente. Hubo entonces muchos mexicanos que al tiempo de la Independencia y en forma de gratitud *a Don Agustín de Iturbide, el libertador de México*, me ofrecieron el trono vacante. Por supuesto, al principio yo me negué a dicho ofrecimiento diciéndoles que aún reconocía al rey Fernando VII, como monarca.

Al día siguiente, una Junta de 38 miembros, presidida por mi persona, proclamó el *Acta de Independencia del Imperio Mexica-*

no y constituyó una Regencia de cinco miembros: Agustín de Iturbide, presidente; y a los señores don Juan O'Donojú, don Manuel de la Bárcena, don Isidro Yáñez y don Manuel Velázquez de León. Esta Junta Provisional Gubernativa me nombró también Generalísimo, con un sueldo de 120 000 pesos anuales; un millón de pesos de capital y veinte leguas cuadradas de terreno en Texas.

Más tarde constituí una Regencia, a la cual dirigí desde entonces, con el tratamiento de Su Alteza Serenísima. Quizá vuelva pecar aquí de inmodestia, pero durante el tiempo que formé parte de la regencia, di muestras de mi talento y de mi energía personal para gobernar al país.

Don Juan O'Donojú falleció el 8 de octubre de 1821 y esto desató una serie de comentarios malintencionados que hablaban de un crimen, pero los médicos que lo atendieron diagnosticaron pleuresía.

El 25 de febrero de 1822 comencé mi actividad en el *Congreso Constituyente del Imperio*, que pronto entró en roces con la Regencia: el Congreso se proclamó único representante de la soberanía de la nación, prohibió los gastos no autorizados por él, y eliminó los empréstitos forzosos.

Pero el 18 de mayo se produjo un motín en el regimiento de Celaya exigiendo nuevamente que fuera yo elegido emperador. Otras unidades de la guarnición de la capital se unieron a la sublevación. En los años siguientes, mis enemigos dijeron que este evento había sido organizado por mí mismo para obtener el trono. De cualquier forma, este era un dato evidente de que los altos comandantes del ejército querían que yo aceptara el trono. Como posteriormente lo hizo la mayor parte de la población en la Ciudad de México y el país entero.

El 18 de mayo de 1822, el sargento Pío Marchá y los soldados del regimiento de Celaya, se lanzaron a la calle y pedían a gritos mi proclamación como emperador de México. Sorprendido por la manifestación cívico-militar que tenía lugar fuera de mi casa y por los gritos de *¡Viva Agustín Primero!* tuve que salir a pedirles calma a mis seguidores.

Algunos días después, ya en la intimidad, en una carta, le confié mis pensamientos a Simón Bolívar, considerándolo el único hombre de América que podía comprenderme y le escribí: *Carezco de la fuerza necesaria para empuñar un cetro; lo repugné, y cedí al fin por evitar males a mi patria, próxima a sucumbir de nuevo, si no a la antigua esclavitud, sí a los males de la anarquía.*

Juro que yo no deseaba ser coronado Emperador, tan es así que había solicitado a España que enviaran a un infante, para que se hiciera cargo del Imperio Mexicano, pero por la presión popular me vi obligado a aceptar.

Durante los preparativos de mi coronación, decidí trasladarme a San Agustín de las Cuevas, para realizar un retiro espiritual, pero mi estancia fue interrumpida por Fray Servando Teresa de Mier, quien sin miramientos ni tratamientos especiales me reprochó que me fuera a coronar emperador.

El 21 de mayo del mismo año, bajo la aprobación del Congreso que votó 67 a favor y 15 en contra, fui coronado Emperador de México, *por la divina providencia y por el congreso de la nación,* con el nombre de Agustín I de México, confiriéndome yo mismo el tratamiento de *Su alteza Serenísima.* Muy pocos monarcas de entonces y de ahora pudieron demostrar la legitimidad de dichas credenciales. El emperador había sido llamado al trono no sólo por elección popular, sino también por el voto democrático del congreso. Al momento de rendir juramento como Emperador, el documento decía lo siguiente:

Agustín, por la Divina Providencia, y por nombramiento del Congreso de representantes de la nación. Emperador de Méjico, juro por Dios y por los santos evangelios que defenderé y conservaré la religión católica, apostólica, romana y no permitiré otra alguna en el Imperio; que guardaré y haré guardar la Constitución, que formaré el Congreso, y entre tanto la española vigente, y asimismo las leyes, órdenes y decretos que ha dado y en lo sucesivo diere el repetido Congreso, no mirando en cuanto se haga sino el bien y provecho de la nación; que no exigiré jamás cantidad alguna de frutos, dinero ni otra cosa, sino las que hubiere decretado el Congreso; que no tomaré jamás las propiedades de nadie, y que respetaré sobre todo la libertad política de la nación y la personal de cada individuo, y si en lo que he jurado o parte de ello hiciere lo contrario, no debo ser obedecido, antes que lo que incumpliere, sea nulo y de carente de valor. Que Dios me ayude y sea mi defensor y si no me lo demande.

Pero las rencillas de los antiguos insurgentes seguían en pie, ya que Doña **Josefa Ortiz de Domínguez**, quien en 1810 ayudara a Hidalgo, se rehusó a formar parte de la casa Real, a la que había sido invitada como Dama de Honor.

Los republicanos, seguros de que no existía ya ni la menor posibilidad de que se pudiera instalar en México un monarca Borbón, estrecharon su contubernio con los borbónicos, los cuales pensaban que la anarquía creciente crearía el clima político adecuado para que los mexicanos reclamaran la vuelta al yugo español.

En mi breve reinado, creé la *Orden de Guadalupe,* para premiar a mis partidarios, misma que se restableció más tarde por Antonio López de Santa Anna y posteriormente se mantuvo por el emperador Maximiliano.

Durante mucho tiempo, hubo quienes pensaron que yo fui el verdadero héroe de la Independencia mexicana y no **Miguel Hidalgo**. Puesto que yo declaré la Independencia de México, pacíficamente. Igualmente, hubo en su momento quien me acusó de ser enemigo de la Independencia por haber combatido a los primeros insurgentes. Nada más falso, puesto que yo, como la mayoría de los criollos, estaba de acuerdo con alcanzarla desde que era coronel realista, aunque eso sí, nunca comulgué con los procedimientos de los primeros insurgentes a los que combatí. Esto explica por qué una gran cantidad de partidarios de la independencia prefirieron apoyar al virrey ante el peligro que suponía para sus vidas y propiedades el paso de la multitud sin cabeza.

Mis detractores olvidan que mi ingenio político-militar que alcancé en cuestión de meses hizo todo aquello que diez años de lucha fratricida y estéril no lograron: el fin del derramamiento de sangre. A mí se debió la anexión de Centroamérica, que pidió su incorporación al imperio mexicano que ese entonces extendió su territorio, desde Oregon y las márgenes del río Mississippi, hasta Panamá.

Las provincias de Centroamérica se habían unido al Imperio desde el 5 de enero de 1822, por lo que durante mi Imperio, la extensión territorial del país fue de 4 871 733 kilómetros cuadrados, abarcando hacia el Sur hasta Costa Rica y hacia el Norte las Californias, Nuevo México y Texas. Sin embargo, el Imperio enfrentaba la oposición republicana y la resistencia de algunas guarniciones españolas.

El enfrentamiento entre mi gobierno y el Congreso, era inevitable. En la sala de sesiones del presidente del Congreso, un hombre de apellido Yañez, me acusó de traidor. Los ánimos comenzaron a encenderse y yo terminé por abandonar encolerizado la sala.

Una conspiración contra el gobierno fue descubierta en agosto de 1822 y el 26 de ese mes apresé y encarcelé a varios diputados implicados. Se corrió la noticia de una conjura contra el Imperio, por lo que inmediatamente se ordenó el arresto de aquellos traidores. Entre ellos se encontraban Don Carlos María Bustamante, Don José del Valle, Don Marcial Zebadúa, Don Francisco Sánchez de Tagle y el padre Fray Servando Teresa de Mier, entre muchos otros.

Este acto era a todas luces una injusticia, por lo que el diputado Valentín Gómez Farías propuso que el Congreso fuera disuelto y publicó un manifiesto, el cual fue aprobado aun contra todas las oposiciones que le hacían frente.

Yo me limité a hacer una declaración en la que afirmaba: *Yo no puedo dejar que la nación se dirija hacia la anarquía y que hombres con poca experiencia y malas intenciones la dirijan al quitarme los medios que necesito para poder gobernar y hacer el bien. El Congreso lleva ya ocho meses de sesiones y hasta ahora no me ha entregado un avance de la Constitución del Imperio, la ley hacendaria o el Ejército; han pasado este tiempo discutiendo sobre asuntos vacuos con la intención de manchar mi imagen pública y hacerme parecer un tirano. La nación está por fin harta y desea una solución.*

Decidí entonces disolver el Congreso y nombré una Junta que actuaba por completo a mi servicio. En contra de estas medidas, el gobernador de Veracruz, Antonio López de Santa Anna, decidió proclamar la República, con el llamado *Plan de Casamata*, e inmediatamente recibió el apoyo de otros generales como Vicente Guerrero, e incluso de las tropas que en principio debían acabar con mi naciente imperio.

Pero las arcas del país seguían vacías, había que tomar medidas para obtener fondos para la manutención del imperio, por lo que se decidió aumentar el impuesto al pulque, además de solicitar un préstamo al extranjero por el monto de 30 millones de pesos. Pero esto fracasó en Londres. La necesidad de dinero en las arcas se había vuelto apremiante y las soluciones que se habían intentado dar al problema no habían funcionado.

Disolví el Congreso el 31 de octubre de 1822, argumentando "incapacidad" del cuerpo legislativo. En su lugar y con apoyo de algunos diputados, como Lorenzo de Zavala, cree una Junta Instituyente encargada de redactar una *Constitución*. En diciembre el general Antonio López de Santa Anna se levantó en armas contra mi Imperio y a favor de la instauración de un gobierno republicano.

Regresé a Jalapa el primero de diciembre de 1822, a mi llegada había nacido ya el príncipe Felipe Andrés María Guadalupe. En la ciudad de México la noticia era ocasión de adular a los Emperadores y así lo confirma la nota que publicó la *Gaceta Extraordinaria del Gobierno Imperial de México*.

Pero no todo iba a ser felicidad con la llegada de este nuevo miembro de la familia imperial, ya que al día siguiente, el 2 de diciembre, el brigadier Antonio López de Santa Anna, quien había estado fraguando su venganza en contra mía, se rebeló contra el Imperio en la ciudad de Veracruz, proclamando la República.

El 6 de diciembre Santa Anna y Guadalupe Victoria proclamaron el *Plan de Veracruz*, exigiendo la reinstalación del Congreso y el 24 de enero de 1823 Vicente Guerrero y Nicolás Bravo se pronunciaron a favor.

La proclama de López de Santa Anna me tenía sin cuidado, de nada servía que el primero hubiera proclamado la República, ya que yo había sido ungido y coronado Emperador, pero por desgracia, no se me había tomado el juramento.

Mientras tanto, yo envié al general Echávarri contra Antonio López de Santa Anna; pero Echávarri proclamó el *Plan de Casamata* el 1 de febrero. Las presiones que recibí por parte de mis opositores políticos en la Ciudad de México me obligaron a reunir al mismo Congreso que había disuelto antes. Me presenté ante los diputados ofreciendo una disculpa por la disolución del Congreso y traté de hacer las paces con ellos.

Posteriormente me trasladé a Tacubaya para poder pensar con claridad cuál iba a ser mi siguiente paso. Debido a tantas presiones, me vi obligado a abdicar, el 19 de marzo de 1823.

El padre Fray Servando Teresa de Mier opinó que yo debía ser ahorcado; el Congreso también anuló los *Tratados de Córdoba* así como el *Plan de Iguala*. Además de que mediante carteles colocados por toda la ciudad se pedía retirar mi efigie de todas partes, aparecieron otros que amenazaban con ser declarados *traidores a la patria*, a quienes me proclamaran Emperador.

Antes de salir del país, con el fin de evitar una guerra civil, decidí exiliarme, reinstalé el Congreso que había yo disuelto. El 22 de marzo abandoné la capital escoltado por Nicolás Bravo y el 11 de mayo me embarqué rumbo a Europa. Permanecí un tiempo en Livorno, Italia, para trasladarme luego a Londres.

A pesar de mi renuncia y salida, la situación en México empeoró en lugar de mejorar, entonces vi que mi sacrificio había sido en vano y llegaron rumores asegurando que Fernando VII, había restablecido en España el régimen absolutista y proyectaba la reconquista de México. Además, si Francia no podía apoyar a Fernando VII como lo había prometido, no faltaría quien se quisiera asociar con él en esa empresa, en pocas palabras, México resultaba un jugoso botín.

Reportes provenientes de México indicaban que el país estaba cayendo en la anarquía y que la población, la Iglesia y el Ejército seguían detrás del emperador y vieron en él a la única persona capaz de traer paz y orden al México independiente. Tales noticias suponían, sin embargo, un grave riesgo para mis enemigos, todos aquellos que habían luchado por hacerme caer, ahora redoblaban sus esfuerzos para anular todo el trabajo que mis partidarios hacían por traerme de vuelta.

Para el 28 de abril de 1823, el gobierno mexicano lanzó un decreto que decía:

1. Se declara traidor y fuera de la ley a Don Agustín de Iturbide, siempre que se presente en algún punto de nuestro territorio bajo cualquier título. Si este fuere el caso, queda por el mismo declarado enemigo público del Estado.
2. Se declaran traidores a la Federación, y serán juzgados conforme a la ley del 27 de septiembre de 1823, todo aquel que por escritos encomiásticos o de cualquier otro modo, coopere a favorecer su regreso a la República Mexicana.

Yo ya había planeado mi regreso sin saber que este decreto me ponía como un criminal. Un traidor a la patria que yo había ayudado a libertar. En el exilio, publiqué mis memorias, en Inglaterra, adonde llegaban miles de cartas de México.

Los partidarios de mi Imperio no desistieron y pedían mi regreso. Sin dudarlo un instante, decidí regresar y ofrecer mi espada para defender a mi país. Mi intención era retomar el trono que me había sido arrebatado, consideraba que era mi obligación salvar al país de las manos de los irresponsables que lo habían hecho pedazos.

Mi única intención es contribuir a la consolidación de un gobierno que en realidad haga feliz a la gente y que México ocupe el lugar que merece entre las demás naciones. No voy a buscar un trono que en verdad me desagrada, sino a mediar entre los partidos para lograr la unidad nacional y la paz.

Salí de Londres sin hacerme notar. No me convenía que alguien se enterara de mi partida, pues podían alertar al gobierno mexicano. Un año después de haberme ido, el 11 de mayo de 1824, navegué de Southampton a bordo del barco *Spring* rumbo a México. No llevaba hombres armados y sólo me acompañaba mi familia.

Desembarqué el 14 de julio en Soto la Marina. Espías en Inglaterra habían traído las noticias de mi llegada a Antonio López de Santa Anna. El nuevo gobernador y comandante de las provincias interiores, Felipe Garza, estaba esperando por mí para arrestarme. Fui aprehendido ante mi sorpresa y conducido a Padilla, Tamaulipas. Ignoraba que el congreso había expedido un decreto hecho público el 7 de mayo, por el cual se me consideraba fuera de la ley y ordenaba que en caso de presentarme en México, se me ajusticiara sin contemplaciones.

Estaba yo resguardado en una habitación que daba a la plaza de Padilla, afuera de la misma, 20 soldados me custodiaban; eran las dos de la tarde con cuarenta y cinco minutos, cuando me notificaron que habría yo de morir tres horas más tarde. Cuando llegó la hora, me levanté y yo mismo grité a los soldados que ya había llegado el momento.

Caminé, digno hasta el lugar de la ejecución. Al sacerdote que me confortaba le entregué, para que lo hiciese llegar a manos de mi esposa, mi rosario, mi reloj y una carta. Me quedaban en los bolsillos tres onzas de oro y quise que las repartieran entre los soldados que iban a dispararme.

De pie, cara a la muerte, hablé a la multitud atónita y conmovida que contemplaba la escena. Antes de morir quiero decir que no he sido un traidor a México, a quien he dado su Independencia.

Sus últimas palabras fueron *"Mexicanos, ¡muero con honor por haber venido a ayudaros y gustoso porque muero entre vosotros!"*.

Una vez hecho esto, se arrodilló y besó el crucifijo que se le presentó y fue el mismo Castillo quien dio el grito de ¡Fuego! Recibió las balas en la cabeza y en el pecho, cayendo de bruces sobre el piso de la plaza.

La pena se cumplió en Padilla, Tamaulipas, el 19 de julio de 1824. Iturbide fue fusilado a la edad de cuarenta y un años. Su cuerpo quedó en el suelo, bañado en sangre, durante largo rato. Sus restos fueron enterrados en un hoyo frente a la iglesia del pueblo, en la misma población de Padilla.

Al conocerse su muerte, se produjo una gran conmoción y México nunca volvió a ser el mismo. Acerca de este hecho, Manuel Payno afirmó que *La muerte de Iturbide es una de las manchas más vergonzosas de nuestra historia. El pueblo que pone las manos sobre la cabeza de su Libertador es tan culpable como el hijo que atenta contra la vida de su padre.*

¡Qué aberración tan monstruosa, sólo vista en México –dice Alfonso Junco– loar la libertad y maldecir al libertador, glorificar la obra y desdeñar al obrero, tomar el don y escarnecer al que lo da!

En 1832, el general Mier y Terán se suicidó. Se había arrojado sobre su espada justo frente a la tumba de Iturbide, estaba decepcionado por el fracaso de sus ambiciones de asumir la presidencia de la República.

En 1838, bajo la presidencia de Anastasio Bustamante, se trasladaron a la Ciudad de México y se inhumaron sus restos con honores y gran pompa en la Capilla de San Felipe de Jesús en la Catedral Metropolitana, donde permanecen hasta ahora, exhibidos en una urna de cristal. El epitafio dice lo siguiente:

**AGUSTÍN DE ITURBIDE
AUTOR DE LA INDEPENDENCIA
MEXICANA, COMPATRIOTA. LLÓRALO.
PASAJERO, ADMÍRALO.
ESTE MONUMENTO GUARDA LAS CENIZAS DE UN HÉROE. SU ALMA DESCANSA
EN EL SENO DE DIOS.**

Su nombre se inscribió más tarde, con letras de oro, en la Cámara de Diputados de la Unión; fue retirado después, a iniciativa de Antonio Díaz Soto y Gama.

Su nombre, asociado con la bandera nacional, se conservó durante mucho tiempo en una estrofa de la letra original del Himno Nacional de México (1854), que fue suprimida en 1943:

Si a la lid contra hueste enemiga
nos convoca la trompa guerrera,
de Iturbide la sacra bandera
¡Mexicanos! valientes seguid
y a los fieros bridones les sirvan
las vencidas enseñas de alfombra;
los laureles del triunfo den sombra
a la frente del bravo adalid.

Después de la ejecución del Emperador, su familia huyó al extranjero y vivió en los Estados Unidos cuatro décadas casi en el anonimato. La ex Emperatriz Doña Ana María Huarte-Muñiz y Carrillo de Figueroa, nieta del Marqués de Altamira, falleció en los Estados Unidos, donde varios de sus hijos contrajeron matrimonio.

El hijo mayor, Agustín Jerónimo de Iturbide, murió soltero en 1866. El hermano de éste, Ángel de Iturbide, que casó con la estadounidense Alicia Green, murió en la Ciudad de México el 18 de julio de 1872. Su hijo único, Agustín de Iturbide y Green, nacido en Washington, DC en 1863, fue adoptado por Maximiliano I como heredero del trono, y fue expulsado de México por Porfirio Díaz. Murió en los Estados Unidos en 1925, sin haber tenido descendencia de su matrimonio con Luisa Kearney. Otro nieto, Salvador de Iturbide y Marzán (m. 1895), recibió también el título de Príncipe durante el reinado de Maximiliano I; contrajo nupcias en 1871 con la baronesa Gizella María Terezia Mikos de Tarrodháza. De esa unión nació María Josefa de Iturbide y Mikos de Tarrodháza, quien hereda el título de Príncipe Iturbide y la jefatura de la casa real de la dinastía Iturbide, a su nieto Maximiliano von Gotzen Iturbide.

Iturbide es una gloria de México. Su genio militar, su visión política, su gobierno magnánimo, su abdicación gloriosa, su decencia personal, su amor al pueblo y el amor de su pueblo, lo colocan entre las figuras universales de la Historia.

Hoy, a doscientos años del inicio de la Independencia, resuenan sus palabras: *Cuando instruyáis a vuestros hijos en la historia de la patria, inspiradles amor por el jefe del ejército trigarante (...) quien empleó el mejor tiempo de su vida para que fueseis dichosos.*

Ignacio López Rayón

D on Ignacio López Rayón nació en el poblado de Tlalpujahua, perteneciente a Michoacán, en el año de
1773. Su padre fue don Andrés López Rayón y su madre doña
Rafaela López Aguado de Rayón, parientes entre sí. Ignacio fue
uno de los cinco hijos que ella tuvo, los cuales todos participaron en la lucha por la Independencia de México.

En el año de 1786, cuando contaba con 13 años de edad,
ingresó al Colegio de San Nicolás, de la ciudad de Valladolid.
En esta institución realizó sus estudios de bachiller. De este
lugar, se dirigió al Antiguo Colegio de San Ildefonso, en la Ciudad de México, para estudiar la carrera de jurisprudencia, de
la que se graduó en el año de 1796. Obtuvo buenas calificacio-
nes, que demuestran su aplicación al estudio.

Al poco tiempo, Ignacio López Rayón recibió la noticia de
que su padre había fallecido y se vio en la necesidad de regresar

a su pueblo natal para dedicarse a las actividades relacionadas con la agricultura y la minería. Solicitó, además, la agencia de correos del pueblo, misma que le fue concedida.

En esta época frecuentó a sus antiguos compañeros de escuela con quienes fortaleció su relación amistosa. Tal es el caso de los hermanos Ignacio y Juan Aldama Rivadeneyra y de José María Chico. Estos últimos pertenecían a un grupo que manifestaba un gran interés por las ideas independentistas, al cual se incorporó Ignacio.

En el año de 1810, a pesar de que hacía pocos meses había contraído matrimonio con doña María Ana Martínez de Rulfo, el interés que Ignacio López Rayón tenía por el movimiento insurgente creció a tal grado, que poco después de que el día 16 de septiembre de 1810 se proclamara la lucha por la Independencia de México, en el pueblo de Dolores, fue uno de los primeros en incorporarse a las fuerzas del cura don **Miguel Hidalgo y Costilla.**

Ingresó a formar parte de las filas insurgentes en el poblado de Maravatío, en Michoacán, cuando el jefe militar don **Ignacio Allende,** uno de los principales líderes de la causa, pasó junto con su recién formado ejército por ese lugar. Aprovechó asimismo la oportunidad para convencer a sus hermanos que se incorporaran a la lucha independiente, situación que ellos aceptaron sin ninguna objeción.

Una de las primeras acciones que realizó dentro del ejército del cura Hidalgo, fue la de formular un plan para evitar que se desaprovecharan los recursos económicos obtenidos a favor del movimiento insurgente. Don Miguel Hidalgo lo nombró su secretario.

A pesar de que las fuerzas insurgentes contaban con muy pocos elementos de guerra y que no había una buena disciplina militar, Ignacio López Rayón acompañó a los caudillos en la ocupación de los poblados cercanos.

Participó en la toma de la ciudad de Valladolid, Valle de Santiago, Salvatierra, Zinapécuaro, Indaparapeo, Acámbaro y Toluca. De ahí todo el ejército siguió avanzando hasta aproximarse a la Ciudad de México. Por su parte, el virrey Venegas nombró al teniente coronel Torcuato Trujillo para defenderlas.

El teniente general Ignacio Allende concibió un plan para emprender una batalla en el Monte de las Cruces, donde se logró el triunfo ante los soldados realistas, antes de que fueran cortados los puentes sobre el río Lerma. En esta acción también colaboró López Rayón.

Entre el cura don Miguel Hidalgo y el teniente general Allende, comenzaron a haber, casi desde un principio, grandes diferencias que marcaron el rumbo del primer movimiento de Independencia armado.

Cuando este último propuso avanzar hacia la Ciudad de México, situación que provocaría la captura del virrey o tal vez su huida por lo que se derrotaría al gobierno virreinal, Miguel Hidalgo no estuvo de acuerdo con esta estrategia. Quizá consideró que el ejército español no estaba totalmente derrotado o tal vez quiso evitar otro derramamiento de sangre y saqueo, como el que sucedió durante la toma de la ciudad de Guanajuato.

Por estas dificultades y luego de una ardua discusión, Hidalgo y Allende decidieron dividir el ejército insurgente: el primero, marcharía hacia la ciudad de Guadalajara, mientras que el segundo lo haría a la ciudad de Guanajuato. Por su parte, Ignacio López Rayón, eligió seguir al ejército de Miguel Hidalgo.

En Guadalajara, fue nombrado secretario de Estado y de Despacho, que equivalía al de Ministro universal, en el gobierno que el propio Hidalgo formó en esta ciudad. Por este tiempo, publicó los decretos que suprimían la esclavitud y los impuestos. Asimismo, López Rayón propuso el establecimiento de una junta directora.

Por otra parte, promovió en la misma ciudad, la publicación del periódico *El Despertador Americano*, uno de los principales órganos que servía de medio para difundir las ideas sobre la Independencia, en todas las regiones del país. Encomendó esta tarea a don Francisco Severo Maldonado.

Para negociar una alianza ofensiva y defensiva, además de fijar tratados de libre comercio, así como de adquirir pertrechos de guerra, Ignacio López Rayón envió a don Pascasio Ortiz de Letona a los Estados Unidos de América. Asimismo buscó organizar y dar disciplina al ejército insurgente, idea que compartía con Ignacio Allende, y ordenar y supervisar la adquisición de armamento.

El ejército insurgente que se había dirigido a Guanajuato, abandonó la ciudad antes de recibir una dura derrota, porque las fuerzas realistas bajo las órdenes del brigadier Félix María Calleja, estaban muy bien disciplinadas y pertrechadas. El general Allende se unió a Miguel Hidalgo camino a Guadalajara donde supieron que los perseguía el brigadier español.

Ante los constantes desacuerdos de los dos principales dirigentes del movimiento, para realizar la batalla en el Puente de Calderón, en la que el ejército insurgente fue derrotado y tuvo considerables bajas, los oficiales muy molestos solicitaron la renuncia del cura don Miguel Hidalgo a la dirección del movimiento. El mando lo ocupó el general Ignacio Allende.

Durante los últimos enfrentamientos de las fuerzas insurgentes, Ignacio López Rayón logró salvar 300 mil pesos de los recursos económicos con los que contaban.

Después de la última derrota, los dirigentes del movimiento huyeron con su ejército para la hacienda de Pabellón, en Zacatecas. Hasta ese lugar llevaron el tesoro insurgente, que fue custodiado por el general Allende.

El 16 de marzo de 1811, el jefe del ejército dio la orden de marchar hacia la ciudad de Saltillo, que era el único punto que consideraba seguro, para de ahí partir hacia los Estados Unidos de América, con el propósito de conseguir apoyo y armas, necesarios para continuar la campaña. En esta ciudad, Ignacio López Rayón fue nombrado comandante de las tropas insurgentes, para dirigirlas previendo futuros acontecimientos. El general Ignacio Allende le dio diversas instrucciones para continuar con la guerra.

El día 21 de marzo de 1811, cuando el grueso del ejército independiente se dirigía hacia Coahuila, los jefes insurgentes esperaban ser recibidos amistosamente por don Ignacio Elizondo, simpatizante del movimiento, en un punto llamado Acatita de Baján, en las cercanías del poblado de Monclova. Nunca esperaron que éste los fueran a traicionar, porque estaba resentido con Allende por no haberle otorgado el nombramiento de teniente general.

Ajenos a la trampa preparada, fueron víctimas de una emboscada por los soldados realistas, quienes los obligaron a rendirse. En la última parte del contingente, viajaba el general Ignacio Allende, acompañado de su joven hijo Indalecio. Cuando se dio cuenta de la traición quiso matar a Ignacio Elizondo quien salió ileso y ordenó a toda la tropa abrir el fuego.

En esos trágicos momentos, resultó muerto el joven y al general Allende lo tomaron prisionero y lo llevaron a la ciudad de Chihuahua. Luego de un breve juicio, lo condenaron a muerte, así como a los jefes militares Juan Aldama, Mariano Jiménez y Manuel Santamaría. Los fusilaron el día 26 de junio de 1811. Un mes después el cura don Miguel Hidalgo y Costilla también sería condenado a muerte y fusilado.

A pesar de esa difícil situación, Ignacio López Rayón quien afortunadamente se había quedado en la ciudad de Saltillo, tomó la decisión de conducir a su ejército hasta Zacatecas. Lo acompañaban el mariscal Juan Pablo Anaya, el mariscal Víctor Rosales y sus hermanos Francisco y José María. En esta ciudad, realizó una de las más grandes hazañas de la lucha independiente, pues el día 15 de abril de 1811, entró con su ejército en forma muy ordenada y él mismo convocó una reunión con los principales habitantes del lugar, para darles a conocer los propósitos de su ejército. Nombró una junta de gobierno integrada por los mismos habitantes. No hubo ningún incidente ni desorden.

En este tiempo aumentó sus tropas y se hizo de recursos, sabiendo que el ejército realista se disponía a atacarlo. Una vez concluida esta tarea, decidió dirigirse a Michoacán, cuyo territorio conocía perfectamente.

Posteriormente, a mediados del año de 1811, salió de Zacatecas. En el rancho del Maguey fue alcanzado por el realista Emparán que no consiguió derrotarlo totalmente. De ahí llegó al poblado de la Piedad, donde se encontró casi sin ejército, pues sus subalternos lo habían fraccionado.

Ignacio López Rayón se dirigió después a Zitácuaro, en Michoacán. En esa ciudad, se atrincheró con su ejército y pese a los frecuentes intentos de los realistas por derrotarlo, se defendió lo mejor que pudo.

En el mes de agosto de ese mismo año, organizó en Zitácuaro la *Suprema Junta Nacional Americana*, primer órgano de gobierno insurgente, que tanto temor causó a los españoles. En ella, él figuró como presidente, con José María Liceaga y José Sixto Verduzco como vocales. En este periodo, expidió leyes, proclamas y reglamentos, mismos que se imprimían en una pequeña imprenta de tipos de madera, que posteriormente cambió por otra más eficiente y más grande.

Después de la creación de la Junta, surgió una fundación secreta llamada *Los Guadalupes*. Este nombre representaba una señal patriótica y nacionalista, en torno a la patrona de los insurgentes y madre de todos los mexicanos, la Santísima Virgen de Guadalupe.

La organización la formaban muchos partidarios de la Independencia, los cuales estaban por todo el país, algunas veces disfrazados, escuchando o leyendo las órdenes más secretas. Estaban en todas partes y se ocultaban para no ser identificados. Una de las personas que sirvió de espía y que integraba esta sociedad, fue doña **Leona Vicario**. Ella informaba, por medio de cartas, acerca de los movimientos políticos y militares que observaba en la capital del virreinato. Sus notificaciones ayudaron en gran medida a las acciones militares de los insurgentes.

A la Junta que recientemente había organizado, se unieron para formar parte de ella, don José María Cos –quien muy pronto se convertiría en un fiel colaborador de López Rayón–, don Carlos María de Bustamante, don **Andrés Quintana Roo** y su esposa doña Leona Vicario.

Fue entonces cuando Ignacio López Rayón puso los principios de la estructura legal de un nuevo Estado, en un documento llamado *Elementos de nuestra Constitución*. En él se reconocieron por primera vez las garantías básicas que conforman la soberanía de la nación, como la libertad, la igualdad y la seguridad. Así como la libertad de imprenta y el derecho al trabajo.

Con el fin de extender el movimiento insurgente por todo el país, tal como lo había instruido Ignacio Allende, Ignacio López Rayón mantenía comunicación, ya sea por carta o por medio de representantes en lugares alejados de Zitácuaro, con don **José María Morelos y Pavón**, caudillo de la región del Sur. Igualmente, tenía contacto con otros jefes insurgentes de otras zonas del país. Todos ellos coincidían con la idea de construir la nación mexicana

A pesar de no existir una verdadera amistad entre el general López Rayón y el caudillo Morelos, éste último aceptó su invitación para formar parte de la *Suprema Junta Nacional Americana*.

El 1º de enero del año 1812, un ejército realista formado por cinco mil elementos y fuertemente pertrechado, bajo las órdenes del comandante Félix María Calleja, se presentó frente a la ciudad de Zitácuaro. Los soldados insurgentes dieron una muy dura batalla para resistir, pero los españoles los superaban en número y el comandante López Rayón ordenó a su ejército que abandonaran la ciudad en manos realistas, el 2 de enero de 1812. El ambicioso general Calleja, incendió la plaza y mandó fusilar a todos los insurgentes que pudo capturar. Los demás, se refugiaron en el poblado de Tlalchapa y después en el de Sultepec.

Ignacio López Rayón partió con su menguado ejército hacia la ciudad de Toluca. Si bien no ayudaba directamente al general Morelos y Pavón, sitiado en esos momentos en la ciudad de

Cuautla, sí distraía a las tropas realistas que intentaban dirigirse a ese lugar. De ahí se encaminó al poblado de Lerma y poco después estableció su cuartel en el Campo del Gallo, cerca de Tlalpujahua, su pueblo natal.

Por estas fechas el licenciado Andrés Quintana Roo, quien por ese tiempo contaba con 25 años de edad, decidió unirse a las fuerzas insurgentes por lo que dejó la Ciudad de México, para trasladarse hasta donde se encontraba el comandante López Rayón, y ponerse bajo sus órdenes.

Por su parte, el general don José María Morelos y Pavón instauró un Congreso en la ciudad de Chilpancingo, donde se estableció la creación del Estado Mexicano y la elaboración de una Constitución. Este hecho se llevó a cabo el día 13 de septiembre de 1813. Gran parte de los grandes hombres que formaban la lucha insurgente integraron el *Congreso de Chilpancingo*.

El Congreso lo integraron los diputados electos: don José Sixto Verduzco por Michoacán, don José María Murguía por Oaxaca, don Andrés Quintana Roo por Puebla y don José Manuel de Herrera por Tecpan. Los demás diputados, don Carlos María de Bustamante por México, don José María Cos por Veracruz, don José María Liceaga por Guanajuato y don Ignacio López Rayón por Guadalajara, llegaron las siguientes semanas.

El 6 de noviembre de 1813, la Asamblea proclamó el *Acta de Independencia de México*. Firmaron el acta Andrés Quintana Roo como vicepresidente; el licenciado Cornelio Ortiz de Zárate, como secretario, y los señores Carlos María de Bustamante, José Sixto Verduzco y José María Liceaga.

Las aportaciones de muchos letrados criollos que se habían unido al movimiento, permitieron una idea distinta que modificaría el rumbo político y el espíritu de los insurgentes. Como era de esperarse, esto trajo polémica entre el comandante Ignacio López Rayón y el caudillo Morelos y Pavón, que aunque duró por mucho tiempo no obstaculizó la idea de que el gobierno pasara de los europeos a los americanos.

Este nuevo panorama político de la insurgencia, que tomaría fuerza con la creación del Congreso, estaría manifiesto en un documento conocido con el nombre de *Sentimientos de la Nación* firmado por el general José María Morelos y Pavón en la ciudad de Chilpancingo.

Los postulados de este documento fueron retomados y estipulados en forma oficial, en el *Acta Solemne de la Declaración de Independencia de la América Septentrional* y más adelante en la *Constitución de Apatzingán.*

Para el año de 1814, Ignacio López Rayón se encargó de la administración del gobierno de Oaxaca, pero ante el avance de las tropas virreinales, tuvo que salir del estado, junto con su hermano Ramón –quien siempre lo acompañó en sus campañas–, el 14 de abril de ese mismo año.

Tomó el camino de Tehuacán, las Villas y Zacatlán, donde sufrió una derrota completa y estuvo cerca de ser capturado por el jefe realista Águila. Se dirigió al cerro del Cóporo, en Michoacán, convertido en una poderosa fortaleza. En este sitio resistió el asedio que hacía el ejército realista, entre ellos los generales **Agustín de Iturbide** y Ciriaco del Llano, hasta el año de 1816.

El general Ignacio López Rayón tuvo una estrecha relación con los esposos Quintana Roo, a tal grado que cuando doña Leona Vicario tuvo a su primera hija, dentro de una cueva de una montaña cercana al poblado de Achipixtla, porque estaban huyendo, eligió al general como padrino de bautizo, en enero de 1817.

En ese mismo mes, el día 7, el general López Rayón se reveló contra la *Junta de Jaujilla* que no aceptó reconocerlo como Jefe Supremo de los Ejércitos Insurgentes. Fue así como la *Junta de Uruapan*, que quiso acabar con sus pretensiones, envió al comandante Nicolás Bravo a perseguirlo y poco después lo hizo prisionero. Lo llevó hasta el poblado de Patambo.

A los pocos meses de encontrarse en prisión, lo capturaron las fuerzas realistas el día 10 de diciembre de 1817, las cuales lo enviaron rumbo a la Ciudad de México, donde se le instruyó el proceso correspondiente y se le sentenció a muerte. Se pospuso la ejecución y permaneció preso del año de 1818 al de 1820, en que el día 15 de noviembre, fue liberado junto con otros presos políticos. Se fue a vivir a Tacuba.

Un año más tarde, Ignacio López Rayón se incorporó al llamado *Plan de Iguala*, o de las *Tres Garantías*, que fue presentado por los generales Agustín de Iturbide y **Vicente Guerrero**.

Dicho plan era un programa político cercano tanto a los tradicionalistas católicos como a los liberales. En él se proclamaban tres garantías: *La Independencia de México, la igualdad para españoles y criollos* y por último, *la supremacía de la Iglesia Católica*.

Para sostener el *Plan de Iguala*, se conformó el llamado Ejército Trigarante que reunía las tropas del general Guerrero, las de los realistas y a las que se irían integrando poco a poco, la mayoría de las demás guarniciones realistas del país. Muy pronto este ejército pasó a dominar todo el país.

Consumada la Independencia, en septiembre de 1821, muchos hombres importantes solicitaron que el general Agustín de Iturbide fuera elegido emperador de México. Finalmente lograron que el 22 de julio de 1822, le dieran ese cargo, con el nombre de Agustín I.

Gran parte de los generales insurgentes se opusieron a este nombramiento e iniciaron un complot para derrocarlo. Incluso el general Vicente Guerrero a quien Iturbide le había otorgado el grado de Gran Cruz de la Orden de Guadalupe y general del Ejército Imperial, lo desconoció como emperador.

A finales del año de 1822, el general don Antonio López de Santa Anna se enfrentó con Iturbide y proclamó la República. En diciembre de ese año, dictó el *Plan de Casamata*, en el que pedía la reinstalación del Congreso Constituyente que había disuelto el nuevo emperador.

El día 31 de marzo de 1823, se formó el llamado *Supremo Poder Ejecutivo*, un gobierno provisional, por la transición entre el imperio y la República, donde se eligieron a los jefes militares Nicolás Bravo, Pedro Celestino Negrete y **Guadalupe Victoria**, para estar al frente.

Ese mismo año, el general Ignacio López Rayón alcanzó el grado de divisionario y primero lo nombraron Tesorero y poco tiempo después, Intendente de la provincia de San Luis Potosí. Asimismo le dieron el cargo de Diputado en el Congreso Constituyente, de 1823 a 1824.

En reconocimiento a las aportaciones hechas al movimiento de Independencia, el 19 de julio de 1824, el Congreso envió un decreto en el que declaraba beneméritos de la patria en grado heroico a don Miguel Hidalgo, don Ignacio Allende, don Juan Ignacio Aldama, don José María Morelos y Pavón, don Mariano Abasolo, don Mariano Jiménez, don Mariano Matamoros, don Leonardo y don Miguel Bravo, don Hermenegildo Galeana, don **Francisco Javier Mina**, don Pedro Moreno y don Víctor Rosales.

Después, el 25 de agosto de ese mismo año, en un decreto posterior, se agregaron también como beneméritos los nombres de don Miguel Barragán, don Miguel Ramos Arizpe, don Ignacio López Rayón, don Vicente Guerrero y don Guadalupe Victoria.

El 4 de octubre de 1824, el Congreso proclamó la *Constitución* y el día 10 de ese mismo mes, Guadalupe Victoria asumió el cargo de primer Presidente de los Estados Unidos Mexicanos y Nicolás Bravo el de vicepresidente.

En el año de 1825, Ignacio López Rayón fue nombrado Comandante Militar del estado de Jalisco y después Magistrado del Supremo Tribunal de Guerra.

En el año de 1829, participó en el levantamiento de Vicente Guerrero, a quien habían nombrado Presidente de la República, pese a las protestas de muchos jefes y soldados insurgentes.

Don Ignacio López Rayón, murió el día 2 de febrero de 1832, en la Ciudad de México cuando contaba con 59 años de edad.

Mariano Matamoros

Es mi deber de amigo, dejar constancia sobre uno de los grandes hombres que ayudaron a lograr la libertad de México.

Según el mismo Mariano me contó, nació en la Ciudad de México, en la esquina de las calles Real de Santa Ana y de La Viña, el 14 de agosto de 1770. Sus padres fueron don José Mariano Matamoros Galindo y doña María Ana Guridi González.

Fue bautizado al día siguiente de nacido en la Parroquia de Santa Catarina Virgen y Mártir de México por el cura Francisco Javier Bedoya, quien fue el que le impuso el nombre de Mariano Antonio.

Además de él, sus padres tuvieron muchos hijos: doña Micaela Inés, don José Tomás, doña María Dolores Procopia, doña María Dolores Nemesia, don Rafael Antonio, doña María Josefa Vicenta, don José Nicolás Agustín, doña Juana Ignacia, doña

Ana Clara Ignacia, don Francisco Antonio y doña María Manuela Dolores Matamoros Guridi.

Me contó que su primera infancia la pasó en Ixtacuixtla, Tlaxcala, a donde habían mandado a trabajar a su padre. Después de algunos años regresaron a la Ciudad de México en donde inició sus primeros estudios en 1779 en la Escuela Franciscana de Primeras Letras, en el antiguo Colegio de Santa Cruz de Tlatelolco. Fue ahí donde lo conocí, porque mis padres me inscribieron en la misma escuela. Teníamos los mismos intereses y nos hicimos grandes amigos y nuestras familias también. Estuvimos ahí hasta 1782.

Después, en 1784 iniciamos nuestros estudios en el Real Seminario de Tepotzotlán, donde cursamos las Cátedras de Latín, Moral, Lengua Mexicana e Historia Eclesiástica. Ya en la Ciudad de México, obtuvimos el grado de bachiller en Artes, el día 26 de agosto de 1786, en la Real y Pontificia Universidad de México. Tres años después, el grado de bachiller en Teología, el 26 de octubre de 1789.

Mariano tenía un gran interés por continuar estudiando y decidió ingresar en el Seminario Conciliar de México, en el año de 1790, donde cursó los estudios de Filosofía y Teología. Yo no seguí sus pasos pero en todo este tiempo estuve en estrecha comunicación con él, primero por carta y después personalmente cuando nos reunimos para participar en el movimiento insurgente.

Por medio de sus cartas supe que el doctor don Alonso Núñez de Haro y Peralta, Arzobispo de México, le confirió el Subdiaconato, el 21 de septiembre de 1792, en el templo del Convento de Regina Coeli. Tres años más tarde, el mismo Arzobispo en la misma iglesia le confiere el Diaconato, el 19 de septiembre de 1795. Su primera misa la ofició en la parroquia de Santa Ana.

Después de ese tuvo varios nombramientos, entre otros, el de teniente de cura de la parroquia de San Bartolomé Apóstol en Tepetatitlán, el 16 de marzo de 1797. Teniente de cura de la parroquia de Nuestra Señora de La Asunción en Real de Minas de Pachuca. Vicario fijo del templo de la Purísima Concepción de Bucareli, en la Antigua Misión de la Sierra Gorda de Querétaro de 1803 a 1807.

Estuvo de cura interino de la parroquia de San Pedro Jantetelco en Jonacatepec, en los años 1807 a 1811. Durante este tiempo comenzamos a intercambiar inquietudes por las ideas liberales de los criollos.

Como a las autoridades eclesiásticas les preocupaba el auge que estaba tomando la insurrección, el Canónico Magistral y Presidente del Cabildo Metropolitano, le pidió a mi amigo Mariano Matamoros, como a todos los canónigos del país, que exhortara a sus feligreses para que no se dejaran sorprender por los rebeldes. Sin embargo, mi amigo ya tenía bien definida su posición y sus ideales.

Para no dejar sola a su comunidad, en diciembre Mariano solicitó al Gobierno Eclesiástico un permiso para abandonar la parroquia de Jantetelco y así poder unirse al movimiento insurgente, pero no faltó quien lo denunciara ante las autoridades virreinales y tuvo que huir del pueblo.

El caudillo insurgente don **José María Morelos y Pavón** había entrado al poblado de Izúcar, el 10 de diciembre de 1811, para defender la plaza, pues este lugar era un punto estratégico para la lucha de la Independencia. Don Mariano Matamoros llegó por vez primera a este lugar seis días después y de inmediato se puso bajo las órdenes del general Morelos.

Desde el primer momento, el caudillo insurgente se sorprendió del carisma que tenía don Mariano Matamoros con la gente y de la facilidad que tenía de ganar adeptos para la causa, pues el mismo día que se unió al general Morelos, celebraron una misa en el templo de Santo Domingo de Guzmán y desde el púlpito, los dos curas persuadieron a la gente para que lucharan por la Independencia de México.

Al día siguiente de su llegada a Izúcar, hizo su aparición el coronel realista don Miguel Soto Macedo. Un espía insurgente comunicó a los jefes que el coronel envió a su teniente Pedro Micheo para que con algunos soldados ocupara el cerro de El

Calvario. De esta forma, atacarían por la derecha y por el centro. Los dos entraron con facilidad por las calles del pueblo pero cuando estuvieron en la plaza principal, en las entradas estaba parapetada la gente con piedras, palos, fusilería y artillería.

Se inició una impresionante lucha. Los españoles estaban desconcertados y más cuando también desde las azoteas salió una multitud atacando con flechas, piedras, ondas y por supuesto, fusiles.

Estuvieron luchando poco más de cinco horas y los insurgentes hicieron retroceder a las tropas realistas. Mariano me contó que el coronel Soto Macedo recibió una bala en la cabeza y otra en el vientre y como sus heridas eran mortales, tuvo que dejarle el mando al capitán don Mariano Ortiz, quien de inmediato ordenó la retirada de sus tropas.

Con grandes dificultades los realistas llegaron al poblado de La Galarza, donde los sorprendió la noche. Entonces los soldados insurgentes aprovecharon para atacarlos por la retaguardia tomándolos por sorpresa. Los soldados españoles huyeron en desbandada sin escuchar a sus superiores hacia el pueblo de Atlixco. Por el miedo y la desesperación, olvidaron un obús, armas de fuego y un cañón. Fue un buen botín.

Fue así como transcurrió la primera batalla en la que participó mi amigo don Mariano Matamoros y la primera muestra del valor y entrega a la causa que dio a don José María Morelos y Pavón.

Tres días después de esta batalla. El general Morelos abandonó Izúcar dejando una guarnición de 200 hombres bajo las órdenes de don Vicente Sánchez. Por recomendación del caudillo Morelos, Mariano Matamoros envió una carta a su vicario Matías Zavala y a don José Perdíz en Jantetelco para que prepararan a la gente a luchar por el movimiento insurgente en la región. En el camino de Izúcar a Cuautla, el cura Matamoros se separó del caudillo para reclutar directamente a la gente en Jantetelco.

Yo también recibí una misiva de mi amigo Mariano invitándome a que me integrara a su ejército. Por supuesto que acepté de inmediato y antes de que le llegara mi respuesta, me uní a su tropa junto con otros compañeros que compartían nuestros ideales. Nuevamente estábamos juntos.

El 17 de enero de 1812, el caudillo Morelos inició una lucha en Tecualoya y cinco días después en Tenancingo donde triunfó en los dos lugares. El general Morelos decidió regresar a Cuautla y antes de llegar a este lugar se unieron don Mariano Matamoros, don José Perdíz y don Mariano Ramírez quienes lograron formar dos regimientos de caballería, dos batallones de infantería y un cuerpo de artillería. En total, las fuerzas que reunieron en la región de Jantetelco y lugares aledaños fueron de dos mil hombres. Por supuesto yo me encontraba entre ellos.

Por el valor y entrega que en tan poco tiempo había demostrado mi amigo don Mariano Matamoros, el caudillo don José María Morelos y Pavón lo nombró, como era merecido, coronel de infantería. Además, nos hizo saber a todos que lo consideraba su *mano derecha*.

Llegamos a Cuautla el 9 de febrero de 1812. Esta ciudad estaba sitiada desde hacía muchos días por el general realista don Félix María Calleja. Éste último atacó con su ejército la ciudad el 18 de febrero.

Por otra parte, nos enteramos que el general realista don Ciriaco del Llano había atacado el poblado de Izúcar el día 23 del mismo mes. Los soldados insurgentes bajo las órdenes del general don **Vicente Guerrero** y el cura don José María Sánchez de la Vega, resistieron con gran valor hasta el día 25, en que los soldados españoles se retiraron sin poder tomar la plaza.

Después de tres meses de encontrarse sitiada la ciudad de Cuautla, el 21 de abril de 1812, el coronel Matamoros junto con don José Perdíz, conmigo y cien hombres más logramos romper el sitio para reunirnos con don Miguel Bravo en Ocuituco y conseguir víveres para llevarlos a Cuautla, pero por desgracia alguien nos delató y fuimos emboscados y derrotados en Amazingo y Tlacalque.

El general Morelos logró romper el cerco y el coronel Matamoros junto con los pocos hombres que quedábamos nos unimos a ellos en Chiautla para ir nuevamente después al poblado de Izúcar. Ahí el coronel contó con la valiosa ayuda de don **Manuel Mier y Terán** para reorganizar sus tropas.

Desde el primer día que mi amigo don Mariano Matamoros pisó el poblado de Izúcar, don Jesús Fuentes Pacheco, miembro de una de las familias más distinguidas de la ciudad, le ofreció su casa. Desde aquel día el coronel Matamoros, junto con los demás generales insurgentes, fijó aquí su cuartel general desde donde se fraguaron todas las estrategias de guerra.

En este cuartel se instaló una fábrica de pólvora, a la que llevaban azufre del volcán y salitre de los poblados de Guayacán y Tochimilco. Además, el coronel Matamoros ordenó bajar algunas campanas de los distintos templos de Izúcar para fundirlas y fabricar balas y cañones.

Mi amigo don Mariano Matamoros cada vez tomó más fuerza en el movimiento insurgente. Su actitud nos contagiaba a los que lo seguíamos.

En el cerro de El Calvario, el coronel Matamoros formó tres fortificaciones, distantes una de la otra. Las bocacalles del poblado estaban cerradas con piedra y lodo. En la Plaza Mayor de Armas, colocó cinco trincheras para proteger las entradas a la plaza. Aunque lo más importante fue que fundó y organizó en este lugar el Primer Ejército. Armó, adiestró y disciplinó a toda la gente, con ayuda de algunos de los hombres de su confianza, yo entre ellos.

Igualmente, uniformó a su división y la organizó en cuatro regimientos: el de Caballería de San Ignacio, el de Infantería del Carmen, el de San Luis y el de San Pedro de Dragones. Tomó como estandarte una bandera negra con una cruz roja en el centro, que portaba la leyenda *"Inmunidad Eclesiástica"*, en el que desconocía el fuero de los sacerdotes si tomaban las armas. Este fue el primer Ejército Mexicano compuesto por 2 500 criollos de la región.

Todos los días don Ignacio Vilchis, mayor de la plaza, nos daba instrucción militar al ejército. Los que formábamos la escolta del coronel Matamoros llevábamos una chaqueta azul y vuelta amarilla, para distinguirnos.

El mes de agosto de 1812, el general don José María Morelos y Pavón, ascendió a don Mariano Matamoros con el grado de brigadier y un mes después, el 12 de septiembre lo nombró su segundo en jefe, con el cargo de mariscal de campo.

A pesar de que ocupaba un puesto muy importante en el ejército, a mi amigo Mariano lo que más le agradaba era recorrer al amanecer los barrios de Izúcar. Me pedía que lo acompañara y juntos recordábamos nuestros días de infancia y la época de estudiantes. A la gente del pueblo le gustaba vernos recorrer las calles y nos ofrecían frutas y pan del barrio cuando pasábamos junto a ellos. También le gustaba escuchar desde su cuarto la música que jueves y domingos daba la Banda Municipal, en el kiosco del jardín que estaba frente a su casa.

Tuvimos que dejar el poblado de Izúcar el 30 de octubre de 1812 para unirnos al grueso del ejército del general Morelos y Pavón en Tehuacán. Al día siguiente salimos rumbo a Oaxaca.

El día 25 de noviembre, los jefes militares don Mariano Matamoros y don **Hermenegildo Galeana**, otro de los hombres más cercanos al caudillo, entraron a la ciudad de Oaxaca luego de iniciar una batalla, donde lograron capturar al español don Regules Sarabia Aristi, jefe y defensor de la plaza.

El general Morelos y Pavón salió de Oaxaca el 9 de enero de 1813 rumbo al puerto de Acapulco, por la ruta de la Mixteca. Nosotros salimos de la ciudad, dirigidos por el mariscal Matamoros a principios de febrero de ese mismo año. Primero llegamos a Yanhuitlán y el día 15 nos unimos al caudillo Morelos. Estuvimos en esa población hasta que el general salió. Ahí nos llegó la noticia de que un teniente coronel realista de nombre Manuel Servando Danbrini, al mando de un ejército de ciudadanos guatemaltecos, pretendía recuperar la ciudad de Oaxaca.

A finales de marzo de 1813, el mariscal Matamoros nos ordenó dirigirnos al estrecho de Tehuantepec a buscar al coronel Danbrini. Llegamos por la noche a ese lugar bajo la dirección de mi amigo don Mariano Matamoros y del coronel don Antonio Sesma, el martes de la primera semana de abril de ese año. Cuando el coronel Danbrini se enteró de nuestra llegada, huyó. Por el momento no lo perseguimos pues como era Semana Santa, el mariscal Matamoros dejó que pasaran esos días y el 17 de abril, sábado de Gloria, salimos a combatirlo. Caminamos a marchas forzadas y por fin lo alcanzamos en el poblado de Tonalá, en Chiapas. Dos días después los insurgentes logramos vencerlo.

El 28 de mayo de 1813, don Mariano Matamoros entró con su ejército a la ciudad de Oaxaca, donde fuimos recibidos triunfalmente. El H. Ayuntamiento salió a recibirnos. Como acción de gracias, por la noche se cantó un *Te deum* por el triunfo insurgente. Cuando el general don José María Morelos y Pavón se enteró de la noticia ascendió a mi amigo don Mariano Matamoros con el grado de teniente general.

Mi amigo Mariano tuvo algunos desacuerdos con el jefe militar don **Nicolás Bravo**, por lo que el 12 de junio de ese año, junto con don Carlos María de Bustamante, solicitó que lo removieran del rumbo de Veracruz y dejaran en su lugar a don Mariano Rincón.

Cuando quedó constituido el Congreso, convocado por el caudillo Morelos, en la ciudad de Chilpancingo, el 15 de septiembre de 1813, mi amigo don Mariano Antonio Matamoros Guridi fue proclamado comandante en jefe de los ejércitos de las provincias de Tecpan, Oaxaca, México, Puebla, Veracruz y Tlaxcala, y jefe sucesor, a su prisión o muerte del general don José María Morelos y Pavón. Después de la clausura del evento, el caudillo acordó que debería de tomar Valladolid para que el Congreso se pudiera instalar en aquella ciudad. En noviembre salió junto con sus tropas hacia ese lugar.

El entonces virrey don Félix María Calleja se enteró de todos y cada uno de los movimientos del general Morelos y Pavón, gracias a los espías con los que contaba dentro del Ejército Insurgente.

Con la idea de recuperar la plaza de Izúcar, nos dirigimos al poblado de Tehuitzingo. Cuando llegamos ahí, en el mes de octubre, el cura de San Juan Coscomatepec, le informó al general Matamoros que don Nicolás Bravo se encontraba sitiado en esa población solamente con 500 soldados. Inmediatamente salimos a auxiliarlo, pero en el camino nos enteramos que el comandante Bravo había roto el sitio.

Acampamos en la hacienda de San Francisco, en la provincia de Veracruz. El día 13 de octubre de 1813, nos llegó la noticia de que soldados realistas bajo las órdenes del teniente coronel don José Martínez llevaban un gran cargamento de tabaco y de víveres procedente de la ciudad de Orizaba. Se dirigían rumbo a la ciudad de Puebla. También supimos que el convoy descansaría esa noche en San Agustín del Palmar, Veracruz, y lo custodiaba el Batallón Expedicionario de Asturias, al mando del comandante don Juan Cándano.

El general Matamoros junto con el general don **Manuel Mier y Terán**, ordenó avanzar a San Agustín del Palmar, con dos regimientos. Llegamos al lugar y comenzó la batalla que duró ocho horas. Los españoles huyeron hacia Quecholac, Puebla, donde perseguimos y derrotamos al famoso Batallón de Asturias. El general Matamoros condujo a los prisioneros al pueblo de San Andrés Chalchicomula donde mandó fusilar al comandante don Juan Cándano. Con esta victoria mi amigo don Mariano Matamoros demostró ser un gran estratega y un gran militar. Lo más importante para mí es que no se llenó de vanidad y siguió siendo igual que siempre conmigo.

El general Morelos felicitó a don Mariano Matamoros por su triunfo en San Agustín del Palmar. Nos encontrábamos en Tehuizingo, donde nos llegó la orden del caudillo para atacar la ciudad de Valladolid.

A principios de diciembre de 1813, nos reunimos con el caudillo Morelos y los jefes insurgentes don Nicolás Bravo y don Hermenegildo Galeana en Cutzamala de Pizón. Pasamos por Huetamo, Tacámbaro y Tiripetío. En Llano Grande le encargó a mi amigo don Mariano Matamoros que juntara todo el carbón que pudieran sus soldados y lo molieran en el pueblo de Acultzingo, para tiznarnos la cara y las manos todos los soldados insurgentes, la víspera del combate, con la finalidad de identificarnos entre nosotros y evitar confusiones.

Nos dirigimos rumbo a la ciudad de Valladolid un ejército de 5 700 hombres. Era impresionante ver la columna de soldados que íbamos avanzando. El 22 de diciembre de 1813, llegamos a las Lomas de Santa María desde donde se veía la ciudad.

El general Morelos y Pavón le envió un ultimátum al teniente coronel español don Domingo de Landázuri y otro más al obispo don Manuel Abad y Queipo para que aceptaran la rendición de la ciudad. Sin esperar la respuesta, el caudillo insurgente ordenó el ataque a las tropas de don Hermenegildo Galeana y de don Nicolás Bravo, la mañana del día siguiente. Esa ocasión fracasó el asalto a Valladolid y los jefes insurgentes con sus maltrechos soldados, regresaron a las Lomas de Santa María, donde se encontraba nuestro campamento.

En la mañana del 24 de diciembre de 1813, el general don Mariano Matamoros nos ordenó a todo el ejército que nos formáramos para pasar revista. Estábamos en esa maniobra cuando el brigadier español Ciriaco del Llano, al ver nuestros movimientos, pensó que nos preparábamos para combatirlo, por lo que le ordenó al coronel don **Agustín de Iturbide** que hiciera un reconocimiento con sus soldados y que nos atacara. Iturbide nos tomó por sorpresa, gracias a la información que le dieron sus espías y nos derrotó fácilmente. Por desgracia perdimos banderas y cañones.

Al día siguiente, 25 de diciembre de 1813, todos los que formábamos el Ejército Insurgente emprendimos la retirada. Pasamos por Tacámbaro hasta llegar a la hacienda de Puruarán, situada cerca de la ciudad de Valladolid. Supimos que el brigadier Ciriaco del Llano en compañía del coronel Agustín de Iturbide venía siguiéndonos. El general Morelos le ordenó a don Mariano Matamoros que se fortificara en la hacienda con 3 000 soldados y varios cañones para recibir a los realistas.

Tanto mi amigo Mariano, el jefe militar López Rayón y los demás oficiales que lo acompañaban, se opusieron a tan absurda disposición pues el ejército se encontraba muy desalentado. Pese a que el general Matamoros veía que la resistencia iba a ser imposible y que era indudable la derrota, aceptó la orden del caudillo.

Dicen que el general Morelos y Pavón se retiró tranquilamente con su escolta a la hacienda de Santa Lucía, algunas leguas más allá de Puruarán.

El día 5 de enero de 1814, llegaron los soldados realistas bajo las órdenes del brigadier Ciriaco del Llano y el coronel Agustín de Iturbide a la mal fortificada hacienda de Puruarán. Como todos esperábamos, los españoles nos superaban en número y muy pronto consiguieron apoderarse de la hacienda. Los comandantes don Ignacio López Rayón y don Hermenegildo Galeana lograron huir.

La suerte no estaba de nuestro lado esta vez y los realistas lograron capturar al general Mariano Matamoros, cuando intentaba cruzar un vado sobre el río que baña la hacienda de Puruarán, mediante un soldado dragón del batallón de Infantería de Frontera llamado José Eusebio Rodríguez, a quien por este hecho lo ascenderían al grado de teniente.

Prendieron a una cantidad considerable de soldados insurgentes, entre los que yo me encontraba. A muchos de mis compañeros los fusilaron poco después.

A don Mariano lo encerraron en un cuarto de la hacienda custodiado por una fuerte escolta. El día 8 de enero de 1814, esposado y con grilletes lo condujeron primero a la ciudad de Pátzcuaro, a donde llegó el día 12 de enero y de ahí, lo llevaron a la ciudad de Valladolid a donde llegó el día 15 de ese mes.

Pensé que a mí también me llegaba mi hora, pero cuando nos trasladaban a la ciudad, logramos escapar algunos soldados, gracias al descuido de los realistas que se detuvieron a acampar. A pesar del peligro, decidí acercarme hacia donde conducían a mi amigo Mariano para saber cuál sería su destino.

Don Mariano Matamoros fue expuesto en la Plaza Principal de Valladolid, donde lo humillaron y maltrataron cual vil criminal. Se lo entregaron al obispo don Manuel Abad y Queipo quien de inmediato lo degradó como sacerdote y lo confinó en la cárcel clerical de la Inquisición.

Supe después que el día 24 de enero, el general don José María Morelos y Pavón que se encontraba en el poblado de Coyuca, envió al soldado realista Francisco Ortiz de la Torre, a quien tenía preso, para que le hiciera llegar una carta al virrey don Félix María Calleja. Le solicitaba la liberación de su *brazo derecho*, como él llamaba al general Matamoros, a cambio de la vida de 200 soldados pertenecientes al Batallón de Asturias, que tenía presos.

El día 29 de enero de 1814, el brigadier Ciriaco del Llano, recibió la notificación donde se daba la orden de ejecutar al general Matamoros por encontrarlo culpable de "traición" al rey de España don Fernando VII. Yo estaba en la plaza, tratando de saber qué pasaría con mi amigo.

Finalmente, conocí el fatal veredicto y el día 3 de febrero de 1814, a las once de la mañana, en el Portal del *Ecce Homo*, fusilaron a don Mariano Antonio Matamoros Guridi, mi gran amigo y uno de los hombres más valientes que he conocido.

El cadáver quedó expuesto en la plaza hasta las tres de la tarde, para que sirviera de ejemplo a la gente de la ciudad. Yo intenté acercarme, pero los realistas custodiaban el cuerpo, quizás porque sabían que algún insurgente intentaría llevárselo.

Lo recogieron para inhumarlo en la Capilla de la Tercera Orden Franciscana en Valladolid. Por desgracia, la carta del general Morelos y Pavón solicitando la liberación del general Matamoros, llegó dos días después del fusilamiento. Al enterarse de la muerte de su *brazo derecho*, el general ordenó el fusilamiento de todos los prisioneros españoles.

Nueve años después de su muerte, el 16 de septiembre de 1823, el general Matamoros sería honrado como *Benemérito de la Patria* y sus restos serían trasladados a la Catedral de la Ciudad de México.

Don Mariano Antonio Matamoros Guridi fue un cura liberal y un valeroso caudillo de la Independencia, pero ante todo fue un gran amigo. Gracias a su entrega y a su valor, podremos tener una Patria libre. ¡Dios lo guarde!

Manuel Mier y Terán

José Manuel Rafael Simeón de Mier y Terán, nació el día 18 de febrero de 1789, en la Ciudad de México. Fue el mayor de los hijos de don Manuel de Mier y Terán y de doña María Ignacia de Teruel y Llanos.

Mier y Terán mostró grandes aptitudes para las matemáticas y la ingeniería. Siendo alumno distinguido del Colegio de Minería de la Ciudad de México, presentó un examen público ante el barón de Humboldt.

Se incorporó en el año de 1811 a las fuerzas insurgentes que combatían el poder español, bajo las órdenes del general **Ignacio López Rayón** en Saltillo. Desde un principio se distinguió por sus conocimientos de artillería.

Militó en el año de 1812, con el caudillo **José María Morelos y Pavón.** Con él participó en el poblado de Izúcar, que estaba sitiado por el general realista Ciriaco del Llano a quien finalmente derrotaron. Mier y Terán fue de gran ayuda para el caudillo porque le ayudó a organizar sus tropas.

En el ataque a la ciudad de Oaxaca, en el mes de noviembre de 1812, tomó parte bajo las órdenes del jefe militar Antonio Sesma. De aquí, pasó a la campaña del general **Vicente Guerrero**, en la Costa Grande.

Cuando quedó constituido el *Congreso de Chilpancingo* convocado por el general Morelos el 15 de septiembre de 1813, en Chilpancingo, **Mariano Matamoros** fue proclamado comandante en Jefe de los ejércitos de las provincias de Tecpan, Oaxaca, México, Puebla, Veracruz y Tlaxcala. Después del evento, el caudillo Morelos acordó que el comandante Matamoros debería tomar Valladolid para que el Congreso se pudiera instalar en aquella ciudad. En noviembre de ese mismo año salió junto con sus tropas hacia ese lugar. Lo acompañaba Manuel Mier y Terán.

El entonces virrey Félix María Calleja se enteraba de todos los movimientos que hacía el general Morelos y Pavón, gracias a los espías con que contaba, infiltrados dentro de las tropas insurgentes.

Cuando el ejército insurgente, al mando del comandante Mariano Matamoros, acampó en la hacienda de San Francisco, en Veracruz, el día 13 de octubre de 1813 llegó la noticia de que las fuerzas realistas, bajo las órdenes del teniente coronel José Martínez, llevaban un gran cargamento de tabaco y de víveres procedente de la ciudad de Orizaba. Se dirigían a la ciudad de Puebla y descansarían en el poblado de San Agustín del Palmar, Veracruz.

Mariano Matamoros junto con Manuel Mier y Terán, ordenó avanzar a San Agustín del Palmar con dos regimientos. La batalla duró ocho horas y el ejército realista huyó hacia Quecholac, Puebla. Hasta allá los siguieron los soldados insurgentes y derrotaron al famoso Batallón de Asturias.

Manuel Mier y Terán operaba en el valle de Tehuacán cuando el caudillo Morelos decidió dirigirse con sus trágicas consecuencias a esa población, custodiando al Congreso. Numerosos miembros del gobierno insurgente lograron llegar hasta ese lugar y ponerse a salvo.

El año de 1814, lo nombraron teniente coronel. Para ese entonces ya había colaborado en la toma de toda la región de Puebla al lado de los principales líderes del movimiento.

En ese mismo año, las fuerzas insurgentes que Mier y Terán dirigía, estaban sitiadas en el poblado de Silacayoapan, Oaxaca, por el ejército realista comandado por Isidoro Sáinz de Alfaro y Beaumont. El 27 de julio, el coronel Mier y Terán, logró que los soldados españoles levantaran el sitio, para que pudieran escapar sus tropas. Gracias a esta acción, el *Congreso de Chilpancingo* le otorgó el grado de coronel.

Continuó combatiendo en los estados de Puebla y Veracruz. En este último, fue al poblado de Coatzacoalcos y reunió una buena cantidad de armamento que ayudó en gran medida a la causa insurgente.

El año de 1815, Manuel Mier y Terán, dirigió la Junta que intentó disolver el Congreso de Chilpancingo, que había proclamado la Independencia de México, en 1813, al advertir implacables rivalidades y antes de que surgiera una guerra de facciones. Intentó obtener el mando militar del ejército insurgente, sin embargo muchos jefes se opusieron a esta candidatura.

Después de la muerte del general José María Morelos y Pavón, ocurrida el 22 de diciembre de 1815, el movimiento insurgente comenzó a decaer, pues los distintos grupos que luchaban por la independencia se habían dividido. Otra razón que influyó fue que el virrey Félix María Calleja, ofreció indultos a los principales jefes insurgentes y a los que no aceptaron el perdón, los persiguió hasta eliminarlos o meterlos en prisión.

De los pocos líderes que continuaban en la lucha, ninguno tenía el carisma ni la capacidad de tomar el mando de los pocos insurgentes que quedaban. De aquellos que sobrevivían en 1815, el que más méritos tenía era Manuel Mier y Terán, quien poseía una amplia capacitación militar.

Por su parte, el coronel Mier y Terán armó y disciplinó a su ejército. Fortificado con sus hermanos Juan y Joaquín en Cerro

Colorado, en el centro del valle, localizado en el cruce de caminos entre Puebla, Veracruz y Oaxaca, se mantuvo por más de dos años, pero fue derrotado en Playa Vicente, en julio de 1816. El fuerte capituló en enero de 1817.

Por estas mismas fechas, participó en el ejército de **Guadalupe Victoria**, que tenía la misión de dirigirse a la región de Tehuacán, Puebla. En ese lugar se controlaba el paso hacia el puerto de Boquilla de Piedras en Veracruz, desde donde se recibían armas y municiones del extranjero.

Manuel Mier y Terán se distinguió en la Batalla de Tehuacán, a pesar de que los insurgentes fueron obligados a rendirse, por las fuerzas virreinales bajo las órdenes del comandante José Gabriel de Armijo. Luego de esta acción, las autoridades españolas les ofrecieron un indulto que por supuesto no aceptaron. Aunque fueron vencidos, el coronel obtuvo algunas ventajas para sus compañeros.

Una vez derrotado Manuel Mier y Terán, el virrey Juan Ruiz de Apodaca, estaba seguro de que el territorio de la Nueva España estaba totalmente pacificado, pues sólo quedaban unas pequeñas zonas, donde había grupos de insurgentes que actuaban, más como bandoleros que como libertadores, como era el caso de los insurgentes de Sur, Veracruz y Guanajuato.

Sin embargo, el 15 de abril de 1817, un joven español llamado **Francisco Javier Mina**, despertó y dio un nuevo impulso a la causa insurgente.

En el año de 1821, se proclamó el *Plan de Iguala* o de las *Tres Garantías*, por el general **Agustín de Iturbide**, donde se proclamaban tres garantías: *La Independencia de México, la igualdad para españoles y criollos y la supremacía de la Iglesia Católica*. Dicho Plan era un programa político cercano tanto a los liberales como a los tradicionalistas católicos.

Ese mismo año, el coronel Mier y Terán se reincorporó al ejército del general **Nicolás Bravo** y quedó a cargo de la artillería. Al año siguiente en abril de 1822, el Congreso Constituyente nombró al general Bravo Consejero de Estado y miembro de la Segunda Regencia.

En el transcurso de 1822, muchos mexicanos solicitaron que el general Agustín de Iturbide, fuera elegido emperador de México. Los hombres que lo propusieron obtuvieron la anuencia y lo nombraron emperador, con el nombre de Agustín I, el 22 de julio de ese año.

La mayoría de los líderes insurgentes reprobaron dicha elección e iniciaron un complot para derrocarlo. Entre ellos estaban los señores: Miguel Barragán, Juan B. Morales, Guadalupe Victoria, Nicolás Bravo y los padres Jiménez y Carbajal.

Durante el imperio de Iturbide, Manuel Mier y Terán fue nombrado diputado al Congreso Mexicano por el estado de Chiapas.

Como era de esperarse, el imperio no duró mucho tiempo, pues a finales del mismo año en que inició, el general Antonio López de Santa Anna se enfrentó a Agustín I y proclamó la República.

En diciembre de 1822, López de Santa Anna dictó el *Plan de Casamata* en el que se pedía la reinstalación del Congreso Constituyente que había disuelto Iturbide. El acta la firmaron Guadalupe Victoria, Antonio López de Santa Anna y Vicente Guerrero, entre otros.

Se formó un gobierno de transición entre el imperio y la República llamado Supremo Poder Ejecutivo, donde se eligieron al frente de éste a los generales Guadalupe Victoria, Pedro Celestino Negrete y Nicolás Bravo.

En febrero del año de 1824, cuando tenía 35 años de edad, el coronel Manuel Mier y Terán contrajo matrimonio con doña Josefa Velasco de Teruel. En marzo de ese mismo año, fue nombrado Ministro de Guerra, en el gobierno de transición. Siguió en el mismo cargo, después de que a Guadalupe Victoria lo nombraran Presidente de México, el 1° de octubre del mismo año.

Por ese tiempo, en los meses de marzo a octubre, lo enviaron como comisionado a la Huasteca para arreglar los pertrechos defensivos en caso de una posible invasión. Después, entre los meses de octubre a diciembre lo acompañaron los miembros del Supremo Poder Ejecutivo y el propio Presidente Guadalupe Victoria.

Debido a las diferencias que Mier y Terán tenía con el Presidente Victoria, originadas desde que fueron compañeros en la toma de Oaxaca, en 1812, cuando se disputaban el mando, decidió dejar el cargo de ministro de Guerra que recién ocupaba, el mes de diciembre de 1824.

Luego de su renuncia, ocupó el puesto de inspector de las defensas del estado de Veracruz y fue candidato a ministro mexicano en Inglaterra en el año de1825. También lo nombraron director del Colegio de Artillería de México, cargo que dejó en el año de 1827, para dirigir la Comisión de Límites entre México y Estados Unidos de América.

El Presidente Guadalupe Victoria lo envió a Texas, en una expedición científica y de frontera, para que observara los recursos naturales y a los habitantes de ese lugar, para determinar la división entre México y el vecino país.

La Comisión de Límites salió de la Ciudad de México el 10 de noviembre de 1827 y se dirigió primero a Tamaulipas y después a Texas, donde llegó a la ciudad de San Antonio, el primero de marzo del año de 1828. Su grupo estaba integrado por los señores Constantino Tárnava, Rafael Chovell y José Batres, así como por el botánico y zoólogo francés Jean-Louis Berlandier y por el cartógrafo y artista José María Sánchez Tapia, quien más tarde ocuparía el cargo de comandante de los estados internos de oriente. Cada uno de ellos llevaba un diario, que sería publicado en partes.

El mal tiempo, dada la época, ocasionó que los caminos donde transitaban estuvieran lodosos. Además de esto, padecieron varias enfermedades, por lo que la comisión permaneció en el este de Texas hasta el 16 de enero de 1829, en que Manuel Mier y Terán decide regresar a la Ciudad de México.

En el informe sobre la comisión que entregó a Guadalupe Victoria, recomendó que se tomaran estrictas medidas para impedir que los Estados Unidos de América, adquirieran el territorio de Texas, que medía más de un millón de kilómetros cuadrados.

Asimismo, describió la despiadada esclavitud practicada por los normandos en este territorio: *"Los amos en el esfuerzo por retenerlos, les echan los perros para que los despedacen; el más considerado es quien azota a sus esclavos hasta desollarlos"*. El general describió los "métodos" usados por los texanos para lograr su propósito separatista. También informa al gobierno que con su presente política y organización era imposible retener por mucho tiempo a Texas; que los norteamericanos invitados a establecerse ahí como defensa contra los indios, estaban acostumbrados al orden y la legalidad, y que se rebelarían contra el gobierno de las autoridades mexicanas.

Estas recomendaciones las utilizó don Lucas Alamán, más adelante, para promover la Ley del 6 de abril del año de 1830, en la que se incluía la prohibición de la esclavitud y el cierre de la frontera de Texas a los norteamericanos. Mier y Terán criticó la forma poco diplomática en que se había redactado dicha norma y como fue nombrado inspector y comandante, trató de aplicarla con mucho tacto, para no afectar a las personas que ya estaban en camino hacia Texas.

Después de cumplir esta comisión, Manuel Mier y Terán fue enviado a secundar al comandante Antonio López de Santa Anna, a la ciudad de Tampico, y atacar a la expedición del general español Isidro Barradas, que intentaba reconquistar México. Este hecho sucedió el día 20 de agosto de 1829, en la Batalla de Pueblo Viejo.

Es importante recordar que en el año de 1829, Manuel Mier y Terán, estaba considerado como uno de los más fuertes candidatos para suceder al Presidente Guadalupe Victoria. El general Vicente Guerrero se postuló como uno de los aspirantes al cargo, considerándose muy popular y que contaba con el apoyo de la gente. Cuando se realizaron las elecciones, de acuerdo a la Constitución, las legislaturas estatales favorecieron al general **Manuel Gómez Pedraza**, como el nuevo Presidente. Este hecho decepcionó en gran medida a Mier y Terán.

El general Antonio López de Santa Anna, se rebeló contra la elección en el poblado de Perote, en Veracruz. Por su parte,

Lorenzo de Zavala y otros, encabezaron un motín en la Ciudad de México, que terminó con la renuncia del general Gómez Pedraza.

Finalmente, el Congreso designó al general Vicente Guerrero como Presidente de la República y al general Anastasio Bustamante como vicepresidente, el 1º de abril del año de 1829.

Por desgracia se inició una de las crisis más importantes del nuevo estado, pues el general Bustamante encabezó un levantamiento en contra del Presidente Vicente Guerrero. Esto significaba que había una profunda división entre los partidos, que acentuó la fractura institucional.

Declarado por el Congreso imposibilitado para gobernar la República, el 16 de diciembre de 1829, el general Vicente Guerrero dejó su cargo como Presidente. Se fue hacia el Sur donde inició una nueva guerra civil.

El entonces Presidente de México Anastasio Bustamante, nombró a Manuel Mier y Terán comandante general de la Provincia Oriental, el año de 1830. Su misión era supervisar los asuntos políticos y militares en Texas, Coahuila, Nuevo León y Tamaulipas.

La sede estaba cerca del nuevo puerto de Matamoros, recién abierto. El general visitó el poblado de Anáhuac en noviembre de 1831, para nombrar a George Fisher como encargado de la aduana instalada en ese lugar.

Contrariado por la actitud de los texanos que se negaron a pagar impuestos, el general ordenó a Fisher esforzarse para recaudar el tributo en el poblado de Río Brazos. Ésta y otras disposiciones causaron fricción entre los habitantes del lugar.

Solicitó al Presidente Anastasio Bustamante, el envío de agricultores mexicanos a Texas, para hacer frente a la invasión progresiva. Asimismo, planteó el envío de tropas a auxiliarlo, pero éstas nunca llegaron.

El año de 1832, Mier y Terán inició una campaña militar en Tamaulipas, donde fracasó en el intento de apoderarse de la ciudad de Tampico.

Los acontecimientos de los últimos años, desalentaron en gran medida al general. Aunado a ello, su esposa se encontraba muy enferma. Se sentía solo y desilusionado por los acontecimientos políticos y militares del país. Se cree que todo eso lo motivó a acabar con su vida.

Manuel Mier y Terán, se suicidó con su propia espada, el día 3 de julio del año de 1832, en el curato del templo de San Antonio, en el poblado de Padilla, Tamaulipas. Tenía 43 años de edad.

Don Manuel Mier y Terán es uno de los personajes que más se distinguieron entre los mexicanos independientes, por sus conocimientos, sus servicios a la patria y su constante dedicación al estudio. Es quizá el hombre menos franco y más difícil de ser conocido entre sus contemporáneos.

Francisco Javier Mina

Mi nombre es Francisco Javier Mina Larrea. Nací en diciembre de 1789 en Navarra, España. Aunque algunos historiadores aseguran que vine al mundo el 6 de julio de 1789. En aquellos tiempos, era algo difícil afirmar una fecha con exactitud.

Fui el tercer hijo de Juan José Mina Espoz y de María Andrés Larrea, una pareja de labradores acomodados de Otano, pequeña población situada en la falda norte de la sierra de Alaiz, en las proximidades de Monreal e Idocin. Con su oficio, mi padre tenía medios suficientes para asegurar a su familia un buen porvenir.

Mi infancia y adolescencia, que pasé en las montañas de mi tierra natal, transcurrieron como las de cualquier muchacho de mi época. En la juventud decidí estudiar abogacía en el Seminario de Pamplona, y luego marché a Zaragoza, donde habría de concluir mis estudios de jurisprudencia. En el mismo Seminario de Pamplona, estudié latín, matemáticas y humanidades. Ahí hice amistad con el coronel retirado Juan Carlos de Aréizaga, quien me aconsejaba y daba su interpretación de la marcha de las distintas guerras europeas.

Sin embargo, interrumpí mi carrera de Leyes para enlistarme en el ejército del Centro, que combatió a Napoleón, cuando éste invadió España. Un día llegaron noticias a Pamplona de que se aproximaba un contingente francés de unos 2 500 hombres al mando del general D'Armagnac, procedente de Roncesvalles. Mis primeras acciones consistieron en observar los movimientos de las tropas francesas al otro lado de los Pirineos, obteniendo importante información.

La toma de la Ciudadela de Pamplona por los franceses tuvo lugar el 16 de febrero. Al poco tiempo, tuve noticias de la toma de ciudadela de Montjuich, de la amenaza sobre San Sebastián, del Motín de Aranjuez y, finalmente, me enteré de los sucesos del 2 de mayo de 1808. Todos estos hechos me incitaron a aceptar la invitación que recibí de Aréizaga para incorporarme a los resistentes a la invasión, acudiendo a Goizueta y uniéndome a los mismos.

Me trasladé a Zaragoza en unión de Aréizaga, donde también desempeñé labores de información. Estando próximo a Jaca recibí la noticia de que el regimiento navarro del coronel Doyle se había rendido días antes. Casualmente, mi tío Francisco Espoz se había alistado en dicho regimiento en febrero de 1809, pero más tarde supe que había logrado huir hacia Navarra.

Por indicación del propio Aréizaga, tras la acción de Alaiz recibí la orden de fomentar el levantamiento de partidas de voluntarios en Navarra. En agosto de 1809, empecé a organizar el Cuerpo de voluntarios, conocido desde ese momento bajo el nombre de *Corso Terrestre de Navarra*. Sus primeros elementos fueron Félix Sarasa, Ramón Elordio, Lucas Gorriz, mi tío Francisco Espoz y otros diez valientes y aguerridos campesinos. Establecimos la base de nuestras acciones en *El Carrascal*, en las cercanías de Pamplona. Los asaltos y emboscadas fueron dando sus frutos, con la toma de prisioneros, bagajes, enseres y dinero, lo que provocó una llegada continua de nuevos voluntarios que en pocas semanas engrosaron el número de miembros del Corso hasta alcanzar la cifra de doscientos. En octubre de 1809, gran cantidad de navarros querían *¡Irse a Mina!*, como sinónimo de abandonar todo e ir a pelear a mi lado contra los franceses, con lo que comenzó mi leyenda. En Lumbier, tras la toma de ochenta caballos, instauré la *Caballería del Corso*.

Me reuní con mis hombres en la venta de Urbasa. De ahí, camino al pueblo de Viana libré una batalla con los franceses, en la que perdí casi veinte hombres. En noviembre de 1809 descansé en Los Arcos, adiestrando al personal del que disponía en aquel momento: trescientos hombres de infantería y cien de caballería. *El Corso*, por su número, versatilidad y maniobrabilidad, se convirtió en un peligroso adversario para los franceses.

Desde el comienzo de mis acciones, siempre había enviado a mis prisioneros al Depósito de Lérida. Mantenía con ellos una escrupulosa consideración. Sin embargo, la actitud de franceses después de la acción de la Venta de Urbasa dio lugar a que ya nunca más los prisioneros franceses tuvieran garantía alguna de vida en el caso de caer prisioneros ante mis hombres. En dicha acción fue capturado Vicente Carrasco, uno de sus primeros guerrilleros, junto con otros dieciocho voluntarios más. Los franceses ahorcaron en Pamplona a Carrasco y fusilaron a los demás prisioneros.

Poco después, en Tiermas, *El Corso* y la guerrilla del aragonés Miguel Sarasa emboscamos a una columna francesa de unos 500 hombres que se aproximaba. Este fue el primer combate en campo abierto que realicé siguiendo tácticas de estrategia puramente militar. A partir de ese momento, *El Corso* no tuvo descanso. Una tras otra se sucedieron las acciones: Alto de Rocaforte, Caparroso, Los Arcos, Torres, Tudela.

Napoleón, al enterarse de las actividades llevadas a cabo por mi batallón, ordenó al general Harispe –navarro también, pero al servicio de Francia– perseguir y terminar con el voluntariado de Navarra. Logré enterarme a tiempo y sorprendí y derroté a Harispe en la carretera de Tudela, ocasionándole numerosos muertos y tomando como prisioneros a más de ciento cuarenta hombres.

En diciembre, tras la acción de Tudela, reestructuré *El Corso*, compuesto ya por 1 200 hombres de infantería y 150 de caballería, que a partir de entonces se llamó *Primero de Voluntarios de Navarra*. La siguiente acción fue la de Mendigorría. Después, el ataque y toma de Sangüesa. Me fui a Monreal, atacando antes a los franceses en Tiebas. Me volví hacia Tafalla donde sorprendí a mi guarnición, apresando al comandante francés. Dicha captura representó para mi tropa una gran cantidad de víveres y pertrechos.

Continué hacia Miranda de Ebro y Sesga. Más tarde, me entrevisté en Lérida con el conde de Orgaz. Regresé en marzo, sin haber alcanzado acuerdos importantes con dicho conde. Días después, con unos 700 hombres, reanudé mi actividad desde Ribas; ataqué en Egea; luché en las cercanías de Zuera, tomé un convoy de 40 carros de artillería y varios furgones en Caparroso y asalté Puente la Reina, en un rosario de operaciones de continuo acoso a los franceses.

Descansé en Labiano –en las proximidades de Pamplona, cuartel general francés en la zona– desde el 27 de marzo de 1810 con tan sólo 14 hombres. Éste era un lugar peligroso y sin posibilidad de huida en caso de vernos atacados. El 29 del mismo mes, una columna al mando de Schmitz me descubrió y ordenó los movimientos conducentes para atraparme en el pueblo. Tras una maniobra de distracción para que mis hombres pudieran huir, fui sorprendido mientras me dirigía a las alturas inmediatas. Bloqueado por un militar de apellido Thirienne, el gendarme Michel me hirió con el sable en el brazo, y fui tomado prisionero. Fui llevado a Pamplona, encerrado en la fortaleza y sometido a interrogatorio. Días después me curaron las heridas.

Desde allí, el 3 de abril del mismo año 1810, fui conducido a Francia con una escolta de unos 400 soldados, cruzando el río Bidasoa el día 7. Una vez en Bayona, Schmitz me entregó al general Hedouville, quien me encerró en el Castillo Viejo, donde permanecería preso durante mes y medio. Estando en prisión recibí noticias relativas a lo que sucedía en Navarra, donde mi tío Francisco Espoz había tomado el mando de los voluntarios.

El 19 de mayo partí hacia París, requerido por Napoleón, acompañado solamente por el practicante Hariague, que continuará curándome la herida del brazo, y el teniente de Gendarmería, Etxegarai. Llegamos a París el 25 de mayo, de inmediato fui trasladado a la Torre de Vincennes, donde me dediqué a estudiar matemáticas y técnicas militares. Este encierro me serviría como periodo de aprendizaje y formación, de la mano de Víctor Lahorie, bajo cuya tutela llevé a cabo mi reeducación militar e intelectual. No era ya sólo un joven patriota y guerrillero, sino que me convertí además en un lector de Polibio, Tácito, Plutarco y Jenofonte: un liberal enemigo de la tiranía.

El 8 de febrero de 1813 fui trasladado a Samur, donde llegué dos días más tarde. Allí coincidí en los patios de la prisión con otros generales españoles presos: Abad, Blake, Camino, Lardizábal, La Roca, Marco de Pont, Miranda, O'Donell y Santa Cruz, entre otros.

En 1814, tras el desastre en Rusia, había sido derrotado Napoleón y el Zar puso en libertad a todos los prisioneros de Estado que había en la ciudad, aunque a la fortaleza de Samur la orden de liberarme llegó hasta el día 14.

El retorno a mi patria no fue, sin embargo, feliz: en 1814 empieza el ominoso periodo en la historia de España en que Fernando VII –de vuelta en el trono que con cobardía había entregado a los franceses– se niega a jurar la Constitución de Cádiz, de profundo corte liberal, la declara abolida, hace prisioneros a los diputados de las famosas Cortes gaditanas, y reina pisoteando a quienes lo llevaron al trono, causando un terrible desengaño en los patriotas que habían luchado en su nombre contra los franceses. Se trata del regreso del Absolutismo, de la tiranía, ahora ya sin careta y encarnada en el Rey español por quien Mina y otros patriotas había hecho la guerra años antes, paradójicamente.

Es en esta época cuando me fui dando cuenta que lo que estaba en juego: la libertad y la lucha contra la tiranía.

El 16 de abril partí con dirección a Navarra, en cuyo trayecto conocí el lugar donde se hallaban los hombres del regimiento Voluntarios de Navarra, en la villa de Lacarra (Francia), ocupados en el bloqueo de San Juan de Pie de Port, con 11 000 hombres de Infantería, Caballería y Artillería al mando del Mariscal de Campo Francisco Espoz y Mina. Mi llegada a Lacarra coincide con el fin de la guerra. Regresamos a España con las tropas a través de Valcarlos y Roncesvalles.

Cuando Fernando VII volvió a España, mi tío Francisco y yo, fuimos atacados desde el primer día, a pesar de lo cual Espoz solicitó que se me concediera el grado de Coronel y el mando del regimiento *Húsares de Navarra* en compensación a mi brillante expediente y a los cuatro años que pasé prisionero en Francia.

Entre mi tío y yo preparamos un pronunciamiento de las tropas con intención de restablecer la Constitución de 1812, pero había algo que nos indicaba que debíamos anticiparnos. Así, el sábado 25 de septiembre llevamos a cabo el pronunciamiento, aunque fracasaron las operaciones concertadas.

Tuvimos que huir por el Pirineo y nos dirigimos a Dax (Francia), donde el 4 de octubre nos reunimos con el coronel Asura en Ainhice-Mongelos y proseguimos hasta Pau, donde fuimos retenidos y enviados a Burdeos. El día 11 llegaron varios oficiales españoles con la intención de llevarse con ellos a quienes permanecíamos retenidos: Mi tío Espoz, el coronel Asura, los capitanes Fidalgo, Tolosana y Linzoáin, los tenientes Asura, Erdozáin y Hernández, el capellán Michelena y yo. Pero gracias a la defensa de los derechos de asilo llevada a cabo por el rey francés, Luis XVIII, fuimos trasladados a la ciudadela de Blaye, lo que nos permitió huir del patíbulo.

Después del fallido alzamiento contra Fernando VII, viajé a Londres. Llegué a una Inglaterra que, como enemiga del Imperio español, en esta época daba refugio a muchos liberales exiliados. Ahí fue donde entablé relación con liberales españoles y americanos, que me ayudaron a definirme para llevar a cabo la que –sin saberlo– sería mi última travesía: la de viajar a América para ponerme a las órdenes de **José María Morelos y Pavón**. Es decir, proseguir en ultramar la guerra que en la Península tenía jurada a los absolutistas. Fue así como pasé a México para luchar por su independencia.

Fleté un Bergantín por mi cuenta, y acompañado del padre Mier y 22 oficiales españoles, italianos e ingleses, salí del puerto de Liverpool, el 15 de mayo de 1816, rumbo a los Estados Unidos, donde pensaba organizar un ejército.

El 30 de junio llegué a Norfolk, Virginia, donde tuve enormes dificultades para sacar adelante mi empresa. Finalmente pude armar dos embarcaciones, dirigidas por norteamericanos, que envié por delante, y partí el 27 de septiembre de Baltimore hacia Puerto Príncipe. De ahí partí con mi escuadrilla el 23 de octubre, rumbo a la isla de Galveston, a donde arribé el 24 de noviembre de 1816.

Fui a Nueva Orleans y tras algún tiempo me embarqué de nuevo en Galveston, el 16 de marzo de 1817. En la desembocadura del río Bravo del Norte, en donde me detuve para aprovisionarse de agua, dirigí el 12 de abril una proclama a los soldados en la que pedí disciplina y respeto a la religión, a las personas y a las propiedades.

El 15 de abril desembarqué en Soto la Marina, Tamaulipas, en la desembocadura del río Santander, población que tomé con mi tropa al estar abandonada. El 25 del mismo mes imprimí otra proclama, en una imprenta que llevaba conmigo, en la que hice saber a los militares los motivos de mi intervención en la Nueva España y que reproduzco a continuación:

Proclama de Francisco Javier Mina en la que informa sobre sus antecedentes revolucionarios, sus ideas políticas y los propósitos de su expedición al desembarcar en el Nuevo Santander.

Soto la Marina, 25 de abril de 1817.

A LOS ESPAÑOLES Y AMERICANOS:

Al separarme de la asociación política por cuya prosperidad he trabajado desde mis tiernos años y adherirme a otra en disensión con ella para ayudarla, creo un deber mío exponer a aquellos a quienes toca los motivos que me han dictado esta resolución.

Yo me hallaba estudiando en la Universidad de Zaragoza cuando los desórdenes de la Corte de España y la ambición de Napoleón, redujeron a los españoles a ser la presa de una nación extraña o a sacrificarse a la defensa de sus derechos. Colocados entre la ignominia y la muerte, esta triste alternativa indicó su deber a todos aquellos en quienes la tiranía de los reinados pasados no había podido relajar enteramente el amor a la patria. Yo me sentí, como otros, animado de este santo fuego y me dediqué a la destrucción del enemigo. Acompañé como voluntario los ejércitos de la derecha y del centro, y dispersos desgraciadamente, corrí al lugar de mi nacimiento, donde era más desconocido. Me reuní a doce hombres que me escogieron por su caudillo y en breve llegué a organizar en Navarra cuerpos respetables de voluntarios de que la Junta Central me nombró jefe.

Pasaré en silencio los trabajos y sacrificios míos y de mis compañeros de armas. Baste decir que peleamos como buenos patriotas. Yo fui hecho prisionero y entonces la división que mandaba tomó mi nombre por divisa y por mi sucesor a don Francisco Espoz, mi tío. El gobierno nacional que aprobó esta determinación, me permitió también a mí añadir a su nombre el de Mina; y todos saben cuál fue el patriotismo, cuánta la gloria con que se me distinguió aquella división bajo sus órdenes.

Al restablecerse en nuestro suelo la dignidad del hombre y nuestras antiguas leyes, creímos que Fernando VII, que había sido compañero nuestro y victima de la opresión, se apresuraría a reparar con los beneficios de su reinado las desdichas que habían agobiado al Estado durante sus predecesores. Nada le debíamos. La generosidad nacional lo había librado de la tiranía doméstica. La generosidad nacional lo había llamado gratuitamente al trono, de donde su debilidad y la mala administración de su padre lo habían derribado. Le habíamos perdonado las bajezas de que se había hecho reo en Aranjuez, en Bayona y en Valencey. Habíamos olvidado que, más atento a su propia seguridad que al honor nacional, correspondió a nuestros sacrificios con pretender enlazarse con la familia de nuestro agresor.

Confiábamos, no obstante, en que tendría siempre presente a qué precio se le había repuesto al trono y en que, unido a sus libertadores, haría cicatrizar las profundas llagas de que por su causa se resentía aún la Nación.

La España, logrando reconquistarse a sí misma, es visto que reconquistó también al rey que se eligió. La mitad de la Nación había sido devorada por la guerra y la otra mitad estaba aún empapada en sangre enemiga y en sangre española al restituirse Fernando al seno de sus protectores.

Las ruinas de las que por todas partes estaba cubierto el camino debieron manifestarle sus deudas y las obligaciones en que estaba hacía los que lo habían salvado. ¿Podía creerse que el decreto dado en Valencia a 4 de mayo de 1814, fuese indicio del tratamiento que el ingrato preparaba a la nación entera? Las Cortes, esa antigua égida de la libertad española y a la que en nuestra orfandad debió la Nación su dignidad y honor, las Cortes, que acababan de triunfar de un enemigo colosal, se vieron disueltas en sus miembros huyendo en todas direcciones de la persecución de los aduladores y serviles.

Cadenas y presidios fueron la recompensa de los que tuvieron bastante firmeza para oponerse a la más escandalosa usurpación. La Constitución de 1812 fue abolida y el mismo a quien España había rescatado con ríos de sangre y con inmensos sacrificios, la hizo recaer bajo la tiranía y el fanatismo de que la habían sacado los españoles ilustrados.

Fuera ya de las prisiones francesas, corrí a Madrid a fin de contribuir con otros amigos de la libertad al sostén de los principios que habíamos jurado. Pero, ¡cuál fue mi sorpresa al ver la reproducción de los antiguos desordenes! Los satélites del tirano sólo se ocupaban en acabar de destruir la obra de tantos sudores.

Ya no se pensaba sino en consumar la subyugación de las provincias de ultramar, y el ministro don Manuel de Lardizábal, no conociendo los sentimientos de mi corazón me propuso el mando de una división contra México, como si la causa que defienden los americanos fuera distinta de la que exalto a la gloria del pueblo español; como si mis principios se asemejaran a los egoístas que para oprobio nuestro son enviados a desolar la América; como si fuera nulo el derecho que tiene el oprimido para resistir al opresor, y como si estuviese calculado para verdugo de un pueblo inocente quien lamenta las cadenas que abruman a sus conciudadanos.

En consecuencia, me fui a Navarra, y de concierto con mi tío, don Francisco Espoz, determiné apoderarme de Pamplona para ofrecer allí un asilo a los héroes españoles, a los beneméritos de la patria que fueran sido proscritos o tratados como facinerosos. Por toda una noche fui dueño de la ciudad, y cuando mi tío venía a reforzarme para contener en caso necesario a una parte de la guarnición de quien no fiábamos, uno de sus regimientos rehusó obedecerle.

Soldados valerosos que tantas veces habían triunfado por la independencia nacional, al tratar de su libertad se vieron atados con lazos vergonzosos por preocupaciones arraigadas y pro la ignorancia que aún no habían podido vencer. Frustrada así la empresa, me fue necesario refugiarme en países extranjeros con algunos de mis compañeros; y animado siempre del amor a la libertad, pensé defender su causa en donde mis esfuerzos fuesen sostenidos por la opinión y en donde pudiesen ser más benéficos a mi patria oprimida y más fatales a su tirano.

De las provincias de este lado del Océano saca los medios de su dominación; en ellas se combate por la libertad: así, desde el momento, la causa de los americanos fue la mía.

Sólo el rey, los empleados y los monopolistas son los que se aprovechan de la sujeción de la América en perjuicio de los americanos. Ellos, pues, son sus unidos enemigos y los que quieren eternizar el eterno pupilaje en que los tienen, a fin de elevar su fortuna y la de sus descendientes sobre las ruinas de este infeliz pueblo.

Ellos dicen que la España no puede existir sin la América; y esto es cierto por España se entienden ellos, sus parientes, amigos y favoritos. Porque emancipada la América no habrá gracias exclusivas, ni ventas de gobiernos, de intendencias y demás empleos de Indias; porque abiertos los puertos americanos a las naciones extranjeras, el comercio pasará a una clase más numerosa e ilustrada; y porque libre la América, revivirá indubitablemente la industria española, sacrificada en el día a los intereses rastreros de unos pocos hombres.

Si bajo este punto de vista la emancipación de América es útil y conveniente a la mayoría del pueblo español, lo es mucho más por su tendencia infalible al establecimiento definitivo de gobiernos liberales en toda la extensión de la antigua monarquía. Sin echar por tierra en todas partes el coloso del despotismo sostenido por los fanáticos monopolistas y cortesanos, jamás podremos recuperar nuestra antigua dignidad.

Para esto es indispensable que todos los pueblos donde se habla el castellano, aprendan a ser libres y a conocer y hacer valer sus derechos. En el momento en que una sola sección de la América haya afianzado su independencia, podemos lisonjeamos de que los principios liberales tarde o temprano extenderán sus bendiciones a los demás países. Esta época terrible es la que los agentes y partidarios de la

tiranía temen sin cesar. Ellos ven, en el exceso de su desesperación, desplomarse su imperio y quisieran sacrificarlo
todo a su rabia impotente.

En tales circunstancias, consultad, españoles, lo pasado
para sacar lecciones capaces de hacer arreglar vuestra conducta futura. La causa de los americanos es justa, es la causa
de los hombres libres, es la de los españoles no degenerados.
La patria no está circunscrita al lugar en que hemos nacido,
sino más propiamente al que pone a cubierto nuestros derechos individuales.

Vuestros opresores calculan que para restablecer su bár-
bara dominación sobre vosotros y sobre vuestros hijos, es
preciso esclavizar el todo. Con razón temía el célebre Pitt
esas consecuencias cuando justificaba a presencia del Parla-
mento británico la resistencia de los angloamericanos.

Nos aseguran que la América esta obstinada –decía él–,
que está en manifiesta rebelión. Me glorío, señor, de que re-
sista. Tres millones de habitantes que indiferentes a los impulsos de la libertad se sometieran voluntariamente, serían
después los instrumentos más adecuados para imponer cadenas a todo el resto.

Tales son los principios que me han decidido a separarme
de la España y adherirme a la América a fin de cooperar a su
emancipación. Si son rectos, ellos responderán satisfactoria-
mente de mi sinceridad. Por la causa de la libertad e independencia he empuñado las armas hasta ahora; sólo en su
defensa las tomaré de aquí en adelante.

Mexicanos: permitidme participar de vuestras gloriosas
tareas, aceptad los servicios que os ofrezco en favor de vuestra sublime empresa y contadme entre vuestros compatrio-
tas. ¡Ojalá acierte yo a merecer este título, haciendo que
vuestra libertad se enseñoree o sacrificándole mi propia existencia!

Entonces, en recompensa, decid a vuestros hijos: "Esta
tierra fue dos veces inundada en sangre por españoles serviles, vasallos abyectos de un rey; pero hubo también espa-

ñoles liberales y patriotas que sacrificaron su reposo y su vida por nuestro bien."

Soto la Marina, 25 de abril de 1817.

Javier Mina.

En abril de 1817, con una pequeña escuadrilla y un puñado de hombres resueltos y valientes como los griegos de la antigüedad, marché a Soto la Marina. El 17 de mayo llega a ese puerto la fragata española de guerra *Sabina*, hundiendo uno de mis tres barcos. El otro barco pudo huir y el tercero quedó embarrancado. Salí de mi campamento el día 24 con 300 hombres, apoderándonos en la Hacienda del Cojo, de 700 caballos, que estaban destinados al ejército virreinal, así pude montar a toda mi tropa y contar con la suficiente reserva de equinos.

En mayo muchos de mis compañeros de aventura se disgustaron y se marcharon a Texas. Sin embargo, los dejé ir. Encomendé la plaza al mando del teniente coronel catalán José Sardá, internándome por tierra con mis tropas. En el camino encontré a un jefe español, Villaseñor, lo acometí, destrozamos rápidamente su ejército y proseguí mi camino.

Entre tanto el mayor Sardá, a quien yo había dejado en Soto la Marina, se fortificó, y defendió por muchos días, con sólo treinta y siete hombres, su puesto atacado por fuerzas superiores al mando del coronel Arredondo. Finalmente, sucumbió, pero por medio de una capitulación muy honrosa. Arredondo quedó lleno de asombro de que menos de cuarenta hombres hubiesen hecho una resistencia tan heroica.

Encabezando el *Ejército Auxiliador de la República Mexicana*, el 24 de mayo empecé a avanzar hacia el interior del país para unirme a los insurgentes de Pedro Moreno en el Fuerte del Sombrero, al noreste de Guanajuato.

En la hacienda de Peotillos, me esperaba Armiñán con una fuerte división. Sin contar los enemigos, arremetí con mi puñado de intrépidos, y gané la batalla, una de las más notables y gloriosas de aquel periodo de la Historia. Esta acción fue el 8 de junio de 1817, y a mediados del mes continué mi marcha para el interior.

Al día siguiente, derroté en una desigual batalla, que duró sólo tres horas, al general Armiñán, que contaba con 2 000 soldados contra los 300 que formaban mi ejército. Sin embargo, en esta batalla, perdí la quinta parte de mi ejército.

El 24 de junio entré al fuerte del Sombrero, que ya estaba en poder de los insurgentes, el 28 de ese mismo mes, derroté en otra batalla al general Ordóñez, quien quedó muerto en el campo y el 7 de julio tomé la hacienda del Jaral, que estaba fortificada, y en la que me apoderé de 140 mil pesos y víveres suficientes para alimentar durante varios meses a mis tropas. Toda esta campaña fue violenta y terrible como un rayo.

Volví al fuerte del Sombrero y continué hacia el interior del país. Ataqué la ciudad de León, ya en Guanajuato, cerca de donde el cura Hidalgo dio su grito de rebelión, pero fui rechazado por la guarnición local.

El 3 de julio tomé a Valle del Maíz; el 15 a Peotillas; el 19 a Real de Pinos. El primer reducto que yo había organizado en Soto la Marina fue tomado por el comandante Arredondo quien prometió el indulto a los asediados, pero el jefe Sardá al cual yo había dado el mando fue ejecutado; los demás combatientes fueron enviados a prisión al Fuerte de San Juan de Ulúa y Fray Servando volvió a ser encarcelado por la Inquisición.

El 1 de agosto llegó al Fuerte del Sombrero, el mariscal Pascual Liñán, recién llegado de España con un poderoso ejército, sitiándolo. En ese lugar me encontraba yo junto con Pedro Moreno, otro insurgente.

El virrey, que estaba verdaderamente espantado con esta fabulosa expedición, reunió un fuerte número de tropas que puso a las órdenes de Liñán, el cual estaba secundado por las fuerzas que mandaban los jefes españoles Negrete, Orrantia y García Rebollo. Fuimos atacados por Liñán, el 4 de agosto. Dicho mariscal mandaba una fuerza de 2 500 hombres y 14 cañones, pese a lo cual fue rechazado por nosotros, que sufrimos grandes pérdidas, el enemigo mantenía sitiado el fuerte.

Yo tomé la iniciativa e intenté sorprender al enemigo y tomar la ciudad de León, pero habiendo salido por primera vez frustrado de mi ataque, me retiré al fuerte del Sombrero. Liñán atacó de nuevo el 10 de agosto el fuerte por tres puntos, pero fue rechazado por nosotros, y entonces estableció un sitio.

Durante diecinueve días el puñado de hombres allí encerrados sufrimos el fuego, el hambre y la sed, pues no teníamos una gota de agua. Esto llevó a muchos a la desesperación. El 19 de agosto en la noche, gran parte de los insurgentes trataron salir de él varias veces en busca de víveres, pero no lo consiguieron. Fueron destrozados enteramente por los españoles.

Yo mismo lo logré el 8 de agosto y fui a auxiliar al Fuerte de los Remedios, donde el padre José Antonio Torres hacía resistir a los realistas. Ahí preparé un convoy para conducirlo al fuerte del Sombrero, en el trayecto fui atacado por el jefe Rafols y perdí parte del convoy. Mientras tanto, Liñán había logrado capturar el fuerte mencionado tras varios ataques y luego de demoler sus fortificaciones. Fusiló a sus 200 defensores, incluidos los heridos.

Me encontraba yo con Pedro Moreno en el fuerte de Los Remedios, tras de haber desbaratado, con sólo 100 jinetes, una numerosa fuerza de caballería, cerca de León. Liñán se decidió a poner punto final a la campaña y puso sitio a nuestro bastión con seis mil hombres y suficiente artillería. A pesar de eso, logré salir para reunirme con otro insurgente de apellido Ortiz en un punto conocido como *La Tlachiquera*, de donde me dirigí a la hacienda del Bizcocho, que ocupé tras un breve combate, para enseguida marchar sobre San Luis de la Paz, en el norte de Querétaro, plaza que tomé tras reñido combate.

En este lugar pude reorganizar mis fuerzas y me dirigí nuevamente al fuerte de Los Remedios, sin saber que una fuerza de más de mil hombres al mando del coronel Orrantia se aprestaba a combatirlo. Cuando advertí el peligro en que me encontraba pensé en cambiar de planes y atacar la ciudad de Guanajuato, pero Torres se opuso por alguna razón y nuestra indecisión fue aprovechada por Orrantia, quien nos atacó y nos derrotó en la hacienda de La Caja.

Posteriormente, combatí en numerosos lugares hasta que, desalentado por la indisciplina de mis tropas, el 12 de octubre llegué a Jaujilla, donde estaba la Junta de Gobierno. La Junta me encomendó atacar Guanajuato, pero mis tropas fueron dispersadas por el enemigo.

Hice público otro manifiesto, afirmando que no combatía la soberanía española en sus territorios de Ultramar, sino la tiranía del rey Fernando VII, quien había determinado desconocer los legítimos anhelos del pueblo al derogar la *Constitución de Cádiz*. Fernando, en efecto, proclamó un *olvido general* que consistió en hacer ejecutar a todos los que habían luchado por la libertad, incluso en su nombre, contra los invasores; la desilusión de muchos peninsulares y americanos fue general.

En noviembre de 1817 cayó el Fuerte de Jaujilla, y fueron hechos prisioneros don Ignacio López Rayón y don Nicolás Bravo. De Jaujilla, partí hacia el rancho de *El Venadito*, donde me refugié con el coronel Pedro Moreno.

Fuimos atacados el 27 de octubre de 1817, en ese enfrentamiento murió Pedro Moreno. Yo fui apresado y llevado ante el coronel absolutista Orrantia, que al día siguiente entró en Silao conmigo como prisionero y la cabeza del coronel Moreno clavada en una lanza. El Virrey fue premiado con el título de *conde de Venadito* por esta acción.

Fui llevado al destacamento de Pascual Liñán. El 11 de noviembre de 1817 fui conducido cargado de grilletes, a la cima del Cerro del Bellaco, frente al fuerte de Los Remedios, muy cerca de Pénjamo, Guanajuato. El coronel Orrantia, enfurecido, me dio dos golpes de sable en el rostro.

Francisco Javier Mina fue fusilado por la espalda como traidor, por los soldados del Batallón de Zaragoza. Cuentan los testigos que murió con la misma intrepidez y valor que había mostrado en los campos de batalla. La noticia de su muerte fue celebrada en la capital de México con repiques de campana y fuegos artificiales. Así terminó la corta pero gloriosa carrera militar de este ilustre campeón de la Independencia de México.

A casi doscientos años de su fusilamiento en el fuerte de Los Remedios, en tierras de Guanajuato, México, Francisco Javier Mina, el caudillo navarro y posteriormente destacado insurgente mexicano es recordado oficialmente como héroe propio en el país a cuya independencia contribuyó hasta dejar la vida en la empresa, con un idealismo netamente vasco.

Francisco Javier Mina tuvo una sólida formación liberal de la mano de maestros de renombre como Lahorie en París, Blanco White, López Estrada, Andrés Bello y Servando Teresa de Mier en Londres y Simón Bolívar en Haití; viajó por medio mundo; como hemos visto participó en la guerra de Independencia de México; y no dejó de luchar incansablemente por garantizar la libertad y la justicia.

Combinó, como muchos de sus compañeros de generación, la acción de las armas con la actividad política y la formación intelectual. Como viajero constante tuvo ocasión de conocer los Estados Unidos, muchos de los países que hoy conforman América Latina y la mayoría de las ciudades de Europa. Junto a sus colegas liberales de la época, participó en tertulias, publicó en diarios, y peleó literalmente hasta la muerte por defender sus ideas

En la generación de comienzos del siglo XIX, un escogido grupo de personas no conocía fronteras y sus ideas iban y venían con los barcos de un lado al otro del Atlántico. El mundo occidental estaba mucho más interconectado de lo que ahora imaginamos, pues dichos personajes no viajaban durante un par de días a Londres, París, Viena, México, Caracas, Río de Janeiro, Buenos Aires, La Habana, Lima, Santiago, Madrid, Lisboa, Pensacola, Boston, Filadelfia, Baltimore, Nueva Orleans, o Luisiana, sino que vivieron en dichas ciudades a veces durante largos años.

Las ideas viajaban a través de cartas y periódicos y en las tertulias y cafés se discutían con apasionamiento las distintas posiciones generándose un diálogo enriquecedor. Los debates eran muy fructíferos, pues se realizaban cara a cara y a fondo. Era un espacio real, no virtual. Las nutridas bibliotecas de los pensadores liberales son una muestra de la amplitud y profundidad de sus conocimientos.

Pese a su brevedad, la campaña de Mina fue el acto de guerra más importante en el periodo de la Guerra de Independencia de México, conocido como *Etapa de la Resistencia*.

Se sabe por documentos de la época que Francisco Javier Mina, quien al morir tenía 29 años de edad, era de presencia agradable y un típico *general de los soldados*, admirado, obedecido y apreciado por sus tropas. Acostumbraba firmar sus escritos y documentos sencillamente con el nombre de *Javier* y en la Nueva España tomó el título de *General del Ejército Auxiliador de la República Mexicana*.

No obstante, cuando se incorporó al movimiento independentista de México, a pesar de que sus campañas fueron una cadena de triunfos, no fue nada fácil para él, pues por principio de cuentas no recibió la ayuda que los caudillos insurgentes le habían prometido pues éstos le veían con desconfianza. Por tal razón, tuvo que atenerse en todo momento a sus propias fuerzas en las condiciones naturalmente desventajosas que presenta luchar contra un poder constituido en su propio territorio y con inferioridad de elementos y de condiciones.

La campaña de Mina, según versión de los historiadores que se han ocupado de ella, representa uno de los episodios más brillantes de la lucha de México por obtener su independencia política de España.

Francisco Javier Mina, no puede etiquetarse ni de traidor ni de héroe, como a menudo se le ha querido ver según la perspectiva del investigador, sino como un pensador con una visión de futuro fuera de lo común que fue capaz de unir las tradiciones liberales de España y América y como un militar que no dudó en luchar en las guerras de independencia en América para conseguir la libertad en España.

Mina llegó tarde a México –para entonces ya había muerto Morelos y se había disuelto el Congreso– por lo que su labor no pudo ser aprovechada convenientemente. Sus discursos e ideas no fueron comprendidos cabalmente. El plan que Mina ideó con gran cuidado durante varios años en Londres y Estados Unidos, con la ayuda y el apoyo de personajes relevantes, consistía en apoyar las luchas por la libertad en América –apoyaba concretamente el plan de Morelos– a fin de derrotar el sistema imperial hispano y en particular las formas de poder características de las sociedades de Antiguo Régimen. Según Mina, la liberación de América se debía traducir de forma automática en el comienzo del final del absolutismo en España. La libertad de América y España se presentaban para Mina como un objetivo interconectado, que no podía entenderse de forma separada.

Recordar y honrar la figura de Mina significa rendir homenaje a toda la tradición del guerrillero hispanoamericano, el símbolo popular del patriotismo, la firmeza, la generosidad y la valentía. Esta larga tradición se encarna durante el siglo XIX de forma superlativa en este Mina *El Mozo* que peleó en ambos continentes no contra Francia ni contra España, sino contra el Absolutismo y la Tiranía, en una trayectoria vital ejemplo de generosidad, fiereza y arrojo, de compromiso patriota pero a la vez internacionalista y revolucionario.

La vida breve y agitada de Mina está marcada, como hemos visto, por el romanticismo y la épica. Se trata de una vida a la que se le dota de sentido por medio de la política, en este caso por la tensión y lucha entre el liberalismo político y el absolutismo, entre la libertad y la tiranía. Esta existencia épica estuvo dedicada al sacrificio, al desprecio de la propia vida, no por desdén sino por compromiso, porque Mina es consciente que se actúa a favor de la necesidad histórica, de unas ideas políticas –el liberalismo– que va abriéndose camino y que terminará por cambiar de forma permanente e irreversible la historia del mundo.

Los restos de Javier Mina reposan actualmente en la Columna de la Independencia, en la Ciudad de México, junto con los del cura Hidalgo, iniciador del movimiento independentista, y los de Juan Aldama, Ignacio Allende, Mariano Jiménez, Mariano Matamoros, Andrés Quintana Roo, Leona Vicario, Nicolás Bravo y Guadalupe Victoria, primer Presidente de México.

José María Morelos y Pavón

L a tarde del domingo 30 de septiembre de1765, en Valladolid, Michoacán, mi madre, doña Juana María Guadalupe Pérez Pavón, sintió fuertes dolores de parto, al salir de
misa, por lo que pidió ayuda a las monjas del convento de San
Agustín. Fue ahí en el pórtico de ese edificio donde nací. Mi
padre fue José Manuel Morelos Ortuño, de oficio carpintero.

Cuatro días después de mi nacimiento, mis padres me presentaron ante El Sagrario de la Catedral de Valladolid, para
recibir el bautismo. Era la fiesta dedicada a San Francisco de
Asís, por lo que había una gran cantidad de fieles en el templo.
Entre ellos, los que fueron mis padrinos Lorenzo A. Cendejas
y Cecilia Sagrero. Me pusieron por nombre *José María Teclo Morelos Pavón y Pérez*.

Tuve dos hermanos: Nicolás que nació en 1770, y Antonia
nacida en 1776, el mismo año en que murió mi abuelo mater-

no, Juan Antonio Pérez Pavón, maestro de profesión y a quien tuve la fortuna de conocer.

Los primeros años de estudio los realicé en la escuela de mi abuelo, pero mi madre fue la que siempre me guió en mis primeras letras, al igual que en otras disciplinas de mi interés. Siempre tuve su apoyo y comprensión. Ella despertó en mí la curiosidad y el afán de saber y todo esto ayudó a formar mi carácter hasta el inicio de mi primera juventud.

Luego de una fuerte discusión con mi madre, mi padre se vio obligado a emigrar a San Luis Potosí. Se llevó consigo a mi hermano Nicolás. Por esas circunstancias, sobrevino una difícil situación económica en mi hogar, donde mi madre tuvo que luchar por sobrevivir junto con nosotros. La pobreza marcó los primeros años de mi infancia.

Para ayudar al sostén de mi casa, en 1779, cuando tenía 14 años, entré a trabajar a la hacienda cañera de *Tahuejo*, ubicada en Apatzingán, propiedad de mi tío paterno Felipe Morelos Ortuño. Permanecí en ese lugar once años, haciendo labores agrícolas pero principalmente como escribano y contador. En mis ratos libres, leía todo lo que estaba a mi alcance pues tenía un gran interés por aprender.

Viajaba a menudo a Valladolid, principalmente cuando mi madre me necesitaba. También durante mi estancia en la hacienda viajé varias veces a la Ciudad de México.

A principios de 1784, mi padre regresó a su casa paterna. Cinco años después murió. Para ese entonces mis hermanos se habían casado y mi madre vivía sola. Eso me orilló a tomar una decisión, y en 1790, cuando tenía 25 años, regresé a Valladolid donde ingresé en el Colegio de San Nicolás. Allí estudié gramática latina, retórica, filosofía y moral. En un año hice los cursos de Mínimos y Menores y por ello me honraron permitiéndome ayudar como *decurión* a mis maestros.

Siempre mantuve mi decisión y disciplina a favor de la cultura, porque en ella veía mi única salida del medio de apremio que me había tocado en la vida.

En 1795 ingresé al Seminario Tridentino donde estudié teología moral y filosofía. Después, el 28 de abril de ese mismo año, viajé a la Ciudad de México para presentar mi examen de bachiller en artes en la Real y Pontificia Universidad. El 13 de diciembre, en Valladolid, recibí mi primera tonsura y las cuatro órdenes menores y una semana después me ordené como subdiácono.

En enero del siguiente año el párroco de Uruapan me ofreció ocupar el cargo de cura auxiliar, donde me encomendaba las cátedras de gramática y retórica. Dada mi precaria situación económica acepté. Además de eso, me interesé en ayudar a leer y escribir a niños indígenas, por lo que los reunía todas las tardes en un pequeño solar.

En septiembre de ese año, fui ordenado diácono, en Valladolid, pero alcancé el presbiterado el 21 de diciembre de 1797. Un mes después, aproximadamente, el obispo de mi ciudad, fray Antonio de San Miguel, me dio el cargo de cura interino de Churumuco. Mi madre y mi hermana Antonia vinieron a vivir a mi modesta casa parroquial.

El severo clima de Churumuco así como las privaciones que tuvimos que enfrentar mi familia y yo, minaron la salud, de por sí precaria de mi madre. Tanto ella como mi hermana enfermaron gravemente en diciembre de 1798, por esa razón, decidí enviarlas a Valladolid para que las atendieran de urgencia en un lugar adecuado.

En enero del siguiente año salieron de Churumuco, pero mi madre se agravó y fue necesario detenerse en Pátzcuaro. Su débil cuerpo ya no resistió y el 5 de enero de 1799, falleció. Fue sepultada en ese lugar. Sentí un gran dolor por esa magnífica mujer que me había apoyado hasta el límite de sus fuerzas y me brindó su ayuda y su luz hasta sus últimos momentos.

En abril de 1799, me encargué del curato de San Agustín Carácuaro y de Nocupétaro, dos pueblos tarascos miserables de pocos y pobres habitantes. Como mis ingresos eran mínimos, realicé algunas transacciones comerciales para poder construir una pequeña casa en Valladolid, para que la ocupara mi hermana.

El 15 de mayo de 1803 nació en Carácuaro mi primogénito Juan Nepomuceno Almonte. Su madre fue Brígida Almonte, con quien tuve amoríos. El niño siempre estuvo a mi lado hasta que lo envié a estudiar a los Estados Unidos. Yo lo llamaba *mi adivino* y sentía por él una gran ternura. Cinco años después, en 1808, nació mi segundo hijo en Nocupétaro, su madre María Ramona Galván y yo le pusimos por nombre José Victoriano. También tuve otra hija en Carácuaro un año después.

A pesar de que vivía en ese pequeño poblado, recibía noticias del descontento popular en la Nueva España y observaba con ira creciente y con sumo cuidado, la injusticia social que me rodeaba. En realidad sentía un viejo cariño por los desposeídos y los humildes, y en general por los indígenas.

Para mí la *Guerra de Independencia*, que se estaba gestando, fue el resultado lógico de la desesperación popular que necesitaba un destino mejor. Los pueblos desde el Río Bravo hasta Chile, participaban de aquella inquietud y se echaron a cuestas la responsabilidad de realizar la libertad.

En marzo de1808, ante la inminente conquista de España por el ejército francés, se rumoraba que la familia real española se había embarcado rumbo a alguna de sus colonias en América. El rey Carlos IV abdicó en favor de su hijo Fernando VII, pero en Bayona, Napoleón Bonaparte obligó al monarca español a abdicar a favor de su hermano José Bonaparte. Por estos y otros tantos acontecimientos, el 2 de mayo dio inicio la *Guerra de Independencia Española*.

El obispado de México nos pedía a todos los clérigos, aportar dinero para la causa de España.

En Valladolid, el 21 de diciembre de 1809, fue descubierta una conspiración organizada por el teniente José Mariano Michelena, quien intentaba formar una junta en la Ciudad de México, para arrestar al virrey José de Iturrigaray y a todas las autoridades de la Colonia, para evitar una invasión al país por los franceses. En septiembre del mismo año, tanto militares, como abogados, médicos y hasta sacerdotes, participaban en ese proyecto, con ayuda de algunos gobernadores provinciales y de varios regimientos como el de Valladolid, comandado por **Agustín de Iturbide,** quien algunos años más tarde consumaría la *Guerra de Independencia.*

Algunos comentaron que esta conspiración se había propagado a otras ciudades como San Miguel el Grande y Querétaro, y que tenían vínculos con los capitanes Mariano Abasolo e **Ignacio Allende.**

Se supo la noticia de que en marzo de 1810, el ejército francés tenía capturada a toda España, exceptuando la ciudad de Cádiz. Los clérigos, a petición del obispado, nuevamente nos vimos obligados a contribuir con cualquier cantidad de dinero, para ayudar al ejército español.

Por ese tiempo, se planeaba una nueva conspiración en México, organizada por el corregidor de Querétaro, don Miguel Domínguez, su esposa doña **Josefa Ortiz de Domínguez**, y los militares Juan Aldama, **Ignacio Allende** y **Mariano Abasolo**. También tuvieron el apoyo del cura de Dolores, muy popular en el Bajío llamado **Miguel Hidalgo y Costilla**, quien era muy amigo del intendente de Guanajuato llamado Juan Antonio Riaño y de Manuel Abad y Queipo, obispo de Michoacán.

Para no levantar sospechas, los conspiradores se congregaban con el pretexto de hacer tertulias literarias. Luego de arduas discusiones, se determinó dar el golpe el 8 de diciembre de ese año. Ignacio Allende consideró necesario adelantarlo, por lo que convenció a los participantes que fuera el 2 de octubre.

Cada uno de los conspiradores inició su plan: Hidalgo reunió a los herreros de su comunidad para que fabricaran armas. En cuanto a Allende, logró atraer a su favor a los *Regimientos de Dragones de la Reina*. Ellos contaban con apoyo de gente de otras ciudades como San Luis Potosí, Celaya y sobre todo de la Ciudad de México.

El levantamiento se precipitó, por una traición. El 11 de septiembre, uno de los supuestos conspiradores, al sentirse moribundo, delató a sus compañeros. Sin demora, las autoridades iniciaron la captura de todos los involucrados en la Conspiración. Miguel Domínguez, por ser corregidor de Querétaro, recibió dicha orden. Su esposa, doña Josefa Ortiz de Domínguez, al enterarse del problema, acudió al alcalde Pérez, otro participante, para que diera aviso a Ignacio Allende de la traición. Éste se encontraba en el pueblo de Dolores y el mensajero fue hasta ahí para informar al cura Hidalgo y a Allende, quienes dadas las circunstancias decidieron levantarse en armas esa misma noche. El sacerdote dio la orden de capturar a todos los españoles de su comunidad a quienes obligaron a darles dinero para el movimiento.

Como era lógico, las autoridades españoles inmediatamente tomaron cartas en el asunto. Primero, fue relevado de su cargo el virrey y lo sustituyó el teniente general Francisco Javier Venegas. Este último ordenó la defensa en Puebla, Guanajuato y San Luis Potosí.

Por su parte, la Iglesia tomó la decisión de excomulgar a todos los conspiradores, por sublevarse contra la Corona española y por tomar como símbolo de su lucha el estandarte de la Virgen de Guadalupe. El edicto de excomunión se publicó en Valladolid el 20 de septiembre.

Entre las primeras acciones que iniciaron los insurgentes, está la marcha por el Bajío donde se rindieron San Miguel el Grande y después Celaya. Siete días después del levantamiento, Miguel Hidalgo y Costilla fue nombrado capitán general de América e Ignacio Allende teniente general.

El ejército realista estaba formado por 30 000 soldados, en cambio el ejército insurgente reunía 20 000. Gran parte de éstos no tenía ningún entrenamiento militar pues eran mestizos e indígenas que nunca habían salido de su comunidad, pero que estaban cansados de la opresión en la que vivían.

El ejército insurgente al que cada día se sumaban más simpatizantes, llegó a Guanajuato el 28 de septiembre. Hidalgo envió a un representante para persuadir al teniente general Juan Antonio Riaño, quien gobernaba la ciudad, para que se rindiera. Como era lógico, se negó, por lo que los insurgentes se vieron obligados a tomar la ciudad por la fuerza. Toda la población se refugió en un granero al que llamaban *Alhóndiga de Granaditas*. Mientras tanto, el ejército español salió a defender la ciudad y en esa batalla murió el teniente general Riaño.

De ahí, los insurgentes marcharon hacia Valladolid, donde llegaron el 17 de octubre. Gracias a Ignacio Allende, no hubo más muertos. En esa ciudad los insurgentes pudieron reunir ocho compañías nuevas, además del *Regimiento de Dragones de la Reina*. Hidalgo ordenó partir pronto para tomar la Ciudad de México, pues se había enterado que el brigadier Félix María Calleja, había salido de San Luis Potosí para sumarse a la defensa de la capital. El 19 de octubre se inició la marcha hacia México y al día siguiente la tropa hizo un alto en un pueblo llamado Charo cercano a Valladolid.

Yo estaba al tanto de la insurrección y cuando supe que Hidalgo y su ejército estaban cerca, salí de Carácuaro en la madrugada en busca de las tropas insurgentes. Unos arrieros me indicaron el camino que había tomado el ejército. Crucé Tacámbaro hasta alcanzarlos en Charo. Al día siguiente, luego de un merecido descanso, marchamos a Indaparapeo donde logré entrevistarme con don Miguel Hidalgo.

Le pedí unirme a su causa como capellán del ejército pues estaba convencido de la verdad y la justicia de este movimiento. Hablamos de que era el momento oportuno para librarnos de la opresión española que carecía en ese entonces de autoridad, pues el rey de España Fernando VII se encontraba preso por Napoleón Bonaparte. Conversamos un largo rato y al terminar la entrevista el padre me pidió que fuera general del ejército en vez de capellán.

Le ofrecí marchar con él hasta la Ciudad de México, pero me encomendó levantar tropas en el sur del país y tomar puntos estratégicos como el puerto de Acapulco, donde llegaban mercancías en la *Nao de China*, procedentes de Filipinas, que también estaba dominada por España.

Para que quedara asentado mi nombramiento, el capitán general de América don Miguel Hidalgo y Costilla, extendió un documento con el siguiente texto: "*Por el presente comisiono en toda forma a mi lugarteniente el Br. D. José María Morelos, cura de Carácuaro, para que en la costa del Sur levante tropas, procediendo con arreglo a las instrucciones verbales que le he comunicado".*

Dicho nombramiento se lo presenté a don Ramón Aguilar, de la mitra de Valladolid, al solicitarle permiso para abandonar el cargo en Carácuaro. Pusieron en mi lugar a don José María Méndez. Por fortuna para mí, los funcionarios eclesiásticos a los que acudí, simpatizaban con la causa de la Independencia.

Mi siguiente paso fue reclutar hombres que pudieran tomar las armas. De este modo elegí a Gregorio Zapién, como mi asistente, así como a Gregorio Velázquez, Vicente Guzmán, Roque Anselmo, Francisco Zamarripa, Francisco Cándido, Benito Melchor de los Reyes, Teodoro Gamero, Marcelino González, Francisco Espinoza, Andrés González, J. Concepción Paz, Máximo Melchor de los Reyes, Román de los Santos y Bernardo Arreola, entre otros. Eran 25 hombres mal pertrechados pero dispuestos a seguirme. Con ellos salí de Nocupétaro.

Cuando llegamos a Huspio, me informaron que la guarnición de Huetamo había huido, entonces decidí quedarme allí tres días y armé a un grupo de cuarenta hombres. A mi paso por el poblado de Coahuayutla, se unió a la causa Rafael Valdovinos con algunos hombres. Atravesamos la rivera del río Balsas, en Tierra Caliente, hacia la costa y llegamos a Zacatula, donde se incorporaron 50 hombres capitaneados por el oficial Marcos Martínez.

Al llegar a Petatlán, me enteré que el jefe de la guarnición de nombre Gregorio Valdeolivar estaba ausente y aproveché para decomisar el armamento. Se unieron a nuestro grupo 103 soldados, por lo que en total eran 294 indígenas de a pie y 50 a caballo.

Cuando nos acercábamos a Tecpan, nos enteramos que el comandante realista encargado de ese lugar, capitán Juan Antonio Fuentes, evacuó la población, pero sus soldados desertaron para unirse a mi ejército.

Nunca olvidaré ese 7 de noviembre de 1810, cuando conocí a los hermanos **Galeana, Hermenegildo,** Juan José y Fermín, que eran hacendados de Tecpan, y que prefirieron unirse a la insurrección que permanecer con las comodidades a las que estaban acostumbrados.

Pronto se fueron ganando el respeto de la gente, especialmente Hermenegildo, quien por su nobleza de sentimientos fue muy popular y querido entre sus soldados, particularmente los negros que abundaban en las costas del Sur y quienes cariñosamente lo llamaban *Tata Gildo*. Siempre me manifestó admiración y lealtad y en varias ocasiones me salvó la vida. Yo lo consideré uno de mis brazos.

Los Galeana aportaron pertrechos, caballos, 700 hombres y un cañón pequeño que apodaban *El Niño* y que fue la primera pieza del *Ejército del Sur*.

Por desgracia, no todo iba bien dentro del movimiento pues ese mismo 7 de noviembre, el cura Hidalgo sufría una derrota en el poblado de Aculco, por parte del brigadier Félix María Calleja.

Dejé bien fortificado el pueblo de Tecpan, previendo alguna retirada y marché junto con los 2 000 hombres de mi ejército y con la ayuda de los Galeana y los oficiales Cortés, Ávila y Valdovinos a San Jerónimo y de ahí a Coyuca de Benítez, ambas pertenecientes a la Costa Grande. Mis hombres no estaban lo suficientemente armados pero eran muy disciplinados. Pocos días después, acampamos en Pie de la Cuesta, en donde nos reunimos con la gente de Atoyac.

Ordené a Valdovinos y a Cortés que se posesionaran del Cerro del Veladero en el que se domina Acapulco. Combatieron al frente de 700 hombres hasta vencer a los 400 realistas al frente de Luis Calatayud, el 13 de noviembre. Con esta victoria pude capturar y fortificar el cerro del Aguacatillo, Las Cruces, El Marqués, La Cuesta y San Marcos, para establecer el cerco de Acapulco.

Cuando el virrey se enteró de esos acontecimientos, envió a la Brigada de Oaxaca, que se encontraba resguardando esa región, para detenerme. Eran 1 500 hombres bien armados, bajo las órdenes del capitán Francisco Paris.

El capitán español dividió su ejército en tres grupos. El primero estaba al mando de José Sánchez Pareja, quien luego de enfrentarse a las tropas de Valdovinos, en Arroyo Moledor, las derrotaron el 1° de diciembre. El segundo grupo combatió con los soldados comandados por Ávila en Llano Grande. Los insurgentes descendieron del Veladero y luego de una intensa lucha, lograron derrotar a los realistas en Paso Real de la Sabana. Por mi parte, en las primeras horas del 8 de diciembre, me enfrenté junto con mis hombres al tercer grupo de soldados españoles, bajo las órdenes de Paris. Combatimos arduamente durante todo el día y toda la noche hasta que por fin logramos vencer. Nos establecimos en Paso Real de la Sabana.

A pesar de que habíamos logrado la victoria, me preocupaba saber que carecíamos de las armas necesarias y adecuadas para enfrentarnos a otras luchas. Por esa razón acepté relacionarme con un oficial español de nombre Mariano Tabares, que manifestó estar en desacuerdo con el comandante Paris.

Fue así como la noche del 4 de enero de 1911 un grupo formado por 600 insurgentes, bajo las órdenes del coronel Julián de Ávila y yo, caímos por sorpresa al ejército realista. El capitán Francisco Paris, aprovechando la revuelta, huyó abandonando a sus soldados. Mis hombres se apoderaron de cinco cañones, 700 fusiles, 52 cajones de parque, además de víveres y otros pertrechos. Los españoles que capturamos los envié a Tecpan, que comandaba don Ignacio Ávila.

Después de tales acontecimientos aseguré militarmente mi posición en Tres Palos y me preparé para atacar el Fuerte de San Diego, construido años atrás para evitar el ataque de los piratas, que contaba con buena artillería, lista para resistir un ataque insurgente, con una excelente guarnición y abastecida por mar.

Confié en la palabra del teniente de artillería José Gagó, que me ofreció tomar el Fuerte de San Diego para el 8 de febrero, pero el maldito me traicionó y dejó a mi gente entre varios fuegos. Al ver lo ocurrido me adelanté y ordené la retirada con la ayuda de los Galeana. Con esa acción logramos que el ejército recuperara la serenidad y que no fueran muchas las pérdidas.

Más tarde, desde el cerro de las Iguanas, continué el combate contra los españoles durante nueve días. El gobernador Carreño nos atacó en campo abierto y logró que retrocediéramos, además de quitarnos algunas piezas de artillería. Por desgracia, el virrey envió de inmediato tropas de refresco al puerto de Acapulco. Yo caí enfermo, tal vez por el pesar de no haber logrado mi objetivo.

Antes de esta derrota, mientras me encontraba en la localidad de El Aguacatillo, dicté algunos decretos con el fin de organizar un gobierno lo antes posible. Algunas medidas que dicté fueron las siguientes:

> *Defender los bienes de la Iglesia Católica.*
> *Castigar todo intento de guerra de castas y los pecados públicos.*
> *Reiterar la medida dictada por Hidalgo en Guadalajara, de establecer un nuevo gobierno en manos de todos los nacidos en la Nueva España.*
> *Suprimir el tributo, la esclavitud, las cajas de comunidad, las deudas a peninsulares y el monopolio de la pólvora.*

Tomé la decisión de retirarme a Tecpan pero le encomendé a mi lugarteniente Ávila el resguardo del Veladero, con suficiente tropa, bien fortificado. Pensé que habría una mejor ocasión de volver al puerto en óptimas condiciones.

En Tecpan, me reuní con mi ejército y tomé la decisión de tomar algunos bienes de la iglesia para sufragar las acciones militares.

Mientras me encontraba en el Sur, recibí el apoyo de los hermanos Leonardo, Víctor, Máximo y Miguel Bravo, así como de **Nicolás Bravo**, hijo de Leonardo. Eran oriundos de la Hacienda de Chichihualco. Además de ellos, se unieron al movimiento **Vicente Guerrero,** un arriero originario de Tixtla y el estudiante de derecho nacido en Durango, Miguel Fernández

Félix, quien más adelante adoptaría el nombre de **Guadalupe Victoria.**

Cuando me repuse de mis males regresé al puerto de Acapulco. Me acompañó el capitán Vicente Guerrero. Con él y con los Galeana, los Bravo, los Ávila, Ayala y Valdovinos, discutí un plan de acción.

El 2 de mayo de 1811, mientras leía la *Gaceta Extraordinaria* del gobierno virreinal, emitida el 9 de abril, me enteré de una gran desgracia: la noticia de la captura de don Miguel Hidalgo y de sus compañeros, en Acatita de Baján, el 21 de marzo. Sentí un gran dolor pero a pesar de ello, les di la triste noticia a mis lugartenientes, agregando palabras de aliento e incitándolos a continuar con nuestra lucha.

Planeamos dejar el Veladero bajo las órdenes del coronel Julián de Ávila y dirigirnos hacia Chilpancingo, a través de la montaña.

El 3 de mayo partimos, encabezando la tropa el Regimiento de Guadalupe, comandado por Hermenegildo Galeana. Lo seguían las tropas de los Bravo. Yo iba al centro de la caballería, escoltado por los Bravo y los Ávila. Más adelante me despedí de uno de mis grandes hombres don Julián de Ávila, quien regresaba para encargarse del Paso Real de la Sabana.

Cuando llegamos a la hacienda de la Brea, los Bravo y los Galeana se adelantaron a la Hacienda de Chichihualco, propiedad de los primeros, para abastecerse. En ese lugar fueron sorprendidos por los soldados del comandante Nicolás de Cosío y Garrote quien iba a detener a los hermanos Bravo y a toda su gente. Se desató una fuerte batalla pero logramos derrotarlos y tomar prisioneros a un centenar. Algunos de ellos se unieron a nuestra causa y el resto fue enviado a la prisión de Tecpan.

Tenía el camino libre y entré, sin ninguna resistencia, a la ciudad de Chilpancingo, al frente de 600 hombres, era el 24 de mayo de 1811. Aprovechamos para tomar un breve descanso, hacer un recuento de efectivos, vigilar la disciplina y organizar el traslado inmediato a Tixtla a marchas forzadas, acción que el enemigo no esperaba. Salimos para allá el 26 de mayo.

Tixtla estaba al mando del jefe militar Joaquín Guevara, hacendado de la región, quien con la ayuda de Manuel Mayol, un clérigo que apoyaba totalmente al gobierno, organizó a la población y se preparó con ocho piezas de artillería que colocó, junto con sus batallones, en las colinas contiguas al fortín del Calvario, para atacarnos. También nos enteramos que había llegado para apoyarlos, el comandante general de la División del Sur, don Nicolás de Cosío y Garrote. Tixtla estaba vigilado en los cuatro puntos cardinales.

Llegamos en las primeras horas del día. En la retaguardia iba la caballería de los señores Bravo. Adelante seguía el *Regimiento de Guadalupe*, abanderado de blanco y azul en su estandarte. Al grito de *¡Viva!*, descendí junto con mis hombres a la llanura de Piedras Altas. Allí dicté un plan de ataque, luego de localizar al enemigo. Ordené al general Hermenegildo Galeana que tomara el fortín en una hora como máximo, pues era la base de acción para atacar la plaza en firme.

El general dividió en cuatro sus contingentes. Una sección de caballería al mando de don Víctor y don Manuel Bravo, se enfrentaría a los *Lanceros de Veracruz*, otra bajo las órdenes de don Leonardo y don Nicolás, unida a mi escolta, se enfrentaría a los *colorados* y milicianos de Nicolás de Cosío y Garrote.

Antes de iniciar la batalla, solicité la rendición mediante el sacerdote y teniente coronel Talavera, pero Nicolás de Cosío respondió con desdén que no le preocupaba esa chusma con la que se negaba a dialogar.

Intenté evitar esta batalla, pero ante la respuesta del comandante, me lancé a la carga junto con mi ejército. En unos minutos Tixtla era un caos. Todo fue arrasado: fortificaciones, cañones… Ante la confusión, los realistas abandonaron sus tropas huyendo en desbandada. Mis soldados bajaron la bandera española e izaron la insignia azul y blanca de Guadalupe. Todos aclamaban al general Galeana.

Después de desarmar y encerrar a los prisioneros, llamé al capitán Vicente Guerrero y le ordené atacar el atrio de la Parroquia por la retaguardia. El general Hermenegildo Galeana entraría en la Calle Real con su regimiento, Don Miguel y don Víctor Bravo deberían atacar el frente de la Parroquia y don Leonardo y yo intentaríamos llegar al centro de la plaza. Todo resultó como lo planeamos. Acabamos con la torre del templo, inutilizamos las piezas de artillería de los realistas y los liquidamos. No niego que la población civil tenía pánico por lo ocurrido.

El general Hermenegildo Galeana me entregó 300 prisioneros, indígenas de la región. Mandé llamar al capitán Guerrero, nativo de ese lugar y que hablaba su lengua, y le pedí que les dijera que estaban libres y que si deseaban seguir nuestra causa yo los recibiría con gusto.

Cosío y Guevara huyeron a la capital para informar al virrey lo sucedido. Con este triunfo cerré mi primera campaña. Encomendé a los generales Hermenegildo Galeana y Nicolás Bravo el resguardo de Tixtla. Mi siguiente objetivo era el poblado de Chilapa.

El derrotado comandante Nicolás de Cosío, planeó un nuevo ataque por medio del capitán Fuentes, su sucesor, quien pretendió tomar por sorpresa al ejército de Galeana el 15 de agosto de 1811. Recibí la noticia y al día siguiente fui a reforzarlo con mis hombres. Fue una dura batalla donde unos huyeron a Tixtla y otros se rindieron en Chilapa, pero logramos vencer de nuevo al enemigo. En Chilapa nombré a don Francisco Ayala coronel y desde ese momento, sería uno de mis más fieles seguidores.

Con el fin de extender el movimiento insurgente por todo el país, mantenía comunicación ya sea por carta o por medio de representantes en lugares alejados de mi campo de acción. Lo mismo sucedía con otros jefes insurgentes de otras regiones como don **Ignacio López Rayón**, jefe de la junta de Zitácuaro. Todos coincidíamos con la idea de constituir la nación mexicana.

Dominado Chilapa, me dediqué a revisar y mejorar los cuadros del ejército; localizar salitre para fabricar pólvora; dotar de uniformes a los soldados y mejorar el armamento; vigilar la probable infiltración del enemigo al territorio y por último, procuré recomendar y revisar el trabajo agrícola de la región y en mejorar el servicio escolar

Para ese entonces, yo era conocido hasta el río Mezcala o de las Balsas, esto nos favorecía pues el río ayudaba a protegernos y a mantener bloqueado por tierra el puerto de Acapulco y tener su comercio casi paralizado.

El 10 de septiembre de 1811, expedí un decreto en el que creaba la provincia de Tecpan erigiéndola en ciudad con el nombre de *Nuestra Señora de Guadalupe de Tecpan*.

Dos meses después, a mediados de noviembre, inicié una nueva campaña. Luego de ocupar el poblado de Tlapa nos enfilamos hacia Chiautla, en Puebla. Allí combatimos contra el español Mateo Musitu, bien pertrechado, quien disponía de cuatro cañones, uno de ellos llamado *Mata Morelos*.

Combatimos arduamente contra el enemigo que se había refugiado en el Convento de San Agustín. Tuvimos muchas pérdidas pero mis soldados y yo logramos derribar las barricadas y trincheras y pasamos a cuchillo a los realistas. A Mateo Musitu lo fusilamos allí mismo. De este modo, ya sin enemigos, teníamos libre el camino hacia el poblado de Izúcar.

Días después de la batalla, se presentó ante mí el párroco de Jantetelco, don **Mariano Matamoros**, luego de fugarse de la prisión española, por simpatizar con nuestra causa independiente. Desde ese mismo día lo nombré coronel del ejército insurgente. Nunca imaginé que se convertiría en mi "brazo derecho".

La nueva campaña da inicio. Hermenegildo Galeana y Miguel Bravo, ocuparon respectivamente Tepecoacuilco y Huitzuco. Hermenegildo avanzó hacia Taxco, bajo el resguardo del español García Ríos. Yo avancé hacia Puebla. En el camino, cuando salíamos de Izúcar, un grupo de soldados realistas al mando de Soto Maceda, trató de interceptarnos, el 17 de diciembre. Luchamos con todas nuestras fuerzas durante cinco horas. Este conflicto me hizo tomar la decisión de continuar en el Sur y me dirigí a Cuautla donde entré el 24 de diciembre de 1811, sin encontrar resistencia.

Tres días después, encomendé este lugar a don Leonardo Bravo y me dirigí rumbo a Taxco en donde mi comandante Galeana había vencido a los españoles. Cuando llegué a esta ciudad, ordené el fusilamiento del capitán Garza Ríos a quien Galeana había perdonado la vida.

Llegó a mis oídos la noticia de que el grueso del ejército realista a las órdenes de Félix María Calleja, se empecinaba en tomar la ciudad de Zitácuaro bajo el resguardo del jefe insurgente **Ignacio López Rayón**. Fue muy difícil defender Zitácuaro, quien cayó en manos de los realistas el 2 de enero de 1812. El ambicioso general Calleja, incendió la plaza y fusiló a todos los insurgentes que pudo capturar. Rayón logró refugiarse con parte de su gente en Tlalchapa y luego en Sultepec.

Ese mismo mes de enero, el general Hermenegildo Galeana se apoderó de Tecualoya, en el valle de Toluca. De ahí, junto con las tropas de don Nicolás Bravo, el día 22 atacó el poblado de Tenancingo.

El general Calleja abandonó la Ciudad de México el 12 de febrero para dirigirse a Cuautla donde yo me encontraba. Para ese entonces, el general Bravo había fortificado la plaza, ayudado por toda la población que creía en la Independencia. A mis soldados los distribuí estratégicamente para defender la ciudad.

La tropa de Galeana permanecía en el Convento de San Diego. Don Leonardo Bravo ocupaba los fuertes de Santo Domingo. Mariano Matamoros defendía la hacienda de Buenavista y yo estaba listo para auxiliar al que más lo necesitara.

El comandante Calleja, por su parte, estaba rodeado de una guardia de 500 hombres que vio con desprecio el lugar, por lo que pensaron que más que una batalla sería un paseo antes de ocupar la plaza. Mis hombres y yo salimos a campo abierto contra la vanguardia realista. De inmediato se inició la contienda y ambos bandos nos enfrascamos en una tremenda lucha. Nuevamente logramos vencer al enemigo. Los españoles no quedaron conformes con esta derrota y planearon un nuevo ataque, esta vez más encarnizado.

Los españoles pidieron refuerzos y planearon un nuevo asalto a la ciudad. Tuvimos graves dificultades pues lograron interceptar nuestras provisiones y quedamos casi sin víveres. Pasamos muchos días luchando y resistiendo lo más posible.

Así llegamos al mes de abril, en el que las anticipadas lluvias volvieron el suelo muy pantanoso. A pesar de todo, aproveché estas circunstancias y desesperadamente concebí un plan para favorecer nuestra situación.

El día 21 de abril de 1812, envié a los coroneles Matamoros y Perdiz, junto con cien hombres a establecer contacto con don Miguel Bravo quien estaba cerca del poblado de Ocuituco y poseía víveres. El propósito era introducir la ayuda a Cuautla sin ser descubiertos por los realistas. Todo fue inútil, en la mañana del día 27, mis hombres intentaron cruzar pero fueron arrollados y obligados a retroceder. Se inició de nuevo la batalla y perdimos la esperanza de lograr la ayuda. El sitio había cumplido 72 días. Cuautla era un vasto campo de escombros, de cadáveres, de enfermos y de hambre. Sin víveres, sin agua, sin hogares. Era la noche del 1º de mayo.

Convoque a una reunión a mis jefes principales: Hermenegildo Galeana, Leonardo y Víctor Bravo, Francisco Ayala y el capitán Anzures. Analizamos la terrible situación y decidimos romper el sitio y evacuar la plaza.

Las agotadas tropas se concentraron en la plaza de San Diego, dispuestas a partir. Salimos de madrugada. Todos marchábamos en el mayor silencio. Desafortunadamente, fuimos descubiertos por un centinela realista que dio la voz de alarma. En breve las tropas de Calleja nos rodearon y comenzamos a repeler el ataque. Se inició la lucha pero hubo un momento en el que logramos penetrar a las filas realistas y rompimos el cerco para iniciar la retirada. Aquello se convirtió en una lucha desorganizada. Calleja dio la orden de perseguirnos hasta acabar con nosotros. Mis generales tomaron rumbos distintos ante la persecución. Tomé la decisión de huir con mi tropa por el camino de Izúcar, hasta llegar al pueblo de Ocuituco.

Por desgracia, don Leonardo Bravo fue capturado en la hacienda de San Gabriel y presentado ante Félix Calleja quien lo llenó de insultos y vejaciones. Bravo fue conducido más tarde a la Ciudad de México.

Me enteré que un tal José María Echegaray había tomado posesión de Cuautla y sus escombros. Lo nombraron gobernador de esa ciudad y su tropa se dedicó a saquear y a humillar a la pobre gente del lugar.

Salimos de Ocituco y avanzamos hasta Izúcar pasando por Hueyapan. Allí me reuní con don Miguel Bravo y más tarde en Chautla encontramos las dispersas fuerzas de Mariano Matamoros, Hermenegildo Galeana y Francisco Ayala. Permanecimos en ese lugar un mes apenas suficiente para recobrar fuerzas. Yo aproveché para restablecerme de una fuerte caída que tuve en Cuautla.

Siguieron tristes sucesos. El comandante Francisco Ayala cayó en manos del realista Armijo, rumbo a Yautepec. El español asesinó a los dos hijos de Ayala en su presencia y luego lo fusiló en el pueblo de San Juan.

Para el 1º de junio de 1812, tenía nuevamente pertrechados a 800 hombres. Se sumaron las fuerzas de Hermenegildo Galeana, Mariano Matamoros, don Miguel y don Nicolás Bravo, así como los que formaron la tropa del general Francisco Ayala.

Nos encaminamos hacia Chilapa a donde llegamos el 7 de junio. En este lugar me llegaron noticias de la peligrosa situación del general insurgente don Valerio Trujano, al encontrarse rodeado por los realistas en Huajuapan, donde llevaba resistiendo 105 días. Reuní a mis hombres y decidí ayudarlo.

Se inició la batalla y mis generales y yo dividimos fuerzas. Atacamos a las columnas del realista Regules Sarabia Aristi que eran las mejor pertrechadas. El general Valerio Trujano atacó por su parte y el jefe español se vio atacado a dos fuegos. Vencimos a su ejército. Regules Sarabia huyó ante la derrota y le pedí a Trujano que lo siguiera para que no intentara reorganizar a su tropa. Logramos un botín de 30 cañones, 1 000 fusiles, gran cantidad de parque, caballos y más de 300 prisioneros que enviamos a Zacatula.

El general Valerio Trujano me sugirió ocupar la plaza de Oaxaca, pero pensé que sería mejor tomar un rumbo distinto. En esta ocasión no pedí a mis generales su opinión y ordené la marcha rumbo a Tehuacán de las Granadas, en Puebla. Llegamos a esa ciudad el 10 de agosto de 1812. Mi ejército estaba formado por más de 3 000 hombres. En este sitio pudimos cortar la comunicación del puerto de Veracruz a la Ciudad de México.

Poco tiempo después nos llegó la noticia procedente del virrey, donde ofrecía el indulto a Nicolás, Víctor y Manuel Bravo, así como anular la pena de muerte de don Leonardo, preso en la Ciudad de México, a cambio de rendir las armas y jurar no tomarlas jamás contra España. A modo de respuesta, envié un comunicado al virrey ofreciendo el canje de 800 prisioneros españoles por la vida de don Leonardo Bravo. En espera de la respuesta, Nicolás, a quien para ese entonces le había otorgado el grado de general, ocupó Medellín, cerca de Veracruz, a principios de septiembre.

El maldito virrey ordenó la ejecución de don Leonardo Bravo, en presencia de la población como un escarmiento. Esa fue su respuesta.

Ordené a don Valerio Trujano que reuniera el ganado de las haciendas contiguas a Tehuacán. Salió con 150 hombres a cumplir la encomienda. Cuando llegó cerca de Puebla fue atacado por los realistas que lo superaban en número. Intentó resistir en la hacienda de la Virgen, pero fue acribillado por el enemigo. Fue una gran pérdida para la lucha insurgente.

A mediados de octubre de 1812 consideré que estábamos en condiciones de iniciar la tercera campaña: la conquista del Sur y del Sureste, la ocupación de Acapulco y de Oaxaca, la consolidación del cerco a las comunicaciones de la Mesa Central y del puerto de Veracruz, y la toma de las ciudades de Puebla y Orizaba.

Mi primera acción fue ocupar Orizaba, que se encontraba en condiciones propicias para lograrlo. Además, en ese lugar se acumulaba una gran cantidad de tabaco al cuidado de la guarnición. Bajé con mi ejército por las cumbres de Acultzingo y llegamos a Orizaba el 28 de octubre. Solicité la rendición de los realistas, como muchas veces lo hice en otros lugares, para evitar un derramamiento de sangre, pero el coronel Andrade al frente del lugar se negó. A pesar de que inició la lucha, en pocas horas logramos derrotar a los españoles y ocupar Orizaba.

Pensé que la toma de Orizaba iba a provocar la movilización de las fuerzas españolas. Hermenegildo Galeana me sugirió que llamara a mis demás generales para detener al ejército del coronel Luis del Águila, enviado a cerrarnos el paso entre Puebla y Veracruz. Ya no había tiempo para hacerlo y ordené el regreso a Tehuacán el 31 de octubre a donde llegamos tres días después.

Me llegaron rumores de que nos iban a atacar en este lugar y tomé la decisión de salir rumbo a Oaxaca. Para llegar a esa ciudad tuvimos que pasar por muchas dificultades. Nuevamente nos vimos con pocos víveres y poca agua, además de lo adverso del clima y de la geografía de la región.

Nos enfrentamos nuevamente con el ejército español en el poblado de Antequera, en el Fortín de la Soledad, en el Marquesado, en La Merced. Por fin, el día 26 de noviembre de 1812, logramos apoderarnos de la ciudad de Oaxaca.

Durante mi estancia en Oaxaca, fundé una publicación que denominé *Correo Americano del Sur*, para difundir el pensamiento insurgente. También organicé una reunión para elegir al intendente, cargo que ocupó don José María Murguía, así como a las personas que integrarían el ayuntamiento. Estoy satisfecho de todas las acciones que pude realizar en esta ciudad, pero tenía que seguir mi camino.

Después de estudiar el rumbo que deberíamos tomar, decidí partir al puerto de Acapulco para ocupar la plaza. Salimos el 9 de febrero de 1813. Pasamos por muchos poblados y el avance era cada vez más difícil, pues tuvimos que soportar fuertes calores y caminos escabrosos, entre cerros y barrancos. Cuando divisamos la bahía de Acapulco, tomamos fuerzas para continuar. Fue así como ordené el asalto a la ciudad, el 6 de abril.

Por desgracia, me llegó la noticia de que Félix María Calleja ocupaba ahora el cargo de virrey, supe que tendría que reforzar la lucha insurgente pues el jefe español no descansaría hasta derrotarnos.

La toma de Acapulco tampoco fue fácil. Luego de varias semanas de asedio, hubo muchas pérdidas, tanto de nuestra gente como de los realistas. Ante la difícil situación ideamos estrategias para acabar con el enemigo. Finalmente, el 20 de agosto de 1813 logramos el triunfo.

En estos últimos meses desde nuestra salida de Oaxaca, el virrey Félix María Calleja aprovechó para tomar los poblados de Tlalpujahua, Huichapan, Zimapán y Tepecoacuilco. El enemigo volvía a atacar.

Muchas veces pensé en la necesidad del establecimiento jurídico del orden y especialmente en la creación del *Estado Mexicano* y la elaboración de la *Constitución*. Para lograrlo creí necesario celebrar un Congreso de representación nacional, integrado por diputados de todas las provincias, además de los generales del ejército insurgente.

Esta acción se inició el 13 de septiembre de 1813, en Chilpancingo. Muchos de los grandes hombres que integraban la lucha insurgente integraron este *Congreso de Chilpancingo*, que dio inicio el 14 de septiembre y cuyo vicepresidente fue don **Andrés Quintana Roo**, esposo de doña **María Leona Vicario**, iniciadora de la lucha independiente.

Para mí, la soberanía se basaba en el Congreso elegido libremente por ser éste un paso seguro a la Independencia. Sólo así podía concebirse la integración de la patria. Por esa razón, dicté para el *Congreso de Chilpancingo* 22 puntos a los que denominé *Sentimientos de la Nación* y son los siguientes:

1. Que la América es libre e independiente de España y de toda otra nación, gobierno o monarquía, y que así se sancione, dando al mundo las razones.

2. Que la religión católica sea la única, sin tolerancia de otra.

3. Que todos sus ministros se sustenten de todos, y sólo los diezmos y primicias, y el pueblo no tenga que pagar más subvenciones que las de su devoción y ofrenda.

4. Que el dogma sea sostenido por la jerarquía de la Iglesia, que son el Papa, los obispos y curas, porque se debe arrancar toda planta que Dios no plantó: *...omnis plantatio, quam non plantavit Pater meus caelestis, eradicabitur.* Mateo, cap. Xv, vers.13.

5. Que la soberanía dimane inmediatamente del pueblo, el que sólo quiere depositarla en sus representantes dividiendo los poderes de ella en Legislativo, Ejecutivo y Judiciario, eligiendo las provincias sus vocales, y éstos a los demás, que deben ser sujetos sabios y de probidad.

6. Que funcionarán cuatro años los vocales, turnándose, saliendo los más antiguos para que ocupen el lugar los nuevos electos.

7. La dotación de los vocales será una congrua suficiente y no superflua, y no pasará por ahora de ocho mil pesos.

8. Que los empleos los obtengan sólo los americanos.

9. Que no se admitan extranjeros, si no son artesanos capaces de instruir, y libres de toda sospecha.

10. Que la patria no será del todo libre y nuestra, mientras no se reforme el gobierno, abatiendo al tiránico, substituyendo al liberal y echando fuera de nuestro suelo al enemigo español que tanto se ha declarado contra esta nación.

11. Que como la buena ley es superior a todo hombre, las que dice nuestro Congreso, deben ser tales, que obliguen a constancia y patriotismo, moderen la opulencia y la indigencia, y de tal suerte, se aumente el jornal del pobre, que mejore sus costumbres, aleje la ignorancia, la rapiña y el hurto.

12. Que las leyes generales comprendan a todos, sin excepción de cuerpos privilegiados, y que éstos sólo lo sean en cuanto al uso de su ministerio.

13. Que para dictar una ley se discuta en el Congreso, y decida a pluralidad de votos.
14. Que la esclavitud se prescriba para siempre, y lo mismo la distinción de castas, quedando todos iguales, y sólo distinguirán a un americano de otro, el vicio y la virtud.
15. Que nuestros puertos se franqueen a las naciones extranjeras, pero que éstas no se internen al reino por más amigas que sean, y sólo haya puertos señalados para el efecto, prohibiendo el desembarco en todos los demás señalando el 10% y otra gabela a sus mercancías.
16. Que a cada uno se le guarden las propiedades y respete en su casa como en un asilo sagrado señalando penas a los infractores.
17. Que en la nueva legislación no se admitirá la tortura.
18. Que en la misma se establezca por Ley Constitucional, la celebración del día 12 de diciembre en todos los pueblos, dedicado a la patrona de nuestra libertad, María Santísima de Guadalupe, encargando a todos los pueblos la devoción mensual.
19. Que las tropas extranjeras o de otro reino no pisen nuestro suelo, y si fuere en ayuda, no estarán donde la Suprema Junta.
20. Que no hagan expediciones fuera de los límites del reino, especialmente ultramarinas, pero que no son de esta clase, propagar la fe a nuestros hermanos de tierra adentro.
21. Que se quite la infinidad de tributos, pechos e imposiciones que más agobian, y se señale a cada individuo un 5% en sus ganancias, u otra carga igual ligera, que no oprima tanto, como la alcabala, el estanco, el tributo y otros, pues con esta corta contribución y la buena administración de los bienes confiscados al enemigo, podrá llevarse el peso de la guerra y honorarios de empleados.
22. Que igualmente se solemnice el día 16 de septiembre todos los años, como el día aniversario en que se levantó la voz de la Independencia y nuestra santa libertad comenzó, pues en ese día fue en el que se abrieron los labios de la

nación para reclamar sus derechos y empuñó la espada para ser oída, recordando siempre el mérito del grande héroe, el señor don Miguel Hidalgo y Costilla y su compañero don Ignacio Allende.

Chilpancingo, 14 de septiembre de 1813.
José María Morelos

El 5 de octubre de 1813 decreté la *Abolición de la esclavitud* y desde Chilpancingo ordené lo siguiente:

Que los intendentes de Provincia y magistrados, velasen porque se pusiera en libertad a todos los esclavos que habían quedado, y que los naturales que formaran pueblos y repúblicas, hicieran sus elecciones libres y presididas por el párroco y juez territorial.

Con gran placer vi que el 6 de noviembre de 1813, la Asamblea proclamó el *Acta de Independencia de México*, que redactó Bustamante con algunas ideas fundamentales que sugerí. Firmaron el acta el vicepresidente, Lic. Don Andrés Quintana Roo; el secretario, Lic. Cornelio Ortiz de Zárate, y los señores Lic. Don Carlos M. Bustamante, Dr. Don José Sixto Verduzco y Don José María Liceaga.

Antes de estos hechos, envié a don Manuel de Herrera a los Estados Unidos de Norteamérica, como embajador para precisar nuestra posición insurgente y para lograr su reconocimiento por parte de aquella nación.

A finales de 1813, decidí iniciar mi cuarta campaña. Mi objetivo era establecer la sede del Congreso en Valladolid, por estar bien comunicada. También quería extender y asentar mis tropas en Guadalajara y en San Luis Potosí.

Mandé al general Nicolás Bravo y a su ejército salir de Huatusco y posesionarse de las márgenes del río Mezcala. Al teniente general don Mariano Matamoros, le ordené que dejara Tehuicingo y avanzara hacia Cutzamala. A don Benito Rocha, comandante de Oaxaca, lo envié a Tehuacán. A don Miguel y a ⸱ ⸱n Víctor Bravo, junto con mil hombres bien armados, les encargué la custodia de los miembros del Congreso.

Mis hombres y yo, salimos de Chilpancingo el 7 de noviembre de 1813, rumbo a la ciudad de Valladolid.

Después de algunas vicisitudes, llegamos a Carácuaro cinco días después. Cuántos recuerdos me traía ese pueblo del que había salido dos años atrás, para reunirme con don Miguel Hidalgo y Costilla.

Llegó el 12 de diciembre y disfrutamos de la fiesta a la Virgen. Tres días después, salimos de ahí hacia Valladolid. Se unieron a nosotros los hombres de Vargas, Muñiz, Arias y Ortiz. Diez días después acampamos en el lomerío de Santa Martha, en la parte sur de Valladolid.

Por desgracia, el astuto Félix Calleja, adivinando mis intenciones, envió al brigadier Ciriaco del Llano que se reuniera con el coronel **Agustín de Iturbide**, para atacarnos en el camino. El comandante de Valladolid Domingo Landázuri, tenía pocos refuerzos y pedía ansioso ayuda a los realistas.

Envié a uno de mis hombres con un comunicado para pedir la rendición a Landázuri, el 23 de diciembre de 1813. Planeé atacar el sur de la ciudad, saliendo de las Lomas de Santa María. El lado noreste de la plaza donde se encontraba la Garita del Zapote, sería tomado por Hermenegildo Galeana y Nicolás Bravo.

El general Galeana atacó primero logrando derribar a los primeros contrincantes, pero poco después salieron a su encuentro todos los realistas que se habían concentrado en el interior. Fue una dura batalla y pese a que derribaron a gran parte de sus hombres, logró sobreponerse y adentrarse al campo enemigo, cuando escuchó los disparos del ejército de Iturbide que atacaba a la tropa del general Bravo. Éste último no pudo resistir y abandonó la Garita del Zapote hasta reunirse con las mermadas fuerzas de Galeana.

Envié a Mariano Matamoros para ayudar a los nuestros, quienes resistían poco al ataque español. Fueron horas muy difíciles. No logramos vencer al ejército realista y mis comandantes tuvieron que ordenar la huida en medio de la noche. Los persiguieron los hombres de Iturbide y se perdió la mayoría del material bélico que habíamos reunido en Chilpancingo.

Tuve que huir hasta la hacienda de Chupío, donde logré reunir a algunos de los soldados que venían en desbandada. Avanzamos hasta Puruarán y decidí atacar a los realistas, una vez reunido todo mi mermado ejército.

Fue imposible lograrlo. Reconozco que los realistas nos superaban en número más no en valor, pero nos vencieron el 4 de enero de 1814.

Al primero que capturaron fue a Mariano Matamoros que lo condujeron hasta Pátzcuaro. Intenté por todos los medios rescatarlo. Le propuse al virrey canjear a Matamoros por 200 prisioneros del Batallón de Asturias, pero fue inútil. Luego de sufrir insultos y vejaciones, lo fusilaron en la Plaza Principal de Valladolid, el 3 de febrero de 1814. Sentí un profundo dolor por no haber podido salvarlo.

Tal vez la pena de haber perdido a un gran hombre y el hecho de ser perseguido, hizo que cometiera un grave error: designar a don Juan Nepomuceno Rosainz, un civil déspota y sin experiencia militar, para ocupar el puesto de don Mariano Matamoros.

El Congreso desalojó la ciudad de Chilpancingo, al acercarse el ejército español, y se instaló en Tlacotepec, en la Sierra. Hasta ese lugar llegué con mis hombres.

Lejos estaba de saber que el general Ignacio López Rayón intrigaba contra mí, junto con Juan Rosainz y sugería que yo debía renunciar al Poder Ejecutivo. Por desgracia, el Congreso escuchó sus palabras y determinó pedir mi renuncia, enviando a Rosainz a que me transmitiera su resolución.

El Congreso se hizo cargo del Poder Ejecutivo. Yo sólo me quedé con 150 hombres. El resto de mi ejército, quedó bajo las órdenes de Juan Rosainz.

En Chichihualco, el ejército insurgente de Rosainz, sufrió una derrota por los realistas del comandante José Gabriel de

Armijo, quien de inmediato se dirigió hacia Tlacotepec, para capturarme. Me persiguieron por varios poblados, hasta las cercanías de Tehuehuetla, donde desistieron. Poco después llegué a Acapulco.

Me sentía desolado, por la pérdida de mis generales y el desastre de mi ejército, pero debía continuar.

Calleja no estaba tranquilo y ordenó a Armijo mi persecución, quien salió el 2 de abril de 1814 de Chilpancingo, con un ejército bien armado. Yo no estaba en condiciones de hacerle frente al comandante español. No quise dejarle la plaza al enemigo y decidí acabar con la fortaleza, destruir los cañones y quemar las casas. Además el Congreso me había ordenado la ejecución de 203 prisioneros españoles reunidos en el puerto de Acapulco. Acaté inmediatamente las órdenes.

Huimos hasta Tecpan, donde ordené que degollaran de inmediato a los prisioneros realistas. Armijo, dejó de perseguirme. En cambio, se dirigió al Veladero donde el comandante Hermenegildo Galeana estaba atrincherado con sus hombres. El 6 de mayo, Galeana perdió la plaza, luego de resistirse al máximo, pero la falta de víveres y de comunicación para pedir ayuda, lograron la derrota

Hermenegildo huyó con algunos hombres, pero sufrió una emboscada cerca de Coyuca, donde perdió la vida. Los españoles llevaban en una lanza como trofeo la cabeza de Galeana, uno de los hombres más valientes que conocí, un gran general, uno de mis brazos...

Nos dirigimos al poblado de Atijo y estuvimos ahí varios meses para refugiarnos y recuperar fuerzas.

El mes de junio de 1814, nos enteramos del anuncio del Congreso en el que pronto expediría la *Constitución*, hecho que se realizó hasta el 22 de octubre. El Congreso nos nombró al Dr. José María Cos, a don José María Liceaga y a mí, integrantes del Poder Ejecutivo.

Después de algunos meses comenzó a circular la *Constitución* en la capital del virreinato. Félix Calleja, al enterarse, ordenó quemarla en la Plaza Mayor y en las provincias; así como la confiscación de todos los bienes y otros castigos a quienes guardaran, ocultaran o distribuyeran dicho documento.

El virrey ordenó también la persecución del Congreso. La traición y el espionaje se hicieron presentes nuevamente. En medio de muchos peligros y muertos de hambre, huimos sin saber exactamente a dónde dirigirnos.

Primero propuse llegar a Oaxaca, Puebla o Veracruz, pero los congresistas estaban indecisos, por temor a la travesía. Finalmente, aceptaron mi sugerencia de ir hasta la ciudad de Tehuacán.

Las deserciones estaban a la orden del día, además de las enfermedades. Ordené a mis comandantes reunirse en el poblado de Huetamo.

Para ese entonces, el traidor Juan Rosainz hacía méritos con Calleja, indicándole la ruta exacta que yo seguía. Avanzábamos por la margen derecha del río Mezcala. La persecución fue muy bien planeada. Ante estos hechos, decidí dejar el río y el 2 de noviembre, llegué hasta Temalaca, Puebla, donde esperaba encontrar a Vicente Guerrero.

Durante la noche del 4 de noviembre, el comandante realista Manuel de la Concha, cruzó el río enterado de que yo descansaba con mis soldados. Los españoles lograron infundir pánico entre mis hombres que salieron en desbandada.

Me quedé solo y busqué refugio en un bosque cercano. Fue inútil, un sujeto llamado Matías Carranco, ex soldado insurgente, me cortó el camino y me hizo prisionero. Manuel de la Concha me esperaba en Temalaca.

Encadenado y fuertemente custodiado por soldados realistas, llegué a la Ciudad de México, la madrugada del 22 de noviembre de 1815. Me llevaron de inmediato a las mazmorras de la Inquisición.

Me sometieron a torturas, humillaciones y vejaciones. ¡Qué otra cosa podía obtener del despiadado Calleja! Me encontraba deshecho moralmente.

El primer juicio que me realizaron fue el Proceso de Jurisdicciones Unidas, realizado entre el 14 y el 23 de noviembre.

La principal acusación que me hicieron fue la de incurrir en el delito de alta traición al rey, la patria y Dios, sabotaje del virreinato y provocar muertes y destrozos. Después siguió el juicio eclesiástico, donde me acusaron de violar el celibato al tener tres hijos ilegítimos, entre otras cosas más.

Félix María Calleja firmó mi sentencia de muerte hace dos días y Manuel de la Concha recibió la orden de comunicármelo.

Hoy 22 de diciembre del año de 1815, moriré.

Los soldados vinieron por mí, me encadenaron de pies y manos para llevarme a San Cristobal Ecatepec, donde ahora me encuentro. Les he pedido un crucifijo:

Señor, si he obrado bien, Tú lo sabes; y si mal, me acojo a tu infinita misericordia.

Tengo en mis manos la venda para taparme los ojos. Son las tres de la tarde. Me queda la esperanza de que otros hombres seguirán luchando por un país libre, como lo hice yo hasta los últimos momentos de mi existencia.

José María Morelos y Pavón, fue fusilado por los soldados españoles. Sus restos descansan en la Columna de la Independencia, en la Ciudad de México Su nombre permanecerá en la memoria del pueblo mexicano.

Josefa Ortiz de Domínguez

Puedo decir, sin temor a equivocarme, que mi ama fue una de las más decididas partidarias de la independencia. Y me atrevería a decir que fue la que empujó materialmente a los caudillos a iniciar la revolución. Les hizo saber con oportunidad el enorme riesgo en el que se encontraban y de ser llevados a prisión, por haberse descubierto sus planes de insurrección.

Aún recuerdo como si fuera ayer, el día en que la niña Josefa nació. Fue el día 16 de septiembre, del año de 1768, en la ciudad de Valladolid, en Michoacán. Su nacimiento fue de gran alegría para sus padres, don Juan José Ortiz, capitán del regimiento de Los Morados y doña Manuela Girón, ambos de origen español.

La pequeña fue bautizada a los pocos días de nacida, con el nombre de María de la Natividad Josefa. Me encargué de ella prácticamente desde que nació, como lo hice con María, su hermana mayor.

El capitán don Juan José Ortiz fue asesinado en una acción de guerra, cuando Josefa era muy pequeña. Esta desgracia trajo otra, pues mi señora doña Manuela Girón enfermó, tal vez de pena y murió poco tiempo después.

Mi ama Josefa, quedó al cuidado de su hermana mayor María Sotero y de quién esto cuenta. Nos fuimos a vivir a la Ciudad de México.

En mayo del año de 1789, su hermana María solicitó su ingresó al Real Colegio de San Ignacio de Loyola, mejor conocido como Colegio de las Vizcaínas de la Ciudad de México, de un gran prestigio entre la sociedad. Me alegró mucho saber que mi ama tendría la misma oportunidad que las hijas de los españoles.

Durante los años que permaneció en el colegio, aprendió a leer, a escribir y algunas nociones básicas de matemáticas. Desde luego que también aprendió lo que toda señorita de su clase social debía conocer: coser, bordar y cocinar.

Por este tiempo, mi ama Josefa conoció al abogado don Miguel Domínguez, quien visitaba con frecuencia el colegio pues era muy culto. Muy pronto él se prendó de la juventud y modestia de ella y empezó a cortejarla.

Don Miguel había enviudado poco tiempo atrás y tenía dos hijos pequeños. Trabajaba en la secretaría de la Real Hacienda y en la oficialía del Virreinato de Nueva España.

Mi ama terminó sus estudios en 1791. Ese mismo año, el licenciado don Miguel Domínguez solicitó formalmente a doña María la mano de su hermana Josefa. Dos años más tarde se llevó a cabo el enlace. La boda se celebró en El Sagrario Metropolitano de la Ciudad de México, el día 2 de enero de 1793. Ella tenía en ese entonces 24 años y él 37.

Gracias a la excelente relación que don Miguel Domínguez tenía con el virrey de la Nueva España, don Félix Berenguer de Marquina, fue nombrado Corregidor de la ciudad de Santiago de Querétaro, en el año de 1802. Mi ama Josefa lo acompañó a tomar posesión de su cargo. Los primeros años, mi señora se ocupaba de las tareas domésticas, contando por supuesto con mi ayuda. También se dedicó a cuidar a los hijos que don Miguel tuvo en su anterior matrimonio.

A lo largo de su vida fértil, mi ama Josefa llegó a concebir doce hijos. A todos los vi nacer y le ayudé a cuidarlos. Fueron ocho mujeres y cuatro hombres, que nacieron en el siguiente orden: José, Mariano, Miguel, Ignacia, Micaela, Juana, Dolores, Manuela, Magdalena, Camila, Mariana y José *"el chico"*.

La señora Corregidora, como todos la llamaban, gracias a su enorme inteligencia, ayudó a su marido incluso a resolver muchos asuntos de gran importancia a los que se enfrentaba en su nuevo nombramiento. Cabe decir aquí que mi ama tenía una inteligencia y un talento, pocas veces visto en una dama de su categoría, y poseía también una decisión más varonil, que femenina.

En la ciudad de Querétaro don Miguel y doña Josefa pronto despertaron simpatías entre los dirigentes de la sociedad queretana, pues los veían como una hermosa pareja llena de entusiasmo y experiencia. En las distintas tertulias a las que asistían, se mostraron siempre a favor de la justicia. Los esposos Domínguez manifestaban también su disgusto ante los abusos que se cometía a los indígenas y a la gente desvalida carentes de conocimientos y de influencia.

Ella principalmente se identificó con los problemas de la clase social compuesta por los criollos, a la que ella pertenecía por ser descendiente de españoles. Los criollos eran considerados ciudadanos de segunda clase por el régimen colonial, por haber nacido en una colonia y no en la propia España. Por esa razón, eran relegados a ocupar puestos de segundo nivel dentro de la administración pública del virreinato.

Según me contó mi ama, esta situación creó un gran descontento a través de los años y la clase criolla comenzó a reunirse en grupos literarios donde se difundían las ideas de libertad, de igualdad y de justicia que venían de Europa. También se hablaba de la idea de separarse del dominio español.

Ella se integró a uno de estos grupos y poco después, convenció a su esposo para que lo hiciera.

Los señores Corregidores abrieron su casa a varias de estas veladas literarias, que en realidad eran reuniones de carácter político. A estas juntas de los conspiradores asistirían más tarde, entre otros, don **Miguel Hidalgo y Costilla**, don Juan Aldama, don **Ignacio Allende** y don **Mariano Abasolo**.

Quizá desde 1809, cuando la conspiración de Valladolid, creció hasta un punto en el que ya no se podía ocultar, mi ama simpatizó y se involucró de manera activa en el movimiento. En su casa se tomaron decisiones importantes para iniciar la lucha independiente.

Recuerdo cuando a la casa de los Corregidores llegó un capitán del *Regimiento de Dragones de la Reina*, llamado don Ignacio Allende, quien cortejaba a una de las hijas de mi señora. En las largas conversaciones que sostenían los señores Domínguez con el capitán, llegaron a formar lo que se llamó la *Conjuración de Querétaro* en la que participaban abogados, comerciantes, burócratas, militares y demás gente del pueblo. Mi ama doña Josefa mostraba un gran entusiasmo y una incontenible ansia de libertad.

Puedo decir sin temor a equivocarme, que mi señora Josefa fue uno de los más activos colaboradores que los insurgentes pudieron tener en aquel tiempo.

El plan de los conspiradores era hacer estallar el movimiento insurgente el día primero de octubre del año 1810, pero nadie sabía en ese momento que los acontecimientos iban a precipitarse.

El 13 de septiembre del año de 1810, la *Conjuración de Querétaro* fue objeto de cinco distintas denuncias. Una de ellas fue la de don Francisco Bueras, quien informó al Juez Eclesiástico don Rafael Gil de León que se estaba preparando una conspiración en la ciudad de Querétaro, para proclamar la independencia de México. Le informó también que sabía de buena fuente que los conspiradores estaban almacenando armas en las casas de los simpatizantes del movimiento revolucionario.

De inmediato don Rafael Gil le hizo saber al comandante militar García Rebollo lo sucedido y éste le ordenó al Corregidor don Miguel Domínguez que iniciara un cateo en los domicilios de la gente sospechosa. Lo obligaron primero a que entrara a las respectivas casas de los hermanos don Epigmenio y don Emeterio González a quienes hallaron, en su comercio de abarrotes, una buena cantidad de lanzas, pólvora y balas.

Cuando la conspiración fue descubierta, a don Miguel no fue posible eximirlo de la denuncia de que había sido objeto. Aunque él no participó en forma activa de las supuestas veladas literarias en su casa, como lo hizo su esposa, conocía perfectamente a todos y cada uno de los participantes de la conspiración.

Afortunadamente, el Corregidor logró avisar a su mujer sobre lo que estaba sucediendo y con el temor de que mi ama Josefa cometiera una imprudencia, creyó importante prevenirla dejándola encerrada en su habitación bajo llave, para que no informara a los conspiradores. Creo que don Miguel Domínguez decidió hacerle eso a mi señora, más bien como un intento de salvar tanto a su familia como a él mismo de posibles represalias, pues de muchos era sabida la simpatía y aprobación que los esposos tenían por el movimiento insurgente.

Esta precaución no impidió que doña Josefa avisara a los conspiradores. Mi ama había planeado que si algo sucedía, le avisaría con una señal convenida al alcaide don Ignacio Pérez, quien tenía su dormitorio justo abajo del de los Corregidores para que acudiera a su casa. Ella había elaborado una carta hecha con palabras impresas que sacó de los periódicos, para que no pudieran descubrir su caligrafía en caso de que alguien extraño la leyera.

Cuando el señor alcaide Pérez escuchó los repetidos golpes que con el tacón de su zapato hacía mi señora Josefa, él se dio cuenta de la urgencia del llamado. Acudió al portón de la casa y yo lo llevé de inmediato a la habitación de la Corregidora, quien por debajo de la puerta le entregó la nota y le ordenó que sin tardanza se la entregara al capitán don Joaquín Arias, con la idea de que éste último era leal a la causa y avisaría a todos.

Como supimos que el capitán Arias se negó, doña Josefa le pidió a don Ignacio Pérez que ensillara pronto un caballo y se encaminara rumbo a San Miguel el Grande, a unas leguas de ahí, para enterar al capitán don Ignacio Allende lo que estaba sucediendo en Querétaro. Como el alcalde no encontró al capitán, porque se encontraba en Dolores con el cura don Miguel Hidalgo y Costilla, fue de inmediato hasta ese pueblo y le entregó al cura el mensaje.

La oportunidad con la que actuó mi ama, hizo que no sólo no se frustrase la conspiración de Dolores, como sucedió con la de Valladolid, sino que incluso gracias a eso se adelantara la fecha de la revuelta.

Tras esta notificación, el cura don Miguel Hidalgo, junto con don Ignacio Allende, decidió adelantar el levantamiento las primeras horas del día 16 de septiembre de 1810. El cura, aprovechando su lugar como párroco de la iglesia de Nuestra Señora de Dolores, llamó a sus feligreses y los animó a luchar por conseguir un gobierno más justo. Con tanta pasión les habló que logró su propósito, porque la mayoría de los asistentes eran indios, que se encontraban en una situación de suma pobreza debido a las malas condiciones de vida y a las grandes desigualdades que reinaban en toda la Nueva España.

Mientras el alcaide cumplía su comisión, el capitán don Joaquín Arias denunciaba a mi señora y a su esposo al alcaide ordinario Ochoa. Nadie hubiera imaginado que ese miserable era un traidor. Doña Josefa Ortiz fue tomada presa, al igual que su marido don Miguel, en la madrugada del 16 de septiembre de 1810, a la misma hora que en el pueblo de Dolores, el cura don Miguel Hidalgo y Costilla daba el grito de *"¡Libertad!"*. Ese día ella cumplía 42 años.

Mi señora primero fue llevada presa a la casa del alcaide Ochoa, para que le tomaran declaración y más adelante, la trasladaron al convento de Santa Clara. A don Miguel Domínguez lo encerraron en el convento de la Santa Cruz, ambos situados en la ciudad de Querétaro, donde permaneció algunos días mientras duraba la agitación de los primeros momentos.

Gracias al aviso que dio mi ama doña Josefa Ortiz, muchos conspiradores lograron escapar antes de ser detenidos por los soldados españoles. Sus hijos y yo estábamos muy angustiados y preocupados pues creímos que nunca más los volveríamos a ver. Nadie quiso decirnos dónde se encontraban y nuestra casa permanecía vigilada por las autoridades virreinales.

Don Miguel Domínguez fue juzgado y sustituido en su cargo de Corregidor de Querétaro, por un tal Collado. Pocos días después, fue liberado gracias a la intervención popular, pues durante los años que estuvo como Corregidor, demostró su apoyo a las clases más pobres. Nunca quiso aplicar la medida propuesta por el virrey, de poner en venta los bienes de las instituciones de beneficencia que arrendaban tierras a un precio muy bajo, para sanear la economía y recaudar algunos fondos.

A los pocos días de haberse llevado a mi señora doña Josefa, la liberaron al igual que a su esposo, a quien nuevamente le dieron el cargo de Corregidor de Querétaro. Parecía que todo iba a seguir en paz.

A pesar de las dificultades, mi señora no renunció nunca a sus ideas. Por el contrario, siguió siendo una activista a favor de la Independencia, al grado que, por sus acciones, se consideró a la ciudad de Querétaro, como un foco revolucionario.

Si sus ideas políticas eran revolucionarias, sus ideas religiosas, en cambio, no tenían objeción alguna. Fue una excelente madre de familia. Jamás permitió que sus hijas asistieran a los bailes, y pocas veces les autorizaba asistir al teatro. Educó a su numerosa familia en los principios religiosos y desde siempre se preparó para la muerte, cuando ésta estuviera próxima.

Mi señora doña Josefa consagró sus esfuerzos a la difusión del movimiento insurgente. En el año de 1811, el comandante del batallón urbano, Romero Martínez, se quejó ante el virrey y acusó al señor Corregidor. Los informes imprecisos y llenos de contradicciones que obtuvo la Junta de Seguridad, impidieron que se le iniciara un proceso por lo que el virrey se limitó a entregar a don Miguel Domínguez un oficio reservado en donde le recomendaba que controlara la conducta de su esposa, con la amenaza que de no hacerlo, sería tomada presa, pero en esta ocasión, en una cárcel común.

Don Miguel Domínguez contestó diciendo haber cumplido con dichas órdenes, pero yo sé de cierto, pues me consta, que nunca pudo convencer a su aguerrida esposa, de lo arriesgado de sus acciones. Ella sí era de ideas firmes.

A finales del año de 1813, al establecerse el régimen constitucional, se comisionó a la ciudad de Querétaro al arcedeano y célebre bibliófilo don José Mariano de Beristáin y Souza, para que tratara que en las elecciones municipales, no se excluyera a los europeos, como sucedió en otras provincias.

El canónigo Beristáin, que desde hacía tiempo analizaba el asunto, se dio cuenta que en la ciudad de Querétaro había un fuerte movimiento que contrarrestaba la propaganda a favor de los españoles, que pudiera hacerse incluso desde el púlpito. Y que esa influencia era la de mi valiente señora.

El 14 de diciembre de 1813, don José de Beristáin se refirió a mi señora Josefa –y esto me lo contó ella misma– como *"un agente efectivo, descarado, audaz e incorregible, que no perdía ocasión ni momento, de inspirar odio al rey, a la España, a la causa y determinaciones justas y legítimas de este reino"*.

Llegaron a tal exageración las declaraciones del canónigo Beristáin, que inventó que mi ama lo había intentado seducir ingeniosa y cautelosamente. ¡Cómo nos reímos ambas de dicha tontería!

Como resultado de esas denuncias, el virrey don Félix María Calleja envió a la ciudad de Querétaro al abogado Lopetegui para que enjuiciara y removiera de su cargo como Corregidor a Don Miguel Domínguez y fuera su sucesor. También recibió la orden de perseguir y castigar a mi ama doña Josefa Ortiz.

Igualmente, el virrey ordenó al coronel don Cristóbal Ordoñez que cuando pasara por la ciudad de Querétaro con el convoy que venía de San Luis Potosí rumbo a la Ciudad de

México, sacara a mi señora doña Josefa de su casa, y la llevara fuertemente escoltada a la Capital, permitiéndole como única compañía, una criada, que fui yo misma. Esto sucedió los primeros días del año de 1814. Al ver mi ama la cantidad de hombres que venían por ella, dijo con mucho orgullo: *"Tantos soldados para custodiar a una pobre mujer; pero yo con mi sangre les formaré un patrimonio a mis hijos".*

Cuando llegamos a la Ciudad de México, mi señora fue recluida –y yo con ella– en el convento de Santa Teresa. Después de celebrarse su juicio, fue declarada culpable de traición, a pesar de los intentos por evitarlo que hizo su esposo don Miguel Domínguez, quien era su abogado defensor. Pero al poco tiempo, los síntomas de gravidez que presentaba mi señora, le permitieron establecerse en una cercana casa particular, donde como siempre, yo la asistí. Ese sería su último embarazo.

El expediente iniciado por el nuevo Corregidor Lopetegui, resultó muy voluminoso y –como lo diría después, mi propia ama– bastante curioso: en él constaba de manera pormenorizada, toda la historia del principio de la insurrección y los papeles que desempeñaron el total de los conspiradores de Querétaro. Las relaciones que mi señora Josefa sostenía con los primeros caudillos, con don Ignacio López Rayón y con la Junta de Zitácuaro y una gran cantidad de detalles interesantes.

Mi ama me contó que poco después que llegó ese expediente a manos del auditor de guerra don Melchor de Foncerrada, éste dictaminó el día 20 de mayo de 1814, que fuera sobreseída, en lo que se refería al ex Corregidor, pero no en lo referente a su esposa, quien, según él, padecía de *"enajenación mental, según la extravagancia de sus procederes".* No pidió, sin embargo, en contra de mi señora, ni siquiera la pena de reclusión.

En dicho estado permaneció la causa desde el año de1814, hasta el mes de noviembre de 1816, cuando el nuevo oidor Bataller consiguió finalmente que mi señora fuese llevada literalmente presa, al convento de Santa Catalina de Sena, considerado más estricto que los anteriores, durante cuatro años.

Cuando el nuevo virrey don Juan Ruíz de Apodaca llegó a México, don Miguel Domínguez le envió una misiva donde le explicaba su terrible situación. Le expresó que se encontraba gravemente enfermo y sin recursos para mantener a sus catorce hijos. El virrey se hizo cargo de la situación y reconoció a don Miguel el derecho de percibir un sueldo por los servicios prestados.

El destino de mi señora cambió. Ella también se encontraba enferma. Gracias a las gestiones de su marido, fue puesta en libertad el día 17 de junio de 1817, aunque con la condición de permanecer en la capital del país.

El hecho de haberse adherido a la revolución y de haber sido capturados y ejecutados los principales caudillos amigos de mi ama, hicieron más daño que las prisiones sufridas, con el resultado de que casi no tomase parte en los sucesos ocurridos desde el año de 1817, hasta el de 1822.

Cuando se consumó la Independencia, mi señora doña Josefa y su esposo vieron con gran indiferencia a don **Agustín de Iturbide** y al Primer Imperio Mexicano. La esposa de don Agustín, doña Ana María Huarte de Iturbide, invitó a mi ama a formar parte de la Corte, como su "Dama de Honor". Por supuesto lo rechazó diciendo: *"Dígale usted que la que es Soberana en su casa, no puede ser dama de una Emperatriz"*. Mi señora siempre tenía las palabras precisas.

En la casa de los esposos Domínguez, se reunían los generales don **Guadalupe Victoria**, don **Vicente Guerrero**, don **Nicolás Bravo**, don **Ignacio López Rayón**, entre otros. También aquí manifestaban sus ideales políticos y de esta nueva conspiración, surgió en el mes de marzo de 1823, el Supremo Poder Ejecutivo, fundamento de la República Federal, que iniciaría el 4 de octubre del año 1824.

Ese mismo año, cuando se reunió la Junta de Recompensas, mi señora declaró de una manera enérgica que ella no había solicitado ningún premio por sus servicios. Siempre se negó a recibir alguna retribución por el apoyo inestimable que había prestado a la causa independiente. Ella decía que no había hecho más que cumplir con su deber de buena patriota.

En los siguientes años, mi señora doña Josefa, mantuvo amistad con los miembros que integraban la Logia masónica Yorkina, misma a la que se unió su marido. También tuvo cierta influencia sobre el general don Guadalupe Victoria, al que reprochó por su debilidad, en la revolución de *La Acordada*, como en su momento, había reprochado a don Miguel Hidalgo y Costilla, las matanzas de la Alhóndiga de Granaditas.

El día 2 de marzo de 1829 se apagaba la vida de mi señora doña Josefa y no podíamos hacer nada. Tenía 61 años de edad cuando falleció, en la Ciudad de México, víctima de una pleuresía, según dijeron los médicos. Yo ya estaba vieja pero aun así, le prometí que vería por sus hijos y su esposo, como lo hice con ella, hasta el último día de mi vida.

Sus restos fueron enterrados en el convento de Santa Catalina, aunque un tiempo después fueron trasladados a la ciudad de Querétaro, donde reposan junto a los de su marido en el antiguo huerto del convento de la Cruz, panteón de queretanos ilustres.

Doña Josefa Ortiz defendió sus intereses como criolla e intentó que se reconocieran los derechos de los indígenas. Aprovechó su posición como esposa del Corregidor, para realizar numerosas obras de caridad.

Andrés Quintana Roo

E l 30 de noviembre de 1787, nació en la ciudad de Mérida Yucatán, uno de los hombres más importantes en la historia de la Independencia de México. Su nombre es Andrés Quintana Roo.

Sus padres fueron don José Matías Quintana, escritor y político, perseguido por el ejército realista, por sus escritos sobre la emancipación de la Nueva España, y doña María Ana Roo.

El pequeño Andrés, inició sus estudios primarios en el Seminario Conciliar de San Ildefonso, de Mérida, su ciudad natal. Destacó por su talento y su afición a las letras. Siendo niño, su padre fundó, junto con el doctor don José María Cos, la primera imprenta que editó periódicos en Yucatán, en donde publicaban artículos subversivos. Como consecuencia, don José Matías fue aprehendido por las autoridades españolas y confinado en la fortaleza de San Juan de Ulúa, en Veracruz.

El padre de Andrés Quintana Roo fue quien le infundió un claro amor a la libertad de México.

En 1808, cuando contaba con 21 años de edad, se trasladó a la Ciudad de México para estudiar en la Real y Pontificia Universidad de la Nueva España. En esa institución cursó estudios de bachillerato de artes y cánones. En el mes de enero de 1809, obtuvo el grado de Bachiller.

Para poder licenciarse de abogado, entró a trabajar como pasante al bufete del licenciado don Agustín Pomposo Fernández de San Salvador, uno de los jurisconsultos que más negocios tenía en la capital. En ese lugar, donde podía practicar para obtener su título, permaneció más de los dos años reglamentarios.

En el despacho, Andrés conoció a la señorita **Leona Vicario**, sobrina de don Agustín, que en ese tiempo tenía 20 años. Los jóvenes simpatizaron de inmediato y poco tiempo después, se hicieron novios.

La señorita Leona Vicario era una joven con una muy buena posición económica, heredada de sus padres quienes habían fallecido dos años atrás; además, era muy inteligente y muy culta. Esto ayudó para que se interesara de inmediato en las ideas de libertad que circulaban en el país, mismas de las que le había hablado el joven Andrés. Compartían ideas políticas y lecturas relacionadas con estos temas.

Don Agustín Fernández, quien fungía como tutor de Leona, no estaba de acuerdo con la relación sentimental de su sobrina y cuando Andrés Quintana Roo la pidió en matrimonio, se negó rotundamente. Entre los argumentos que usó el licenciado, estaba el hecho de que el joven era pobre y no podría darle a su sobrina Leona la vida a la que ella estaba acostumbrada. También salió a la luz un compromiso matrimonial que la joven había adquirido con anterioridad, pero que hasta esa fecha no se había realizado porque el supuesto novio había salido rumbo a España.

Aunque a decir verdad, lo que no le gustaba al licenciado Agustín Fernández eran las incendiarias ideas republicanas del joven Quintana Roo, mientras que él era un enemigo acérrimo de los insurgentes.

A mediados del año de 1812, la emigración de jóvenes de buena familia hacia el campo insurgente, se incrementó notablemente. Andrés Quintana Roo, como muchos de ellos, dejó la Ciudad de México y junto con Manuel Fernández, hijo de don Agustín, y del escribiente de éste Ignacio Agurado, se dirigió al sur de Michoacán, donde se encontraba el general **Ignacio López Rayón,** para enrolarse en sus filas. Días después logró establecerse en Tlalpujahua.

Por ese tiempo, el Ejército Insurgente combatía contra las fuerzas realistas en Oaxaca, bajo las órdenes del famoso caudillo don **José María Morelos y Pavón.**

En el mes de septiembre de 1812, el general Morelos se dirigió a Huichapan donde celebró el segundo aniversario del grito de Dolores. Andrés Quintana Roo, por su parte, conmemoró este hecho en Tlalpujahua lo mejor que pudo, con un discurso, mismo que se vio interrumpido por acercarse el ejército realista. Las últimas palabras que dijo en esta celebración fueron las siguientes:

> *Sin tener armas, dinero, repuestos, ni uno siquiera de los medios que ese fiero Gobierno prodiga para destruirnos, la Nación, llena de majestad y grandeza, camina por el sendero de la Gloria a la inmortalidad del vencimiento.*

Quintana Roo pasó de Michoacán a Oaxaca donde se unió al Ejército Insurgente. Mientras Andrés luchaba en esta región, su novia Leona Vicario lo alentó a seguir adelante pues los dos tenían grandes esperanzas de que se lograra la independencia de la Nueva España.

La joven comenzó a ayudar en forma clandestina al ejército republicano. Enviaba correspondencia a los insurgentes, entre ellos a su novio Andrés, a los que servía como espía. En sus cartas, les informaba sobre los movimientos políticos y militares que se desarrollaban en la Ciudad de México.

Don Andrés Quintana Roo, difundió sus ideas insurgentes escribiendo artículos para el *Semanario Patriótico Americano* y para *El Ilustrador Americano*, cuyos primeros números se imprimieron con gran dificultad, con los tipos de madera fabricados por el doctor José María Cos. Su novia Leona, le enviaba a través de esta última publicación, informes en clave. Por su parte, Quintana Roo le mandaba de regreso otras noticias importantes que su novia hacía llegar a los conjurados dentro de la capital.

Por este y otros hechos similares, Leona Vicario fue hecha prisionera en la Ciudad de México, por las autoridades españolas, quienes le insistieron para que delatara a sus compañeros. La amenazaron con dejarla en la cárcel para siempre si no daba los nombres de los cabecillas de la insurrección. Ante su negativa, la declararon formalmente presa.

El 22 de abril de 1813, los jefes insurgentes, Arróyave y Antonio Vázquez Aldana, junto con don Luis Rodríguez Alconedo, auxiliados por otros hombres, disfrazados todos ellos de soldados realistas, la ayudaron a escapar rumbo a Tlalpujahua, para reunirse con Andrés Quintana Roo.

Las autoridades españolas, al darse cuenta de este acontecimiento, aprovecharon la huida de Leona Vicario para confiscarle todos sus bienes.

El general José María Morelos y Pavón celebró el *Congreso de Chilpancingo*, cuya finalidad fue el establecimiento del orden jurídico, especialmente en la creación del Estado Mexicano, y principalmente la elaboración de la *Constitución*. Se inició el 13 de septiembre de 1813. Para esta reunión, don Andrés Quintana Roo redactó un reglamento en base al cual se elegiría y funcionaría el Congreso una vez reunido.

El Congreso lo integraron los diputados electos: José Sixto Verduzco por Michoacán, José María Murguía por Oaxaca, Andrés Quintana Roo por Puebla y José Manuel de Herrera por Tecpan. Los diputados restantes, Carlos María de Bustamante por México, José María Cos por Veracruz, José María Liceaga por Guanajuato, **Ignacio López Rayón** por Guadalajara, llegaron las siguientes semanas. También participaron en esta reunión los generales del Ejército Insurgente.

El 6 de noviembre del mismo año, la Asamblea proclamó el *Acta de Independencia de México*. Quintana Roo la presidió como interino ya que don José María Murguía se encontraba ausente. Firmaron el acta: Andrés Quintana Roo como vicepresidente; el licenciado Cornelio Ortiz de Zárate, como secretario, y los señores Carlos María de Bustamante, José Sixto Verduzco y José María Liceaga.

Luego de intensas actividades, Andrés Quintana Roo y Leona Vicario contrajeron matrimonio en un lugar llamado Chilapa. Los nuevos esposos continuaron con el movimiento insurgente, en el sur. Padecieron muchas penurias y peligros y fueron testigos de triunfos y fracasos que había tenido el Ejército Insurgente.

El 22 de octubre de 1814, el Congreso promulgó en Apatzingán la primera *Constitución* de México. Debido a la persecución por parte de las fuerzas realistas, el Congreso redactó la *Constitución* entre las haciendas de Tiripitío y Santa Efigenia. Los principales redactores fueron don José Manuel de Herrera, Andrés Quintana Roo, Cornelio Ortiz de Zárate, José Sotero Castañeda, José María Ponce de León y Manuel de Aldrete.

Los soldados realistas iniciaron una persecución de los miembros del Congreso de Chilpancingo, por este motivo, los esposos Quintana Roo tuvieron que huir. Estuvieron en Tlacotepec y en otros sitios del Sur.

En el año de 1815, al desintegrarse las fuerzas de don José María Morelos y Pavón, Quintana Roo y su esposa anduvieron mucho tiempo a salto de mata y en ocasiones se refugiaban en cuevas.

El 3 de enero de 1817, Leona Vicario dio a luz a su primogénita, dentro de una cueva de la montaña cercana a Achipixtla. Le pusieron por nombre Genoveva. Los esposos eligieron como padrino de bautizo al general Ignacio López Rayón.

Ya no era fácil escapar de las fuerzas realistas que recorrían la región en todas direcciones, por lo que la familia Quintana

Roo se escondió en una intrincada barranca de la sierra de Tlatlaya, en Sultepec. A pesar de todo, ningún lugar les parecía seguro.

Poco tiempo después, el 14 de marzo de 1818, Andrés Quintana Roo se vio obligado a huir de ese lugar, pues dos traidores insurgentes lo delataron. Tuvo que dejar a su esposa y a su pequeña hija para no arriesgarlas más. Le dejó una carta a Leona, en la que le solicitaba al virrey que le concediera un indulto para él y su familia, pues ya no era posible seguir en las condiciones en las que vivían.

Un año después, Leona Vicario fue descubierta en su escondite por los soldados españoles. La llevaron al poblado de Temascaltepec, donde recibió la noticia de que el virrey les había concedido el indulto a ella y a su esposo, siempre y cuando lo cumplieran en España.

Quintana Roo se negó a cumplir esas órdenes. Pretextó que no tenía dinero suficiente para realizar ese viaje y solicitó además la devolución de los bienes incautados a su esposa. Finalmente, los esposos fueron confinados en la ciudad de Toluca, sin tener permiso de ir a la Ciudad de México a arreglar los asuntos que tenían pendientes.

En el mes de agosto de 1820, Andrés Quintana Roo se matriculó en el Colegio de abogados de la capital y el 12 de marzo de 1821 salió electo para ser Diputado a Cortes, para 1822 y 1823. No logró ir tal vez por no tener suficiente dinero para hacer el viaje o por quedarse a ver el desenlace de la revolución que había iniciado el comandante **Agustín de Iturbide**.

Ese mismo año en la ciudad de Toluca, nació la segunda hija del matrimonio Quintana Roo, a la que le pusieron por nombre María Dolores. Por ese tiempo, pudieron regresar a la capital.

Don Andrés Quintana Roo se dedicó a ejercer su profesión de abogado, al igual que a escribir obras históricas y literarias. Todo esto sin dejar su participación en el movimiento insurgente. Contaba como siempre con la ayuda de su esposa Leona Vicario.

Al triunfar el Ejército Trigarante, el licenciado Quintana Roo y su esposa estuvieron muy activos en la defensa de la república federal. Ocupó los cargos de diputado, senador y presidente del Tribunal Supremo de Justicia.

Cuando el comandante Agustín de Iturbide ocupó el trono de México, en el año de 1822, Andrés Quintana Roo fue nombrado Subsecretario de Estado y de Relaciones Exteriores, debido a la influencia del doctor José Manuel de Herrera que era el Ministro. Dicho cargo lo ocupó de agosto de ese año a febrero de 1823. Por desacuerdos políticos ante las ambiciones imperialistas de Iturbide, fue destituido y perseguido junto con su familia nuevamente.

Ese mismo año, le otorgaron a Leona Vicario algunas propiedades, en compensación por las que le habían incautado las autoridades del virrey, entre ellas una casa ubicada en la calle de Sepulcros de Santo Domingo, esquina con Cocheras, a donde se fueron a vivir.

La casa era muy grande y decidieron habitar la parte de arriba y rentar la de abajo, como se usaba en esa época. El primer inquilino que tuvieron fue el general Antonio López de Santa Anna, famoso por encabezar el *Plan de Casamata*, que acabó con el gobierno del emperador Agustín I.

En el año de 1830, cuando ocupó la presidencia Anastasio Bustamante, Andrés Quintana Roo atacó su gobierno mediante artículos en los periódicos, como el llamado *El Federalista Mexicano*, de quien fue fundador. Como era lógico, el presidente lo mandó a aprehender. Leona Vicario, disgustada por este hecho, fue a pedir garantías a Bustamante, quien cuando pertenecía al ejército realista, la había perseguido. Poco después, en 1831, Anastasio Bustamante dejó en libertad a Quintana Roo.

En sus intensas actividades intelectuales, siempre tuvo consigo a su esposa. Ella también colaboraba en los distintos periódicos donde él escribía, ayudando en sus campañas políticas.

En el primer periodo presidencial de Antonio López de Santa Anna, desempeñó el puesto de Ministro de Justicia, de septiembre a octubre de 1833. Valentín Gómez Farías, era el vicepresidente encargado del Ejecutivo.

En ese tiempo, don Andrés Quintana Roo escribía interesantes artículos en *El Correo de la Federación*. También se afilió a la logia yorkina.

Iniciado en la poesía desde muy joven, publicó poemas de corte clásico y formó parte del grupo de románticos y neoclásicos, identificados con el liberalismo, que el escritor Ignacio Manuel Altamirano catalogó como *Poetas de la Independencia*. Asimismo, fue el primer presidente de la Academia de Letrán, fundada en 1836, por don Guillermo Prieto y los hermanos Lacunza.

Cuando la guerra con Francia, en el año de 1838, Quintana Roo ofreció al Gobierno su persona y renunció a su sueldo mientras durara este conflicto. Ordenó además al administrador de la hacienda de Ocotepec, perteneciente a su esposa Leona, que en caso de que pasaran por ahí soldados del Gobierno, se les diera gratuitamente todo lo que necesitaran: ganado, semillas, caballos, etc. El Gobierno le agradeció su gesto.

El 21 de agosto de 1842, murió su esposa Leona Vicario a los 53 años de edad.

En los años siguientes, Quintana Roo ocupó cargos importantes en el gobierno. Además, cumplió con misiones sumamente difíciles como el arreglo de límites de México con los Estados Unidos de Norteamérica y el intento separatista del estado de Yucatán.

El 15 de abril de 1851, nueve años después que su esposa, falleció don Andrés Quintana Roo, a los 64 años de edad, en la Ciudad de México.

Leona Vicario

Tengo tantos recuerdos de mi niña Leona y tantas cosas qué contar sobre ella que no sé por dónde empezar. A veces creo que me llama para ayudarle a arreglar la ropa de mi señor don Andrés, su marido; o creo oír su risa al ver a sus hijas llegar. Esta vieja casona de Santo Domingo guarda tantos detalles de su vida, que ahora se ve muy triste sin ella.

Corría el año de 1789 y mis padres me llevaron muy chiquilla de mi pueblo a la Ciudad de México, a formar parte de la servidumbre de la casa de los señores don Gaspar Martín Vicario y de su señora esposa doña Camila Fernández de San Salvador. Mi señor Gaspar era originario de Castilla de Vieja en España y ella era criolla, hija de nobles españoles, de San José de Toluca.

Ellos gozaban de una buena posición social y eran muy estimados en la severa sociedad de la capital de la Nueva España, por su buena educación, su gran piedad y sus buenas maneras.

A pesar de que yo tenía apenas doce años, me encargaron cuidar de mi señora Camila que estaba en *estado de buena esperanza*. Cuando la conocí, le faltaban dos meses para el alumbramiento de su primer hijo.

Tuve que aprender muchas cosas que me enseñó el ama de llaves de la casa, como yo nunca había salido del pueblo, todo era novedoso para mí. También mi señora Camila tuvo la paciencia de mostrarme cómo le gustaba que yo hiciera mis tareas. De este modo pude servirle bien.

El día 10 de abril, mi señora Camila comenzó con los dolores de parto. Enviaron a un criado para que le avisara a la partera quien, junto con el ama de llaves, le ayudó a traer a este mundo a su pequeña hija.

Poco tiempo después, a la nenita la bautizaron con el nombre de María de la Soledad Leona Camila Vicario Fernández de San Salvador.

Mi niña Leona, como yo la llamaba, fue hija única, pues su madre tuvo muchos problemas para concebir más hijos.

Sus padres decidieron que ella debía tener una buena educación, algo que era raro en esa época, ya que sólo los hombres tenían ese privilegio. Además de aprender a rezar, a bordar, a tocar el piano y a realizar otras labores domésticas, como las demás niñas, sus padres le enseñaron el amor por el arte, la literatura y por la historia. También aprendió a hablar francés. Gracias a su paciencia y al cariño que me tenía, mi niña Leona me enseñó a leer y a escribir. Para mí fue un mundo nuevo, pero ella decía que las personas como yo también teníamos derecho de aprender.

A Leona le gustaba leer libros de literatura, de religión, de filosofía y de asuntos científicos. Don Gaspar y doña Camila, siempre apoyaron a su hija en todo lo que le interesaba y ella a su vez les decía con mucho orgullo: *Me llamo Leona y quiero vivir siempre como una fiera.*

No todo es felicidad. Cuando uno menos lo espera, vienen las desventuras. Mi niña Leona era apenas una adolescente cuando tuvo la desgracia de perder a sus padres. En el testamento que le dejaron, quedaba estipulado que ella estaría bajo el cuidado de su tío materno, el licenciado don Agustín Pomposo Fernández de San Salvador, a quien además lo habían nombrado albacea de sus bienes, gracias a su honradez.

Don Agustín se hizo cargo también de continuar con la educación de mi niña Leona. Compró una casa junto a la suya para que ella se alojara con comodidad y tuviera su propio espacio. Este hecho era algo fuera de lo común.

Yo siempre estaba a su lado para ayudarla y escucharla, como le prometí a mi señora Camila, cuando me lo pidió en su lecho de muerte.

Mi niña empezó a leer libros de política, tal y como lo hacían los jóvenes de su edad. Por las noches, luego de dedicar unas horas a escribir, compartíamos alguna lectura que le entusiasmara mucho.

Tiempo después, conoció a un joven abogado llamado don Octaviano Obregón, emparentado con los condes de Valenciana. Mi niña tenía poca experiencia en asuntos de amor y aceptó conceder sus votos matrimoniales al joven Octaviano. Por suerte, el compromiso formal nunca se realizó porque él se vio envuelto en los sucesos políticos que originaron la prisión del virrey José de Iturrigaray, por lo que tuvo que salir para España. Ante estos hechos, ella decidió olvidar el asunto.

Cuando mi niña contaba con 20 años, llegó a trabajar al despacho de don Agustín Fernández, un joven muy apuesto, pasante de derecho, llamado don **Andrés Quintana Roo**. Entró ahí para practicar y poder obtener su título de abogado. Era originario de la ciudad de Mérida, Yucatán.

Mi niña Leona y él simpatizaron de inmediato. Compartían lecturas semejantes y sobre todo las mismas ideas políticas. Poco tiempo después, surgió entre ellos un profundo amor. Tenían intereses similares y eso afianzó su relación.

Los novios hablaban sobre las ideas de libertad que circulaban en el país. Igualmente sus primos, hijos de su tutor don Agustín Fernández, eran atraídos por esas mismas ideas republicanas.

Don Agustín no estaba de acuerdo con la relación sentimental de su sobrina Leona y cuando el joven don Andrés Quintana Roo la pidió en matrimonio, se negó rotundamente. Argumentó que era un hombre pobre y no podría darle a ella la vida que se merecía. También salió a la luz el anterior compromiso de mi niña con el joven don Octaviano Obregón. Aunque en realidad, lo que no le gustaba al licenciado Fernández de San Salvador, eran las incendiarias ideas republicanas del joven Quintana Roo, pues él era partidario de los realistas.

Don Andrés dejó la capital en el año de 1812 y decidió trasladarse al poblado de Tlalpujahua, al sur de Michoacán, donde se unió a las fuerzas de don **Ignacio López Rayón**. Ante esta forzosa separación, mi niña no se puso a lamentarse, sino que buscó la forma de ayudar por su lado a la causa de la independencia de la Nueva España. Alentó a su novio a que siguiera adelante, porque los dos tenían esperanza en que se iba a lograr esta causa.

De esta manera, mientras el joven Andrés Quintana Roo luchaba en Michoacán, en las filas del Ejército Insurgente, mi niña Leona, junto con sus primos don Manuel Fernández y su hermana, quien más tarde sería la Marquesa de Vivanco, tomó parte en la creación del proyecto insurgente. Era una mujer de férreo carácter, que desde un principio simpatizó con el movimiento de la independencia, además, lo proclamaba a los cuatro vientos sin temor, desde el balcón de su casa.

Comenzó a ayudar clandestinamente al ejército republicano. Enviaba correspondencia a los insurgentes, a los que servía como espía, junto con otras personas de una organización secreta que llamaban *Los Guadalupes* a la que se integró. Dicha organización surgió, según ella me dijo, después de la fundación de la *Suprema Junta Nacional Americana*, por el general Ignacio López Rayón. El nombre de *Los Guadalupes* representaba una señal patriótica y nacionalista, en torno a la patrona de los insurgentes y madre de los mexicanos, la Santísima Virgen de Guadalupe. La organización la formaban los partidarios de la Independencia, los cuales estaban en todo el país, algunas veces disfrazados, escuchando o leyendo las órdenes más secretas. Estaban en todas partes y se ocultaban para no ser identificados.

En las cartas, mi niña Leona informaba acerca de los movimientos políticos y militares que observaba en la Ciudad de México. Igualmente, mantenía correspondencia con las esposas de los insurgentes para darles algunas noticias sobre sus maridos.

Mi niña recibía en su casa a los jefes del movimiento para que tomaran acuerdos y planearan la estrategia a seguir. También, alentaba a los jóvenes a que se unieran a las filas rebeldes, convenciéndolos de la importancia de esta causa. Ayudó a que su primo don Manuel Fernández y el escribiente de su tío, Ignacio Agurado, fueran a Tlalpujahua a presentarse con el general don Ignacio López Rayón, para unirse a su ejército. Junto con otras mujeres, prestaba ayuda a las familias de los apresados.

En pocas palabras, arriesgaba la vida. Yo siempre estaba con ella y veía cómo se entregaba a sus ideales de libertad.

A ella no le importó en lo más mínimo, gastar el patrimonio que había heredado de sus difuntos padres, incluidas todas sus joyas, para sufragar los gastos generados por el movimiento libertador.

Una de las acciones más arriesgadas que hizo mi niña Leona, fue convencer a los armeros vizcaínos que servían en la Maestranza virreinal, para que fabricaran cañones y fusiles en Campo del Gallo, cerca de Tlalpujahua, para el movimiento insurgente. Ella corrió casi por completo con los gastos, pero al final valió la pena, pues los armeros resultaron ser muy buenos y lograron hacer diez cañones de fusil por día. Esta acción fue de gran ayuda porque los soldados independientes estaban muy necesitados de este tipo de armas.

También con su dinero compró ropa y medicinas para los combatientes. El ejército insurgente le envió las primeras monedas que acuñó en el Sur de México: una de plata y otra de oro, como pago por sus servicios.

Se inició una tremenda lucha en todos los campos. Hasta la iglesia católica sacó un edicto en el que alentaba a todo buen creyente a delatar a quien ayudara de cualquier modo a los insurgentes, aunque se tratara de un familiar. Como siempre, la iglesia usaba la fe como pretexto para lograr sus fines.

Mi niña estaba entregada por completo al movimiento. Era muy buena para escribir y muy inteligente. Por medio de informes en clave, publicados en el periódico *El Ilustrador Americano*, se comunicaba con los insurgentes. Ella tomó los nombres de sus personajes literarios preferidos para asignárselos a los conspiradores del grupo de *Los Guadalupes* y a los insurgentes que se encontraban en el campo de batalla. Gracias a esos informes, muchas veces se evitaron sorpresas desagradables.

Por su parte, el joven Andrés Quintana Roo enviaba de regreso otros informes importantes que su novia hacía llegar a los conjurados dentro de la capital.

Yo como siempre, estaba al pendiente de ella y cuidaba lo más posible de que no le pasara nada, pero por desgracia, las autoridades del virrey de la Nueva España, finalmente descubrieron sus actividades políticas: don Anastasio Bustamante interceptó unas cartas de mi niña que llevaba un correo a Tlalpujahua. Ella fue advertida a tiempo y no regresó a su casa, yo como siempre la acompañaba y decidió que huyéramos al pueblo de San Juanico, Tacuba, resuelta a pasar al campo insurgente y de ahí a Huisquilucan, pero un guerrillero llamado Trejo, se burló de su osadía. El general don Ignacio López Rayón mandó a unos soldados por ella, ante la angustiosa situación por la que pasaba. Pero ya habíamos salido de Huisquilucan debido a que mi niña se había decepcionado, además de que se encontraba enferma. Nos dirigimos a la Ciudad de México y ahí la aprehendieron. Era el 13 de enero de 1813.

Su tío don Agustín Fernández, logró conseguirle el indulto por parte del virrey, pero su sobrina no lo aceptó. La apresaron y se la llevaron al Colegio de Belén de las Mochas, aquí en la Ciudad de México, que funcionaba como cárcel. Yo tenía el alma en un hilo porque no sabía en qué condiciones se encontraba. Además, los malditos realistas no permitían que ninguna persona se le acercara.

La Junta de Seguridad le formó proceso con muy poco éxito. Las autoridades españolas le insistieron para que delatara a sus compañeros. La amenazaron con dejarla en la cárcel el resto de su vida si no daba los nombres de los cabecillas de la insurrección. Ella se mantuvo en silencio todo el tiempo, no era una delatora y hubiera preferido la cárcel perpetua, antes que nada. Era una mujer muy valiente.

La declararon formalmente presa. Yo sufría de pensar que nunca más la volvería a ver, pero poco tiempo después, el 22 de abril de ese año, los coroneles insurgentes, Arróyave y Antonio Vázquez Aldana, junto con el pintor don Luis Rodríguez Alconedo, auxiliados por otros cuatro soldados, todos ellos disfrazados de oficiales del ejército español, la ayudaron a escapar.

La llevaron de inmediato a San Juanico, Tacuba, donde para poder salir se ocultó bajo la apariencia de una mujer negra. Nadie la reconoció cuando, vestida con harapos, salió montada en un burro que cargaba cueros de pulque, camino a Tlalpujahua. Bajo su amplia falda llevaba una pequeña imprenta, tinta, letras de molde, botes, todo cubierto con legumbres, entre otras cosas, para continuar editando, aunque fuera de manera muy elemental, el periódico insurgente *El Ilustrador Nacional*.

Gracias a un chiquillo enviado por los insurgentes, me enteré que mi niña había escapado con ayuda de los coroneles, que iba a reunirse con su novio don Andrés Quintana Roo y con su primo Agustín y que mandaba por mí. Junté rápidamente lo más que pude para llevárselo y logré alcanzarla cuando ya iba rumbo a Michoacán.

Por el camino nos enteramos que el gobierno virreinal, había confiscado todos los bienes de mi niña Leona. Sus parientes hicieron cualquier clase de diligencias para que fuera indultada. Todo fue inútil, las autoridades la declararon traidora. Tan entregada estaba ella a la causa que esta noticia no le afectó.

Después de muchas horas de camino, nos refugiamos en el mineral de Tlalpujahua, donde se encontraba el licenciado don Ignacio López Rayón, con quien trabajaba don Andrés Quintana Roo.

Ese mismo año de 1813, se formó en la ciudad de Chilpancingo el Supremo Congreso, encabezado por don Andrés Quintana Roo como presidente y otros distinguidos insurgentes.

En 1816, tres años después de haberse reunido, don Andrés y mi niña Leona por fin contrajeron matrimonio en un lugar llamado Chilapa, en Oaxaca. Para ese entonces ella tenía 24 años y él dos más. Rápidamente se acomodó a su nueva situación. Juntas cocinábamos y curábamos a los heridos. Además, ella escribía cartas a todo aquel que se lo solicitara.

Los nuevos esposos acompañaron a las tropas de uno de los más importantes caudillos del movimiento de insurrección: **Don José María Morelos y Pavón**. Padecimos muchas penurias y peligros a su lado y fuimos testigos tanto de los triunfos, como de varias de las derrotas sufridas por el Ejército Insurgente que él encabezaba.

Los soldados realistas iniciaron la persecución de los miembros del Congreso de Chilpancingo. Por esa razón, los señores Quintana Roo se vieron obligados a huir. Estuvimos en Tlacotepec y en otros puntos del sur. Yo estuve con ellos en todas sus andanzas guerreras. Anduvimos todo el tiempo a salto de mata y algunas veces nos vimos obligados a refugiarnos en las cuevas de la sierra de Tlatlaya, que se encuentra en el Estado de México.

Fue así que el 3 de enero del año de 1817, mi niña Leona dio a luz a su primera hija, dentro de una cueva de la montaña cercana a Achipixtla. Tuvimos que ayudarla varias mujeres en el parto, porque era muy difícil hacerlo en ese lugar tan estrecho, tan húmedo y tan oscuro. Pusimos a la nenita en un huacal que era lo único que le podíamos improvisar como cunita. Le pusieron por nombre Genoveva. Su padrino de bautizo fue el general don Ignacio López Rayón. Yo me hice cargo de cuidar a la recién nacida, todas las veces que mi niña Leona tenía que ayudar a su esposo.

Ya no era muy fácil escapar de las fuerzas realistas, que recorrían la región en todas direcciones, por lo que a pesar de que la familia Quintana Roo se refugió en una escondida barranca del rancho de Tlacocuzpa, en Sultepec, no se sintió segura. Poco tiempo después, el 14 de marzo de 1818, el señor don Andrés tuvo que huir de ese lugar, pues dos traidores insurgentes, lo delataron.

Fue muy doloroso para él dejar a mi niña y a su pequeña hija, pero previendo alguna situación difícil, dejó una carta a su esposa en la que le solicitaba al virrey le concediera un indulto para él y para su pequeña familia.

Un año más tarde, el comandante realista Vicente Vargas, al mando de veinte soldados, descubrió el refugio donde estaba mi niña Leona, su hijita y todos los que la seguíamos, en el pueblo de Tlacocuzpa.

De ahí nos llevaron a Temascaltepec. En ese lugar, nos encontramos con la buena noticia de que el virrey había concedido el indulto para don Andrés Quintana Roo, su esposa y su hija, pero con la condición de que lo cumplieran en España. Él se negó rotundamente y solicitó la devolución de los bienes incautados a su esposa. Finalmente, fueron confinados en la ciudad de Toluca, sin poder venir a la Ciudad de México a arreglar los asuntos que tenían pendientes.

Vivíamos con muchas carencias, pero mi niña era una mujer que tenía una sólida convicción ideológica y estuvo dispuesta a sacrificar todas las comodidades materiales a cambio de ser congruente en sus acciones y su modo de pensar. Además, lo importante era que su familia estaba reunida.

Cuando mi niña Leona tenía 32 años, tuvo a su segunda hija a la que pusieron por nombre María Dolores. Yo me hacía cargo también de la recién nacida para que su mamá pudiera ocuparse de sus actividades políticas. Después de estar casi tres años viviendo en Toluca, regresamos a la Ciudad de México.

Don Andrés se dedicó a ejercer su profesión de abogado, al igual que a escribir obras de tipo histórico y literario. Por supuesto sin dejar su participación en el movimiento insurgente. Mi niña Leona, por su parte, además de ayudar a su esposo en sus tareas políticas, escribía en contra de las acciones que consideraba adversas para el pueblo de México.

Al triunfar el Ejército Trigarante, mis señores estuvieron muy activos en la defensa de la república federal. Don Andrés Quintana Roo fue diputado, senador y presidente del Tribunal Supremo de Justicia. También, en el año de 1822, fue nombrado Subsecretario de Estado y de Relaciones Exteriores, por el comandante **Agustín de Iturbide**, debido a la influencia del doctor Herrera quien era el Ministro. Pero, por desacuerdos políticos ante las ambiciones imperialistas de Agustín de Iturbide, mis señores fueron perseguidos nuevamente. Huimos todos para Toluca donde pasamos muchas penurias.

Ese mismo año, el Congreso tomó la decisión de que mi niña Leona recibiera, en reconocimiento a su lucha a favor del movimiento de independencia y como compensación de parte de sus bienes incautados por el gobierno de la Nueva España, las propiedades de la Calle de Sepulcros de Santo Domingo, esquina con Cocheras, que había pertenecido al Mayorazgo Flores Valdés y después a la Inquisición; además de las propiedades de los números 9 y 10 de esta última calle. También le otorgaron la hacienda pulquera de Ocotepec, en los llanos de Apan.

La familia Quintana Roo y todas las personas que estábamos a su servicio, nos mudamos a la casona de Santo Domingo, donde vivimos 19 años. Por fin pudimos gozar de una época de tranquilidad.

La casa era muy grande y lucía muy bonita. Le pusimos muchas macetas y faroles llamativos para que se viera más alegre. Los señores tomaron la decisión de habitar la parte alta de la casa, que era suficiente para todos, y rentar la planta baja, tal y como se acostumbraba en esa época.

El primer inquilino que tuvieron fue el general Antonio López de Santa Anna, famoso por encabezar el *Plan de Casamata*, que terminó con el gobierno del emperador Agustín Primero. Por ese tiempo el general López de Santa Anna, pretendía a la sobrina de mi niña, llamada María Luisa Vicario y dicen que llegaron a ser novios.

En la casa siempre había un gran movimiento de gente que entraba y salía. Unos pedían entrevistarse con el señor don Andrés Quintana Roo, otros llegaban para visitar al popular don Antonio López de Santa Anna.

Cuando ocupó la presidencia don Anastasio Bustamante, en el año de 1830, don Andrés atacó su gobierno mediante los periódicos, como el llamado *El Federalista Mexicano*. El presidente lo mandó aprehender. Mi niña Leona, muy disgustada fue a pedir garantías a Bustamante, quien cuando pertenecía al ejército realista, la había perseguido.

Mi niña fue víctima de las injurias hechas por los partidarios del Presidente, entre ellos don Lucas Alamán, ministro de relaciones y escritor, quien entre otras cosas, decía que ella se había unido a la causa independiente sólo por amor a su esposo, más que por simpatizar con el movimiento insurgente. Esto ponía en duda sus intereses revolucionarios. Poco después, en 1831, don Anastasio Bustamante dejó en libertad a don Andrés Quintana Roo, pero mi niña no se quedó tranquila por las ofensas recibidas, sino que tomó la decisión de escribir una carta en la que públicamente reprochaba su conducta a don Lucas Alamán y a todos aquellos que la habían injuriado cuando vio al Presidente Bustamante. La carta decía lo siguiente:·

Confiese señor Alamán que no sólo el amor es el móvil de las mujeres; que ellas son capaces de todos los entusiasmos y que los sentimientos de la gloria y la libertad no les son extraños… Por lo que a mí toca, sé decir que mis acciones y opiniones han sido siempre muy libres, nadie ha influido absolutamente en ellas, y en este punto he obrado con total independencia… Me persuado de que así serán todas las mu-

jeres, exceptuando a las muy estúpidas, y a las que por efecto de su educación hayan contraído un hábito servil. De ambas clases hay también muchísimos hombres.

Desde ese momento la dejaron tranquila.

En el año de 1838, mi niña Leona brindó ayuda y todo su apoyo a los soldados que tomaron parte en el conflicto contra Francia al que llamaron *La Guerra de los Pasteles*.

A través de todos esos años, mi niña fue aumentando su número de amistades, pues siempre estuvo dispuesta a ayudar y a escuchar a toda la gente. Continuó con sus intensas actividades intelectuales al lado de don Andrés. Asimismo, colaboró en los periódicos donde escribía su esposo, ayudando en las campañas políticas de él, aunque muchas veces sufrió enormes contrariedades.

Por desgracia, los seres que amamos no son eternos. Yo que más hubiera dado para evitar que mi niña se me fuera, pero no pude. Luego de una breve enfermedad, el 21 de agosto de 1842, a las 9 de la noche, mi querida niña Leona murió tranquilamente en su cama, a los 53 años de edad, acompañada de su gran amor, don Andrés, de sus hijas y de mí, su más fiel seguidora.

La sepultamos en el Panteón de Santa Paula, en la Ciudad de México, donde asistió mucha gente a rendirle los honores que ella merecía. El ahora Presidente general don Antonio López de Santa Anna encabezó la procesión funeraria.

Guadalupe Victoria

E l 29 de septiembre del año 1786, vi la luz por primera vez en la villa de Tamazula, en la provincia de la Nueva Vizcaya, en el actual estado de Durango. Soy hijo del comerciante don Manuel Fernández, y de doña Alejandra Félix. Mis padres me bautizaron con el nombre de José Miguel Ramón Adaucto.

La primera instrucción que recibí fue por parte de mi tío Agustín Fernández, que era el cura de Tamazula, quien formaba parte de los nuevos maestros con un espíritu liberal. Después, inicié mis estudios en el antiguo claustro de la Compañía de Jesús, en Durango.

En 1807, al terminar mi educación en el seminario, ingresé en el Colegio de San Ildefonso, en la Ciudad de México donde estudié Jurisprudencia, graduándome como bachiller cuatro años después. Ese mismo año, en 1811, inicié la carrera de Leyes.

En mi época de estudiante, formé parte de un grupo al que denominaban *chaquetas*, dispuestos a servir en todo al gobierno del virrey, en caso de que surgiera alguna revuelta. Pero tuve noticias del movimiento de independencia y surgió en mí una gran inquietud.

Yo como muchos de mis amigos y compañeros, vimos la oportunidad de luchar para cambiar el abuso de poder y las leyes que gobernaban en la Nueva España, que cada vez eran más rígidas, favoreciendo la explotación de la riqueza a cambio de una mayor pobreza entre la población.

A pesar de que estudié en el seminario, mi formación era liberal, por lo que en 1812, decidí dejar al grupo de los *chaquetas*, y también mis estudios, para unirme a la causa independiente al lado del general don **José María Morelos y Pavón**.

Me enviaron a luchar bajo las órdenes del general insurgente **Hermenegildo Galeana**, quien era uno de los principales hombres del caudillo, considerado uno de sus brazos fuertes.

La primera acción en la que participé fue en la toma de la ciudad de Oaxaca. El general Morelos y Pavón decidió avanzar sobre esta ciudad, luego de abandonar los poblados de Izúcar y Tehuacán, en la región de Puebla, ante el embate del ejército realista, el 10 de noviembre de 1812.

A los pocos días llegamos al valle de Etla, donde el general solicitó al jefe de la guardia española de Oaxaca que se rindiera, por lo que sitiamos la plaza. Los habitantes de este lugar, ante la amenaza que representaba el Ejército Insurgente, fueron abandonando la ciudad unos días antes. En este sitio sólo quedaron los soldados españoles bajo las órdenes del general González Saravia.

El 25 de noviembre de ese año, cuando iniciamos el ataque, me encomendé a la Virgen de Guadalupe y puse todo mi valor y entrega para lograr la victoria de la causa insurgente. Luego de una dura y muy difícil batalla, todas las fortificaciones fueron cayendo.

Yo tenía el encargo de mis superiores de atacar el sitio del Juego de Pelota. Noté que los soldados de mi tropa andaban muy preocupados e indecisos, ante la lluvia de balas que lanzaban los españoles.

Para alentarlos, arrojé mi espada al otro lado del foso que defendía la posición, entre las filas realistas y les grité: *¡Va mi espada en prenda. Voy por ella!* Crucé a nado y llegué al pie del parapeto. Mi decisión sirvió para que se animaran y me siguieran. Así, tomamos por sorpresa a los españoles y vencimos la fortificación. Por esa razón, luego de lograr el triunfo en Oaxaca, determiné cambiarme el nombre por el de **Guadalupe Victoria**.

Gracias al éxito de este combate pudimos reconstruir las fuerzas insurgentes, tomando nuevos impulsos para mantener un cierto control en las ciudades del sur del país.

Por su parte, el general don José María Morelos y Pavón, instauró un Congreso en la ciudad de Chilpancingo, donde se estableció la creación del Estado Mexicano y la elaboración de una *Constitución*. Este hecho se realizó el 13 de septiembre de 1813. Muchos de los grandes hombres que formaban la lucha insurgente integraron este *Congreso de Chilpancingo*.

Me comisionaron bajo las órdenes del comandante **Nicolás Bravo**, en Veracruz. Mi primera acción fue controlar el paso del Puente del Rey, punto indispensable para llegar a Veracruz por Jalapa por donde pasaban los convoyes. Desde luego que tuvimos frecuentes combates con los soldados realistas en este lugar, pero varias veces logré rechazarlos junto con mis hombres.

Por esta razón, el *Congreso de Chilpancingo* me ascendió al rango de General Brigadier y me confió la campaña de Veracruz. Para mí el nombramiento significó una gran responsabilidad y me esforcé en cumplirla.

Poco tiempo después, nos llegó la triste noticia de la muerte del jefe militar Hermenegildo Galeana, ocurrida cerca de Coyuca, el 27 de junio de 1814. Fue una gran pérdida pues era un hombre leal a la causa independiente que luchó con gran valor para defenderla.

A principios del año de 1815, yo controlaba totalmente el camino que unía el puerto de Veracruz con la ciudad de Oaxaca. Inicié una estrategia de guerra de guerrillas, donde realizábamos ataques cortos pero fulminantes. Impedíamos el paso de las tropas realistas y de las recuas comerciales, que estaban fuertemente vigiladas.

Asimismo, en este lugar organicé un *Plan de Restauración de Derechos sobre Mercancías y Transeúntes*, en el territorio a mi cargo, con lo que logré fijar algunos impuestos por derecho de tránsito a los comerciantes veracruzanos, para sostener la guerra.

Llegó a nuestros oídos que España había terminado la guerra que sostenía con Francia. Esto permitió que el rey Fernando VII enviara a las colonias de América un número importante de tropas, para intentar sostener sus posiciones en estos lugares.

El mes de julio de 1815, desembarcaron en el puerto de Veracruz los primeros refuerzos enviados por el rey al ejército realista. La guarnición estaba compuesta por 2 000 hombres bajo las órdenes del brigadier Fernando Miyares y Mancebo, quien se dirigió a la ciudad de Jalapa.

De inmediato el brigadier español mostró sus dotes de gran estratega. Estudió el terreno y le propuso al entonces virrey don Felix María Calleja un plan para despejar el camino de Veracruz hacia Puebla, pasando por las ciudades de Córdoba y Orizaba. Lo nombraron al poco tiempo Comandante General de los Valles que abarcaban las ciudades de Jalapa, Perote, Orizaba y Córdoba.

Ante estos hechos, mandé reforzar las defensas del Puente del Rey, pero no pudimos resistir el ataque de los españoles y tuvimos que retirarnos hacia el puerto de Nautla, donde luego de sostener en los meses siguientes fuertes y violentos encuentros con las fuerzas realistas, acampamos cerca de Misantla.

Fue mi primera gran derrota. Ante estos hechos, muchos de los soldados de mi ejército se desalentaron. Algunos aceptaron el indulto ofrecido por el enemigo y otros simplemente se rindieron. Yo tenía que seguir luchando por la causa.

Por medio de un mensajero, supimos que el general don José María Morelos y Pavón había caído en manos del comandante español Manuel de la Concha, en Temalaca, Puebla, el 4 de noviembre de 1815. Encadenado y fuertemente custodiado por los realistas, lo llevaron a la Ciudad de México donde llegó el día 22 de ese mismo mes y lo confinaron en las mazmorras de la Inquisición.

Luego de sufrir torturas y vejaciones, fue sometido a juicio y sentenciado a muerte. El 22 de diciembre de 1815, a las tres de la tarde, el gran caudillo insurgente don José María Morelos y Pavón fue fusilado.

Este triste acontecimiento me infundió valor para continuar con en el movimiento insurgente. La muerte del general Morelos y de todos los hombres que creyeron en la independencia de nuestro país, no debía ser en vano.

Al año siguiente, nos enteramos de la llegada del nuevo virrey a la Nueva España, llamado Juan Ruiz de Apodaca. Organicé a mis hombres y nos lanzamos al ataque de las fuerzas españolas que lo conducían a la Ciudad de México. Estuvimos a punto de capturar al virrey pero no lo conseguimos.

En mayo de ese año, estuvimos en la región de Tehuacán, Puebla, donde controlaba el paso hacia el puerto de Boquilla de Piedras en Veracruz, desde donde se recibían armas y municiones del extranjero. Construimos en la región pequeñas fortificaciones en Palmillas para cubrirnos y realizar breves y constantes ataques.

Desafortunadamente en 1817, al año siguiente de iniciada esta estrategia, fuimos derrotados por las fuerzas peninsulares bajo las órdenes del comandante español José Gabriel de Armijo. Luego de esta acción, las autoridades virreinales me ofrecieron un indulto al que por supuesto me negué.

En 1818, fecha en que la revolución estaba casi extinguida, un capitán llamado Valentín Guzmán, se comprometió a entregarme a las fuerzas españolas. Por fortuna lo supe a tiempo y huí abandonando todo. A partir de entonces, tuve que reducir mis operaciones en una estrecha franja situada entre la costa al norte de Veracruz y las montañas cercanas a Huatusco.

Los pocos soldados que me siguieron y yo, estuvimos escondidos cerca de cuatro años, alimentándonos de frutas y raíces. Gracias a que nací en una región tropical, aprendí a aprovechar los recursos que nos proporcionaba la naturaleza. De esta manera fue como resistimos a las constantes emboscadas y persecuciones por parte de las fuerzas realistas, en cañadas selváticas.

Durante este periodo, aparecíamos de vez en cuando en alguna población de los alrededores, sin que nos atraparan. Esto hizo que con el tiempo, nuestras salidas se convirtieran en leyenda entre los pobladores de la región.

A pesar de que fueron años sumamente difíciles para la lucha por la Independencia de México, la instalación de las Cortes de Cádiz y el paulatino deterioro de la monarquía española en la península ibérica, permitió que nuevamente se reactivara la lucha independiente a finales de 1820.

Aunque yo permanecía escondido, tenía muchos contactos que me mantenían al tanto de la situación de los combates insurgentes y de lo que sucedía en el exterior.

Dadas las circunstancias, tomé la decisión de reaparecer ante las fuerzas insurgentes, en el poblado de la Soledad, el 30 de diciembre de ese año. En este lugar se encontraba una pequeña guarnición militar que me reconoció de inmediato y decidió unirse a mi menguada tropa. Recobré fuerzas y comencé de nuevo mi lucha por la provincia de Veracruz.

En enero de 1821, en el poblado de San Diego, dirigí una proclama en la que refería mis padecimientos y el de mis hombres durante el tiempo en que estuvimos ocultos y exhortaba a la gente a la unión y la perseverancia, para concretar entre todos la Independencia.

Mi siguiente paso fue crear la estrategia para recuperar el puerto de Boquilla de Piedras, el fuerte de Antigua y el Puente del Rey.

El 6 de abril de ese año, proclamé la Independencia en el pueblo de la Soledad y dos semanas más tarde, me dieron el cargo de general. Para finales de mayo de 1821, exceptuando la capital, la provincia de Veracruz se había levantado en armas.

Ese mismo año, el general **Agustín de Iturbide**, promulgó el *Plan de Iguala* donde declaraba que era necesario pacificar al país mediante la unión de todos los habitantes: americanos y europeos. Tal unión se basaba en la religión católica, el ejército y un gobierno monárquico regido por Fernando VII, y como Iturbide decía: *"para hallarnos con un monarca ya hecho"*.

Tomé la decisión de entrevistarme con él en San Juan del Río el 17 de junio, para proponerle que el gobierno de la nueva nación lo encabezara un antiguo insurgente que no se hubiera acogido al indulto. Noté al general Iturbide impaciente por mi propuesta, pues me vio como un peligro para sus planes y supe que mandó vigilarme.

Esta fue la razón por la que el 27 de septiembre de 1821, no me concedió ningún lugar en el desfile triunfal que se realizó en la Capital, en el que se declaraba a México como una Nación Independiente.

Según supe, el comandante Iturbide interpretó mis intenciones como un interés personal para que la gente me nombrara Presidente, y mostrándose receloso, no me consideró para algún puesto. A pesar de todo, fui electo Diputado por Durango.

También llegó hasta mí la noticia de que muchos mexicanos solicitaron que el general Agustín de Iturbide, fuera elegido emperador de México. Al principio aparentemente se negó, pero era obvio que ambicionaba el puesto. Los hombres que lo apoyaron lograron que lo eligieran Emperador de México, el 22 de julio de 1822.

Gran parte de los generales del movimiento insurgente reprobamos esta elección, por lo que iniciamos un complot. Poco después le enviaron un informe a Iturbide donde le comunicaban lo que tramábamos, así como los nombres de los involucrados: Miguel Barragán, Juan B. Morales, Nicolás Bravo, Guadalupe Victoria, varios oficiales y los padres Jiménez y Carbajal.

Como era de esperarse, ante estos hechos nos hicieron prisioneros. Poco después, las autoridades dejaron en libertad a los demás, sin que les aplicaran ningún cargo, excepto a mí, que logré fugarme de la prisión.

Por iniciativa de Bustamante, el Congreso pidió desistir de la causa formada hacia mí, y que por tanto no podía presentarme a las sesiones, sin embargo, la comisión determinó que *siendo ajeno al cuerpo legislativo el conocimiento de las causas, se esperase la conclusión de la que se estaba formulando al diputado Victoria.* Bustamante solicitó un salvoconducto para que yo pudiera asistir al Congreso, pero yo decidí permanecer oculto nuevamente en las selvas veracruzanas.

A finales de 1822, el general Antonio López de Santa Anna, quien había estado bajo mis órdenes en Veracruz, se enfrentó al emperador Agustín Primero y proclamó la República. Me enteré de esta valiosa acción y me uní al general López de Santa Anna.

En diciembre de ese año, se dictó el *Plan de Casamata* en el que se pedía la reinstalación del Congreso Constituyente que había sido disuelto por Agustín de Iturbide. Esta acta la firmamos Antonio López de Santa Anna, **Vicente Guerrero** y yo, entre otros. Asimismo, cedí el mando de las tropas veracruzanas a don Antonio.

Logramos por fin derrocar a Iturbide, por haber transgredido la *Constitución* y los tratados de Córdoba.

Para que hubiera un gobierno provisional por la transición entre el Imperio y la República, se formó el *Supremo Poder Ejecutivo*, el 31 de marzo de 1823. Fui electo para ocupar uno de los tres puestos de diputados. Los otros dos los ocuparon Nicolás Bravo y don Pedro Celestino Negrete.

Me integré casi un año después a mi nueva función, porque fui a encargarme de asegurar la salida de Iturbide hacia Europa, por lo que contraté la fragata *Rowllins*. Además, me responsabilicé de organizar la resistencia a los ataques de los españoles, atrincherados en el Fuerte de San Juan de Ulúa, que representaban una amenaza constante a la seguridad del país. En esta oportunidad negocié un armisticio para evacuar del puerto de Veracruz a los extranjeros.

El 21 de mayo de 1823, el Congreso ordenó que se publicara el proyecto de bases de la República Federativa, en el que se declaraba: *"La nación mexicana adopta para su gobierno la forma republicana, representativa, popular federal"*. Asimismo, se establecen los poderes y se definen los estados que la integran como libres y soberanos.

La defensa del puerto de Veracruz en 1823, era de suma importancia para nosotros porque no sólo logramos impedir una posible reconquista, sino más que nada dar marcha atrás a todos los avances y triunfos que se habían tenido en once años de ardua lucha.

Me nombraron diputado por Durango al *Congreso Constituyente* de 1824, mismo que publicó la primera constitución formal del México Independiente.

Por este tiempo surgió un fuerte movimiento antiespañol en algunas poblaciones del sur del país, donde se realizaron levantamientos. Me encomendaron sofocar estas sublevaciones que nacieron en Oaxaca a mediados de 1824.

En reconocimiento a las aportaciones hechas al movimiento de independencia, el 19 de julio de 1824, el Congreso envió un decreto en el que declaraba beneméritos de la patria en grado heroico a **Miguel Hidalgo y Costilla, Ignacio Allende**, Juan Aldama, José María Morelos y Pavón, Mariano Abasolo, Mariano Jiménez, **Mariano Matamoros**, Leonardo y don Miguel Bravo, Hermenegildo Galeana, **Francisco Javier Mina**, Pedro Moreno y Víctor Rosales. Después, el 25 de agosto de ese año, en un decreto posterior se agregaron también como beneméritos los nombres de Miguel Barragán, Miguel Ramos Arizpe, **Ignacio López Rayón**, Vicente Guerrero y el mío, Guadalupe Victoria.

Una vez redactada la nueva constitución federal por el Congreso Constituyente, cuando fue preciso elegir Presidente de la República, la opinión se dividió entre Nicolás Bravo, Vicente Guerrero y yo. Los sufragios determinaron mi triunfo y el de Nicolás Bravo como vicepresidente.

El 4 de octubre de 1824, el Congreso proclamó la *Constitución* y seis días después asumí el cargo de Primer Presidente de los Estados Unidos Mexicanos. Para mí ha sido uno de los momentos más importantes de mi vida. Tenía una gran responsabilidad con el pueblo de México.

Como Presidente de la República, me preocupé por organizar la economía arruinada por la larga guerra de independencia, además del bloqueo económico fomentado por la corona española; del enorme ejército y de la burocracia heredada del régimen colonial.

Algunos años antes de ese tiempo me casé, pero mi esposa murió poco después, dejando huérfanos a mis dos hijos, Francisco y María Teresa. Con mi pequeña hija salía a pasear a la Alameda y la gente se acercaba para saludarnos. Mi amigo Atilano Sánchez y su mujer, los cuidan desde entonces.

Impulsé la creación de la Marina Mercante del país, para explotar rutas comerciales propias con los puertos de los países americanos que habían reconocido la Independencia de México y con los que se habían podido establecer relaciones diplomáticas. No obstante, tenía una gran preocupación por lograr el reconocimiento de los países de Europa.

El primero que envió a sus diplomáticos fue Inglaterra. Sus representantes tenían instrucciones de iniciar un tratado comercial y amistoso. Lo que me presentaron no me pareció admisible. Después de largas discusiones los ingleses finalmente permitieron que en este convenio se reconociera la Independencia. Mientras discutíamos lo anterior, la Corona inglesa envió espías a recorrer el territorio con miras a realizar una futura inversión industrial en el país. Como los informes del espionaje fueron favorables, la firma del tratado se concretó muy pronto.

Debo decir que Inglaterra reconoció a México como una nación independiente hasta octubre de 1827. Esto significó un avance político muy importante, que nos permitió aliviar en parte el embargo económico impuesto por la monarquía española.

Aunque los ingleses iniciaron algunos trabajos de explotación minera en Pachuca, se instalaron en todo el país empresas de capitales ingleses, que ayudaron a aliviar los graves problemas económicos que teníamos.

Tengo que reconocer que yo era inexperto en cuestiones administrativas y los préstamos económicos hechos por los ingleses al Gobierno, fueron ocasionando serios problemas, esto permitió que los derechos del fisco constituyeran una maniobra ruinosa, en consecuencia se generó una deuda flotante con grandes beneficios para los agiotistas.

A los siete meses que inicié mi gestión como Presidente, descubrí el primer intento por derrocarme, a pesar de aplicar una política para atraer a los diferentes bandos y de integrar en mi primer gabinete a los miembros prominentes de las distintas facciones, como al conservador Lucas Alamán, al liberal Pablo de la Llave y a mi enemigo durante la guerra de Independencia, **Manuel Mier y Terán**, entre otros. Por otra parte, los conflictos que existían desde la época de Agustín de Iturbide también salieron a la superficie.

En 1827, me llegó la noticia de que el español Joaquín Arena organizó una rebelión financiada por otros peninsulares, para reinstalar al gobierno hispano. De inmediato sofoqué la conspiración y firmé un decreto en el que expulsé de nuestro territorio a los peninsulares.

Afronté la contradicción de la intolerancia religiosa ante la libertad de expresión y prensa consagrada en la *Constitución* a la que respeté estrictamente. Igualmente, permanecí en constante alerta ante las rivalidades entre las logias masónicas: la Logia Escocesa (aristocrática) de 1813 y la Logia Yorkina (de extracción popular y liberal) de 1825, que pretendían influir en mi gobierno.

Después, a fines de 1827 salió a la luz otra conspiración contra mi régimen por parte de Manuel Montaño, quien de inmediato fue derrotado por mis soldados en el poblado de Otumba.

Al inicio del siguiente año, se realizó un nuevo levantamiento que me produjo un gran impacto pues participó en éste el propio Nicolás Bravo, mi vicepresidente. El plan que tenían propugnaba la reorganización del gobierno, que había presentado graves deficiencias en la regulación de los ingresos públicos; la destrucción de las sociedades secretas pues creían que yo favorecía a los grupos masones de la Logia Yorkina; también solicitaban la expulsión del señor Joel Robert Poinsett, representante diplomático de los Estados Unidos de América, por estimar que ese país se entrometía en los asuntos de México; además del cumplimiento preciso de la *Constitución*.

El levantamiento fue sofocado el 6 de enero de 1828, en Tulancingo. Luego de una débil resistencia, Nicolás Bravo fue expulsado del país. Los demás participantes en la conspiración fueron hechos prisioneros.

Cuando daba inicio el año de 1829, el Congreso anuló la elección en la que se había designado al general **Manuel Gómez Pedraza** como mi sucesor y nombró a Vicente Guerrero como el segundo Presidente de la República. En un importante acto, entregué el poder al nuevo Presidente, el 1º de abril de 1829.

Con esta acción decidí retirarme de la vida pública para atender mis asuntos personales en mi hacienda del Jobo en Veracruz. Esta resolución se la notifiqué al nuevo Presidente don Vicente Guerrero diciéndole que *"...ratificaba la promesa de retirarme de todo negocio público como ex presidente, pero si la patria peligrase alguna vez y fuese necesario dejarlo todo para salvarla, sabe que no vacilará en sacrificarse el que ha consagrado a sus deberes todo el curso de su vida pública..."*

Como eran conocidas mis capacidades diplomáticas y de negociador, en 1832 me invitó Anastasio Bustamante a colaborar de nuevo en el Gobierno de la República, en la pacificación del general Antonio López de Santa Anna. Un año después, en 1833, me eligieron senador por los estados de Durango y Veracruz, además de ocupar la comisión de Crédito Público del Senado.

Para ese entonces yo contaba con 47 años de edad y comencé a tener un grave deterioro en mi salud. Sufrí frecuentes ataques epilépticos, que me impidieron seguir en el servicio público. Mi salud se vio disminuida considerablemente por lo que no pude desempeñar el cargo de Gobernador de Puebla que me habían dado hacía cinco meses.

Regresé nuevamente al Senado, desde donde inicié una ardua lucha contra el proyecto que intentaba cambiar la República Federal en una República Central. Envié un escrito donde puntualicé mi posición con estas palabras: *"Veintitrés años he peleado por vuestra misma causa: y si nuevos peligros me llamaren a vuestra defensa, sabed que mi irrevocable voto es: Federación o muerte".*

Tuve la satisfacción de lograr durante mi gestión la creación del Distrito Federal como residencia de los poderes centrales, la creación de la Suprema Corte de Justicia, así como la Tesorería General de la Nación.

Mi última actividad política fue la intervención diplomática para evitar la guerra contra los franceses, cuando en 1838 intentaron invadir nuestro país en una acción que la historia registraría como la *Guerra de los Pasteles*. Logré establecer el tratado de paz que se firmó en enero del año 1839.

En 1841, a los 55 años de edad, contraje matrimonio con doña María Antonia Bretón y Velázquez, quien se dedicó desde entonces a cuidarme.

Mis constantes ataques de epilepsia me aquejan cada vez más. Le pedí a Antonia que me trasladaran al castillo de Perote, donde me atienden varios médicos.

Hoy 21 de marzo de 1843, será el último día de mi existencia. Me desperté a las siete de la mañana muy angustiado; la noche anterior había tenido un ataque epiléptico que me dejó sin fuerzas. El médico de la fortaleza acompañó a mi esposa hasta la madrugada. Estaban muy preocupados pues la última crisis que tuve fue muy violenta.

Más que los míos, me preocupaban los males de la patria y venían a mi memoria los tormentosos días de mi huida a la selva. Después entré en esa calma que precede a la muerte.

Miré a mi mujer y le dije que deseaba que supiera que la quise desde que la vi por primera vez en Huamantla siendo una niña, pero jamás la olvidé. Le pedí que se acercara para poder decirle: *María Antonia gracias por haber estado conmigo...*

Recuerdo cómo disfrutaba estar en mi casa sentado en el portal de la entrada viendo cuando llegaban los campesinos cargando la vainilla y el café.

Agradezco a la vida haber tenido la oportunidad de ayudar a construir la República, pero sobre todo de servir a mi Patria.

TÍTULOS DE ESTA COLECCIÓN

Personajes de la Independencia.

Roberto Mares

Personajes de la Revolución.

Mauricio Pichardo y Guadalupe Velázquez

Impreso en los talleres de
MUJICA IMPRESOR, S.A. DE C.V.
Calle Camelia No. 4, Col. El Manto,
Deleg. Iztapalapa, México, D.F.
Tel: 5686-3101.

3 1143 00979 5874